JN034249

スモールステップで 法学入門

Introduction to jurisprudence in small steps

熊本大学法学部 ［編］
KUMAMOTO University Faculty of Law

有信堂

はしがき

　本書は、熊本大学法学部に入学したばかりの1年生が必ず受講する基礎演習Ⅰで使用される共通の教科書となるようにという狙いで編集されたものである。熊本大学法学部が編集するという異例の体裁が取られていることも、上のような事情による。

　基礎演習Ⅰが開講されるようになって20年近い年月が経過し、しばらくの間は、ある書籍が基礎演習Ⅰの共通教科書として指定されてきたが、やはり使い勝手が良くないということで、熊本大学法学部のスタッフで基礎演習Ⅰの共通教科書を執筆できないかという話が持ち上がったのは、2016年4月に熊本を大地震が襲う前の話であった。その後、大地震もあり、学内の諸改革にも追われ、共通教科書の話は立ち消えに近い状態となった。

　しかし、熊本大学法学部における初年次教育を充実させることは待ったなしの課題であり、改めて、熊本大学法学部として基礎演習Ⅰの共通教科書作りに取り組むこととなった。本書の企画案を諮り、編集委員会の立ち上げを認めていただいてから2年弱もかかり、加えて新型コロナウイルス禍でさらなる難題に直面しながらも、何とか本書は世に出ることになった。

　本書の企画案を諮るにあたり、その前提となった熊本大学法学部1年生をめぐる問題状況は次のように整理される。

　裁判官、検察官、弁護士といった法曹三者に憧れる者は決して少なくはないが、その中での圧倒的多数の者が法学部での学び方がわからないまま挫折してしまう。

　他方、様々な傷つきや挫折体験を通して、自己肯定感が十分に育まれていない1年生も少なくない。そして、教員の手を借りなくともどんどん学んでいく

成績上位層と、学び方もわからないまま気付いたら学年が進んでしまう下位層との格差は年を追うごとに広がっており、中間層はかつてと比べて減少している。

そこで、本書は、主に法学を学びたいという気持ちはあるが、どう学んでよいかわからないという熊本大学法学部1年生を主たる対象として、そうした学生が「自分でも法的意見表明ができるんだ」という意味での自己肯定感を育むことができるようにとの狙いで編まれている。

そのため、12章の中でそれぞれ三つのスモールステップ（小さな一歩）を設定し、各章の冒頭に提示される設問も、できる限り生活に密着した、初学者がイメージしやすいものを執筆者に提示してもらった。こうした工夫を通して、章の中で何度も「できた感」を得られて、学ぶ動機が高められ、最後には自ずと法律学の基礎が身についているというのが理想である。もっとも、本書がこうした狙い通りのものとなっているのかについては、読者の皆さんに遠慮なくご指摘いただければありがたい。皆さんのご指摘を受けて、内容をアップデートしつつ本書の改訂を重ねていくことができれば望外の喜びである。

なお、本書で提示されるステップを楽々乗り越える1年生のために、歯ごたえのある応用問題も各所に用意されている。また、本書第3部、第4部は2年生以降の学びにも活用できる内容となっている。こうした本書を基に、共通の課題に取り組む中で、法学部の学生たちがお互いに学びあう、学びの協同を実践できるようになればというのが、本書に込められた秘かな願望でもある。

法学部が「つぶしが効く学部」と言われなくなって久しい。法学部の危機的状況はこれからも続くように見受けられる。実は、本書の骨格を構想するに当たっては、中川孝博『法学部は甦る！上』（現代人文社、2014年）に大きな示唆を受けている。また、中川さんには、國學院大學法学部の先生方とともに熊本大学法学部に足を運んでいただき、熊本大学法学部の有志の教員がその教育実践を拝聴させていただいたこともあった。本書は、不十分なものかもしれないが、中川さんの問題提起に応えようとしたものである。

末筆となるが、新型コロナウイルス禍もあり、授業や会議の負担が例年よりも重い中で原稿を執筆してくださった熊本大学法学部の諸先生方に心から感謝申し上げるとともに、出版事情が厳しい中、本書の出版とそれに向けての細か

な作業をお引き受けいただいた有信堂高文社の髙橋明義さんに深甚なる感謝を
捧げる次第である。

編集委員を代表して
岡田　行雄

本書の活用法

1. 読者の皆様へ

　本書はそれぞれの章で一つの大きな課題に取り組めるようになっています。法学に全く接したことがないという読者を想定していますので、まずは第1章から順に読み進めて、課題に取り組んでください。

　各章にはそれぞれ三つの踏むべきスモールステップが用意されています。これも、第1ステップから第3ステップの順にステップを踏めるようになりましょう。ただし、各章の第3ステップ以降の発展的な課題への取組みは後回しにしても構いません。

　1度読んだだけで、きれいにステップを踏めないこともあります。行ったり来たりしながらで結構ですので、ステップを飛ばすことなく、きちんと踏むように心がけてください。そうすると、第1部をクリアした段階で、法的な意見を適切に表明できるようになりますし、第2部をクリアした段階で、期末試験の答案が書けるようになるはずです。第2部を期末試験の前までにクリアできるようになりましょう。第3部、第4部は、レポートや卒業論文を書けるようになるためのものです。

　第1部から第4部までの三つの章は、民法、刑法、憲法の順でテーマが設定されています。民法を刑法よりも先に置いているのは、熊本大学法学部では民法を先に学ぶからという理由もありますし、刑法は、民法では対応できない法的問題に対応するためのものだからでもあります（刑法の謙抑性）。憲法が各部の最後の章に置かれている理由は、民法や刑法に比べると抽象性が高いからです。

　各章、コラム、資料編の途中で、「第●章参照」などと書かれているときは、その章の中に詳しいことが書かれているということですので、後で、読ん

でみることをお勧めします。

　最後に、本書のいろんな箇所でも言及されているように法学系科目の期末試験における論述問題に絶対唯一の正しい答えがあるわけではありません。法学において大切なことは、法学の型を論述問題に当てはめて、この答案なら他者も納得するというものを書けるようになることなのです。したがって、本書の内容を全部暗記する必要はありません。本書で示された法学の学び方を身に着けて、それを様々な法学系科目で直面する問題に当てはめて、他者が納得する自分なりの答えを導き出せるようになれば、まずは単位が取れるようになるはずです。要は自分に合った本書の活用法をそれぞれ見つけていただけたらと思います。

2.　1年生向けの演習用の教科書として使用される諸先生方へ

　本書は熊本大学法学部1年生が入学直後から履修する基礎演習Ⅰで使用されることを念頭に置いて編まれました。特に、第1部と第2部は、履修学生を4人程度のグループに分けて、グループワークの手法を中心に演習の時間が進められるような内容となっています。

　一例として、ある章を素材として、次のような演習の進行が考えられます。

　まず、演習での報告を担当するグループにその章の設問を提示します。その後、グループとしての設問への答えをまとめてもらいます。その際、該当する章を読んできてもらったことを前提に、三つのステップを踏んだグループワークに取り組み、グループとしての結論を出すように指示しておくと良いと思います。加えて、グループとしての結論を出す前に、1年生たちが先生方に質問できるような時間を用意すると、より質の高い結論となるのではないかと思われます（もちろん、グループワークや質問はオンラインでも可能です）。

　演習の当日は、レジュメ等に基づいて報告担当グループに報告してもらいます。その際に、ちゃんと三つのステップを踏んでいることを確認してもらうと、そのグループをほめるきっかけとなりますので、そのグループにとって、より良い成果が上がるのではないかと思います。

　次に他のグループには、報告に対する質問をグループワークによって考えて

もらいます。その間に、報告したグループには他のグループからなされる質問
への回答を考えてもらいます。

　他のグループからの質問に報告グループに一通り答えてもらいます。それが
終わった後に、改めて、各グループに、設問についての結論と論拠を考えても
らいます。もちろん、その際には、報告グループ以外のグループにも三つのス
テップを踏めているか確認してもらいます。その間に、報告グループには、グ
ループとしての設問についての結論と論拠の妥当性を再検討してもらいます。

　最後に各グループに設問についての結論と論拠を示してもらいます。報告グ
ループにも、再検討した上での結論と論拠に変わりがないか否かを示してもら
います。

　質問と結論・論拠を考えるグループワークにそれぞれ5分程度の時間を取る
と、五つのグループがあるとして、だいたい90分の枠に収まるのではないかと
思います。

　演習の終了後、個々の学生に、どのグループの結論と論拠が最も説得力が
あったかを簡単にレポートしてもらうと、学生の評価をより的確に行うことに
資すると思われます。

　これはあくまで活用法の一例です。どうか自由に本書を演習等において活用
していただけますと幸いです。

スモールステップで法学入門／目　次

第2部　法的な意見を書けるようになろう！

(1) ３ステップの再確認（154） (2) さらに考えるための発展問題（155）

コラム③ 西洋法制史について―同性婚の問題を西洋法制史の視点から
考えてみる 156

第4部 レポートや論文を書けるようになろう！

第10章 従来の学説や判例を整理して位置付けることが できるようになろう！ ―――――――――――――――― 161

1. 法律学のレポートを書くために―騒音問題を素材として 162

(1) 騒音が問題となる場面（162） (2) 騒音問題の難しさ（163） (3) レポートを書くために（163）

2. 従来の学説や判例、判例評釈の収集方法―第１ステップ 164

(1) どこから手をつけるか（164） (2) 学説の調べ方―法律文献の収集（165）
(3) 判例や判例評釈・判例解説の調べ方（166） (4) 第１ステップの確認（168）

3. 概要をまとめよう―第２ステップ 169

(1) それぞれの学説をまとめる（169） (2) 判例の整理（169） (3) 判例評釈や判例解説のまとめ（170）

4. 相違点や対立を文章で示す―第３ステップ 171

5. ３ステップの再確認 172

6. さらに学びたい人向けに―個人間の騒音問題を考える素材として 173

第11章 従来の学説や判例を評価できるようになろう！ ――― 175

1. はじめに―「当たり前」を疑うことから学びは始まる 176

(1) 本章における目標―三つのステップの確認（176） (2) お伝えしたいこと―疑うこと、問いに素直に答えること（176） (3) 今存在する法律や判例が、直ちに「正しいこと」を意味しないということ（178）

2. 第１ステップについて―設問に関する従来の学説や判例の理論的
根拠を探る 180

(1) 設問に答えるための出発点を探そう―設問そのものから考える（180） (2) 設問における窃盗罪における「窃取」について―学説における記述（180） (3) 設問における窃盗罪における「窃取」について―判例となり得る裁判例（181）

3. 第２ステップについて―設問に関する従来の学説や判例とその
問題点について 182

(1) 設問に関する従来の学説や判例の内容について―判例評釈を探す（182） (2)

第1部
法的な意見を述べることができるようになろう！

第1章
意見を述べて、理解できるようになろう！

第2章
「わかりません」と逃げないようになろう！

第3章
意見の法的根拠に遡れるようになろう！

第 1 章

意見を述べて、理解できるようになろう！

設問

　Ａは、熊本駅前に土地（以下、本件土地とする）を所有していた。本件土地を安く手に入れたいと考えたＢは、「本件土地の隣に高層ビル建設が予定されているので、日当たりが悪くなって今後は売れなくなる」という嘘の情報を伝えてＡをだまし、Ａから２割引の値段で本件土地を購入した。

　半年後、Ｂにだまされていたと気が付いたＡは、Ｂの詐欺行為を理由に、本件土地に関する売買契約を取り消して本件土地を返してほしいと考えるに至った。Ａは、Ｂから本件土地を取り戻すことができるか。

◆本章のステップ
●第１ステップ
・設問について意見を言葉として表明できる。

●第２ステップ
・他者の意見に質問をすることができる。

●第３ステップ
・それぞれの意見の特徴を整理することができる。

1.　法律学の学び

(1)　説得の技術である法律学

　皆さんがこれから学ぼうとしている法律学とは、言葉通り、法律を学ぶ学問である。とはいうものの、法律を隅から隅まで読んで暗記するということではない。では、何を学ぶことが法律学なのか。そもそも法律とは何なのか。その成り立ちから説明するならば、法律とは、立法府たる国会での議決を経て成立するものである（憲法59条）。しかし、最も簡単な説明をするならば、法律とは、社会におけるルールである。

　人はみな、社会の中で共同生活を営んでいる。その共同生活を円滑に進めるためには、人が一定のルールに従って行動することが大切であり、問題が生じた場合に備えてその解決方法も定められていると、より円満な社会生活を営むことができる。そのため、広い意味で法律とは、社会に生じる紛争を未然に防ぎ、もし紛争が生じた場合にはこれを解決する道具だということができる[1]。したがって、法律学とは、社会におけるルールである法律を学び、その運用を考える学問であるということができる。

　ここで一つ、法律学を学ぶ際に気を付けるべき点がある[2]。それは、法律学には「正しい」答えが複数存在し得るということである。法律学は、政治学や経済学と同様に、社会現象を対象として研究を行う学問である。社会には多様な価値観に基づく意見が存在していることから、常に唯一絶対の正解があるわけではない。この点が、物理学や数学のような学問とは異なる。法律学においては、それぞれの価値観に基づいて答えを導き、その結論に至った理由を筋道立てて論理的に説明することができれば、それは「正しい」と評価される。つまり、結論だけを見て「これが正しい」と評価されるわけではない。したがって、法律学を学ぶ際には、常に「結論の妥当性」と「結論への筋道」を意識す

---

1)　原田昌和ほか『民法総則〔補訂版〕』（日本評論社、2018年）1頁。
2)　弥永真生『法律学習マニュアル〔第4版〕』（有斐閣、2016年）2-19頁、田髙寛貴ほか『リーガル・リサーチ＆リポート〔第2版〕』（有斐閣、2015年）7-8頁。

る必要がある[3]。そのため、法律学は、説得の技術であるとも言われる[4]。

(2)　解釈学としての法律学

　また、法律は、多くの場面で使いやすいように、抽象的に表記されている。例えば、「XがわざとYを殴ってケガを負わせた場合、Xは、Yに生じた損害を金銭で賠償しなければならない。」と規定されていれば、どんな場面でこのルールを利用するか（つまり、この法律の条文を適用するか）、非常に分かりやすい。しかし、仮にこのようなルールの存在する社会において、YがXを殴ったらどうするか？　また、確かにXはYを殴ったが、単に体のバランスを崩して腕を振り回した結果Yにぶつけたものだとしたら？　先ほど見たような規定であれば、これらの場面には適用することができない。このように、ルールを具体的に規定すればするほど、その適用場面は制限される。したがって、ルールである法律は抽象的に規定されることが多い。実際、上述したような場面を想定した民法709条は、「故意又は過失によって他人の権利又は法律上保護される利益を侵害した者は、これによって生じた損害を賠償する責任を負う。」と規定されている。このような規定の抽象化により、この規定を使う場面が拡大する。

　しかし、一方で、その内容を理解することが非常に困難となっている。故意と過失は何が違うのか、法律上保護される利益とは何なのか。初めて法律を学ぶ皆さんが読むと、分かるようで分からない、という状態ではないだろうか。

　そこで、法律学の学びでは、抽象的に規定された法律の条文を解釈しその適用場面について確定する、つまり言葉で書かれた法律の内容を理解・確定し、その利用によってどうやって紛争を解決するか考えるという作業も必要となる。そのため、法律学は条文の解釈学であるとも言われている。そして、その際にも必要なのが、物事を論理的に考えて説明する能力である。このような論理的思考力や法的なものの考え方がリーガル・マインド[5]と呼ばれており、法律学を学ぶことで身につけることが期待される能力だと言うことができる。

　3）　弥永・前掲注（2）書13頁。

　4）　前掲注（3）と星野英一「民法の教科書に書いてあること」法学教室13号48頁参照。

　5）　ただし、リーガル・マインドは色々な意味を含めて用いられるともいわれている。弥永・前掲注（2）書8頁。

(3)　法律学を学ぶスタート

そこで、法律学を学ぶスタートとして、まずは、自分の考えを述べる際、理由を付けて考えてみよう。ここで気を付けるポイントは、意見イコール感想ではないことである。あくまで、紛争解決の手段として法的に思考するためには、そこで主張する意見が単なる感想であってはならない。先に述べた「結論の妥当性」と「結論への筋道」を合わせて、その紛争を解決するに当たり、紛争の当事者らが納得できる理由付けをもった結論を主張する必要があり、それがそれぞれの意見となるのである。

2.　成立した契約を取り消す？

(1)　意見を言葉で表明すること—第1ステップ

さて、設問を見てみよう。「詐欺」という言葉は、誰もが一度は聞いたことがあるだろう。いわゆる、相手をだます行為である。この行為は、法律とどのように関係するのか。

法律には多くの種類があり、それぞれ一定の目的を有している。詐欺と聞いて皆さんが思い付くのは、オレオレ詐欺のように、犯罪として処罰される行為であるということだろう。これは、刑法[6]246条に規定がある。一方、詐欺行為によって、真実を知っていればしなかったであろう取引をしてしまった場合に、その取引を取り消すということについては、民法という日常生活に関するルールを定めた法律の領域となる。なぜならば、取引の効果については、だました人とだまされた人という私人同士の関係に関わるものであって、国家権力でもって国民に対して刑罰を科す刑法の領域には含まれないからである。いずれにせよ、「だまされた人はかわいそうだから、強く守ってあげるべきだ」という感想を、多くの人が持つだろう。

しかし、ちょっと待ってほしい。「かわいそう」という感想は、紛争を解決するための理由とはなっていない。本章の第1ステップは、意見を言葉で表明することである。単にかわいそうだからというのではなく、法的な理由付けを

6）　刑法とは、どのような行為が犯罪となるのか、またその犯罪に対してどのような刑罰が科されるのかについて規定する法律である。

考え、説明する必要がある。今回の問題をどう解決するべきか、その結論に至った理由は何か、ということを言葉で説明してほしい。そこで、第1ステップの実践として、冒頭の設問を考えてみよう。

(2) 基礎問題—民法における基本的な考え方

皆さんにも覚えがあるだろう。コンビニでレジにおにぎりを持っていき購入する旨を伝えると、あなたは代金を店員に支払い、店員は商品を渡してくれる。この状況について法律的な説明をすると、このとき、売主であるコンビニと買主であるあなたの間に売買契約という契約が成立しており、その結果としてコンビニには契約の目的物であるおにぎりをあなたに引き渡す義務が生じ、一方のあなたにはコンビニに代金を支払う義務が発生する。これら、一方にとっての義務は、他方にとっての権利となっている。そして、このような私人の間に生じた権利と義務の関係を、私的な法律関係ということができる。このように、契約とは、簡単に言うと「あなたと私」の間で結んだ法的拘束力のある約束のことであり、契約が結ばれた結果、契約をした人（契約当事者）の間に権利と義務の関係が生じる。

日常生活に関わる事柄を規定している民法は、個人の尊厳や個人の意思の尊重を理念としている。そこで、反社会的なこと等の例外を除き、本人の自由な意思によって「あなたと私」の間の私的な法律関係を形成することができるとしている。これを「私的自治の原則」という。ただし、その背景には、自分のことは自分の意思で自由に決めてよい代わりに、自らが決定したことについては責任をもつという、自己決定の原理と自己責任の原理が存在している。そこで、契約においても、契約当事者双方が納得して取引をした以上、それによって生じた権利は保護され、義務は果たすべきだとされる。また、義務を負う者がその義務を果たさなければ、裁判所の力でもって義務を果たすように強制される。これが「法的拘束力がある」ということである。

(3) 契約当事者が相手方をだまして取引した場合

さて本来、契約当事者双方が納得して取引した以上、上記(2)の通り、その契約内容を双方ともに守らなければならない。しかし、今回のように、契約当事

者であるBが相手方Aをだまして土地を購入した場合まで、売主Aは契約に従う必要があるか。それとも、一度成立した契約を取り消して、Bから土地を取り返すことができるか。

　常識的に考えても、だまされたAを保護すべきである、つまりAの希望をかなえてAに本件土地を返してやるべきだと考える人が多いのではないだろうか。しかし、法律学を学ぶうえで重要なのは、繰り返すが、そのように結論付ける理由である。Aの主張する、本件土地を返してほしいという請求が認められるのは、なぜか。

　Aがだまされて、かわいそうだから？　これでは感想であって、理由のついた意見ではない。Bの詐欺という犯罪行為に巻き込まれたから？　今問題になっているのは、Aが土地を取り返すことができるかということである。一旦はAも納得して売買契約を締結している以上、Aは売主として目的物である本件土地を買主Bに渡す必要があることは既に述べた通りである。だからこそ、Aが本件土地を取り戻すためには、Bとの間の売買契約を取り消して本件土地を渡す義務自体をなくすことが必要なのであって、国家として、罪を犯した者に対して、一定の要件を満たした場合に刑罰を科すという刑法の領域の問題ではない。さあ、ほかに何か理由は考えられるだろうか。

　実は、ここで重要な視点は、契約を締結する際に契約当事者の自由な意思決定が尊重されていたかということである。今回Aが本件土地の売買契約を締結したきっかけは、本件土地の隣に高層マンションが建つというBの嘘である。逆に言えば、Bが提供した偽りの情報によってAが本件土地を売ろうと決めたのであって、Bの嘘という不当な干渉によって本件土地を売るというAの意思が形成されたのである。これは、Aの自由な意思決定が阻害されたということができる。このような場合に、不当な干渉を受けたAが契約の負担を引き受けて、一方の不当な干渉をしたBが契約の効果を受けるのは問題だからこそ、だまされたAは本件土地の売買契約を取り消すことが認められている。したがってAは、Bに対し、本件土地の売買契約を取り消して、本件土地をAに返還するよう請求することができ、一方のBはAの請求に応じなければならないという結論になる。

　この設問に対し、おそらく、結論として「Aが勝つ」と考えた人が多いと思

う。しかし、なぜその結論を導いたのだろうか。それは、「Aがかわいそうだから」というものではなかっただろうか。法律学の学びで求められる意見は感想ではないことに改めて留意しつつ、自分の言葉で理由を説明してほしい。

3.　発展問題―契約当事者以外の第三者が存在する場合

さて、では次のような場合だと、結論はどうなるだろうか。

第1章冒頭の設問と同様に、BがAをだましてAの土地を購入した。これを知ったAは、Bとの売買契約を取り消して本件土地を取り戻そうとした。しかし、Bは、Aが売買契約を取り消す前に、本件土地をCに転売してしまっていた。第三者Cは、本件土地の登記簿[7]上、所有者がBになっていることから、本件土地の持ち主はBだと信じて取引をしており、BがAをだましたことも知らなかったし、それは調査をしても明らかになるものではなかった。もちろん、Cは取引に必要な調査を全て怠らずに行っている。ではAは、Cから本件土地を取り返すことができるか。

⑴　どちらが「かわいそう」？

この話を読んだあなたは、どう思うだろうか。先の問題であれば、だましたBとだまされたAの関係が問題となっているため、法律的な知識がなくても、Aを保護するべきだとの結論に至るだろう。しかし、今回はどうだろうか。

Aが本件土地を取り返すということは、Bの詐欺行為について何も知らずに本件土地を手に入れたCから本件土地を奪う結果となる。一方、最終的に本件土地を購入したCが土地の権利を手に入れるとするならば、AはBにだまされて本件土地を売ったにもかかわらず、本件土地を取り返せないということになる。もしかしたら、本件土地はA家が先祖代々守ってきた思い出深い土地だったかもしれない。さて、どちらがかわいそう？――もちろん、どちらもかわいそうである。

---

7)　正式には不動産登記簿といい、不動産（土地・建物）に関する権利関係を記録したものである。

(2)　他者の意見に質問をし、その特徴を整理すること—第2・3ステップ

このように、「かわいそう」という感想では、問題は解決しない。先ほどから繰り返している、「かわいそう」という感想ではなく、しっかりとした納得のいく理由付けを考えよというのは、このような場合に強く作用する。では、上記問題を解決するためには、どうするか。どちらがよりかわいそうなのか、ではなく、AとCのどちらをより強く保護すべきか考える必要がある。

いずれにせよ、それぞれの立場に立てば、色々な理由が考えられる。重要なことは、自分とは違う価値観に基づく意見を頭ごなしに拒否するのではなく、まずはその意見を理解することに努めることである。上記1.で確認した通り、法律学とは、結論の妥当性と結論への筋道が必要であり、理由を考えながら自分の意見をまとめることが重要である。その際、自らの意見のみに固執してはならない。常に、多角的な視野をもち、どのような処理が今回の問題解決に最も即した方法なのか、どのような理由付けがあれば多くの人が納得する答えとなるのか、しっかりと考える必要がある。そして、その過程において、議論している相手の考えを理解することに努める必要がある。そのためには、積極的に相手に質問をしよう。質問を通じて、なぜ、相手がそのように考えたのかという理由付けを探ることが大切である。その結論に至った際に相手はどのような事実を重要視したのか、相手がそのように考えた根拠は何かを探ってみよう。したがって、とにかく一方的に自分の感想を述べるのではなく、じっくりと話し合って、お互いの意見の内容や特徴をしっかり整理しよう。そうすると、お互いの意見をより深く理解することができるのである。

(3)　問題の解説

さて、今回の問題は特に、かわいそうという感想では解決できない。では、より保護すべきは、だまされたAなのか、何も知らずに取引に関わったCなのか。この場合、民法はCをより強く保護すべきであるとの価値観に基づく処理を行う。

民法では、今問題となっていることを知らずに、既に存在する法律関係に関与した者を「善意の第三者」という。善意とは、法律用語で、ある事情を知らないことを指す。今回のCは、BがAをだましたという事実を知らずに、B

との取引を行っている。CがBの詐欺行為を知らなかったことについて不注意だったのではないかという疑問が生じそうだが、問題文では、Bの詐欺行為は「調査をしても明らかになるものではなかった」し、Cは必要な調査を全て行ったとされている。このように、Cは問題なく取引を行うためにできる限り手を尽くしており、Cの信頼は正当なものであると評価できる[8]。

　これに対し、Aはどうだろうか。取引においては原則として、必要な情報は自分で収集すべきと考えられている。今回のAは、自分で適切に情報を収集せずにBの提供した嘘の情報を信じて、取引に入っている。このようなAとCを比較すると、Cをより強く保護すべきであるとの価値観に基づき、Cを保護するという結論を導くことができる。つまり、AはCに対して、本件土地を自らに返還するよう、請求することはできない。AとBの関係では、Aの方がBよりも保護されるべきだが、争う相手が異なると結論も変わる点に注意してほしい。

　このように、「かわいそう」という感想では解決できない場面において、しっかりと理由付けを考え、それでもって問題解決を図る。そして、今後同じような問題が生じた場合には、同じような結論を導く。そのためにも、お互いの意見を交換しつつ自らの意見をしっかり表明し、感想ではなく、言葉で理由を説明するようにしてほしい。

4.　3ステップの再確認

　ここで改めて、本章で身につけるべき3ステップを見てみよう。

　第1ステップは、設問について意見を言葉として表明できることである。先に述べた通り、ここで求められる意見とは感想ではなく、説得的な理由をもった意見である。

　第2ステップは、他者の意見に質問できることであり、第3ステップは、それぞれの意見の特徴を整理できることである。お互いの意見に関する理解を深め、改めて自らの意見を考える材料とするためにも、議論している相手に積極

8）　このようなCは無過失であると評価することができる。詳しくは民法総則の授業で学んでほしい。

的に質問し、自分と違う結論にたどり着いたのはなぜなのか、その理由を探ってみよう。

　いずれも、問題解決を図るための技術である法律学を学ぶための重要な第一歩である。常に「なぜ」という意識をもって、意見を述べ、質問してほしい。

　ちなみに、ここまで見てきた基礎問題・発展問題を解決するルールとして実は、民法96条という規定がある。つまり、この規定を利用すれば、結論はすぐに導き出せるものだったのである。

　それなら、法律というルールを使って問題を解決すればよいのであって、こんなに理由を考える必要はなかったんじゃないかと思った皆さん。それは違う。問題を解決するために、どのように考えるべきなのか。その思考の流れを身につけてもらいたい。

　法律とは、社会のルールである。当然だが、社会が変わればルールも変わる。しかし、社会変化のスピードはすさまじく、その速さにルールの変更が追い付かないことが往々にしてある。そうであれば、ルールがない問題を、どのようにして解決するのか。特に、民事事件ではその紛争を解決する一定の結論を常に出すことが要求される。だからこそ、ルールを理解するだけではなく、法的思考力やルールの根底にある法的なものの考え方、つまりリーガル・マインドを身につけて問題解決力を備えることが重要になる。これが法律学を学ぶということである。そのための第一歩として、意見を述べるということに取り組んでほしい。

5.　さらに学びたい人向けに―展開問題

　これまで見てきた事例問題においてBがなした行為が詐欺ではなく、強迫であった場合（例：この土地の売買契約書にサインしろ。土地を売らなければ、Aの住んでいる家をめちゃくちゃにしてやる。）、その結論はいかなるものとなるか。

(1)　詐欺と強迫の関係

　民法は、人々が封建社会から脱却し、市民社会を実現するための法律として存在しており、市民間の自由・平等・対等な関係を規律するものである。もち

ろん、現代社会においては、企業や雇用者が社会的強者として存在しており、
社会的弱者とされる個人消費者や被用者が、強者に対して対等に自己の権利を
主張することが実質上できないという状況が存在しており、それを是正するた
めの法律群として社会法と呼ばれるものが存在する。しかし、市民社会におけ
る法律関係を規律する民法は、私法の一般法と呼ばれ、最も基本的な「あなた
と私」の関係を権利と義務の関係としてとらえ、その関係性やそこで生じる問
題解決のルールとして存在している。そこでは、その人自身が何を欲し、何を
実現したいかという意思が最も重視される。もちろん、民法が権利と義務の関
係、すなわち法律関係を規律するものである以上、そこで重視される意思は、
どのような法律効果の発生を欲するかという意思である。例えば、友だちと一
緒に帰りたい、といったものではなく、この本を購入することで本の所有権
（物を全面的に支配し、自由に利用できる権利）を手に入れたいというように、何ら
かの法律効果（権利変動）の発生を目的とするものである。また、このような
個人の意思を尊重すべきであるとの理念が息づいている。

　さて、詐欺による意思表示とは、誰かにだまされてなした意思表示であり、
強迫による意思表示とは、誰かに脅されてなした意思表示である。いずれも、
どのような法律効果を欲するかという意思形成過程において、他者からの不当
な干渉を受けたものであることから、上記 **2.** **(3)**記載の通り、これらの意思表
示は、個人の自由な意思決定が阻害されたものだと言える。したがって、民法
上いずれの場合においても、当該意思表示を取り消し、本人が望んでいない法
律行為をなかったものとすることが認められている。

　しかし、善意無過失の第三者が現れた場合、民法は二つの場面で異なる処理
を規定している。すなわち、強迫による意思表示は、善意無過失の第三者が存
在しても常に後から取り消すことができる。これに対し、詐欺による意思表示
の取消しは善意無過失の第三者に対抗できない、すなわち、善意無過失の第三
者の下に目的物が移転してしまったら、もはや元の取引を取り消したことを理
由に、目的物を取り返すことができない。その理由は、両者の間に、自己決定
の自由があったか否かの違いに求められる。

　詐欺の場合、相手から偽りの情報を渡されたのみなので、その後自分で情報
の裏付けを取るなどして真実かどうか確かめる手段があったし、その偽りの情

報に基づいたとしても取引をしないという選択肢があった。しかし、強迫の場合、嫌でも契約しなければ、脅してきた者から何をされるかわからないという恐怖心から、契約を締結したと言える。つまり、両者の間には、本人が当該法律行為を行うための自己決定の自由があったか否かという点で違いがあり、個人の意思を尊重するという理念を有する民法においては、その意思決定の自由が侵害された強迫の場合には第三者に損失を与えてでも強迫された者を保護するとの価値観が、現れている。このように、類似のものとして同一条文に規定が置かれているものであっても、その価値観によって処理の仕方が異なる点に注意しなければならない。

(2)　契約取消しのその後—不当利得制度

　詐欺や強迫による意思表示、はたまた第三者が存在する場合としない場合。いずれの場合においても、だました者や強迫した者が責任を負担すべき最も悪質な立場であることに変わりはない。この場合、民法はどのような処理を予定しているか。

　本来、契約を締結するということは、当事者の合意によって法的拘束力のある約束をするということなのだから、当事者はそれぞれの義務を果たす（履行する）必要がある。しかし、一定の理由により、当該契約が取り消された場合、もはや契約は最初に遡って無効となり、当初からなかったものとなる。その結果、契約を理由に生じた権利義務関係も、なかったこととなる。

　このように契約が取り消された場合、両当事者が自身の義務をまだ果たしていなければ、今後も果たす必要がなく、特に問題は生じない。しかし、一方当事者のみであっても自らの義務を履行していた場合が、問題である。この場合、義務を履行した当事者は、契約が有効だと信じて自らの義務を果たしたのであって、当該義務の生じた原因である契約がないのであれば、その義務を履行する必要はなかった。他方、相手方が義務を履行したことにより権利を実現した当事者は、結果として、何ら法律上の正当な理由もないにもかかわらず、相手方の損失によって利益を得た状況となっている。このような場合に備えて、民法は、不当利得制度（民法703条以下）を規定している。

　不当利得制度とは、「ある者がある利益を保持しているけれども、その者（受

益者）による利益の保持が法的に正当化されない場合に、受益者に対し、その利益を保持することができる者へと利益を返還すべき義務を負わせる制度」[9]である。したがって、義務の発生する根拠となった契約がなくなったにもかかわらず、当初自らの義務となっていた行為（給付行為）をした者は、相手方に対し、その利得の返還を求めることができる。

冒頭の設問のようにAB間の売買契約が取り消された場合、AはBに対し、引き渡した土地の返還を求めることができる。ただし、契約がなくなった以上、Aもまた代金を受け取る権利を喪失するため、仮にBから代金を受領していた場合は、その金銭をBに返還する必要がある。その後、Bの行為によって損失が生じたというのであれば、別途、不法行為に基づく損害賠償請求（民法709条）を行うこととなる。また上記3.発展問題のように、既に本件土地が善意無過失の第三者Cに引き渡されてしまっており、Bから返還してもらえない場合には、目的物に代わる金銭を賠償として支払ってもらうことになる。このように、最終的には、だましたBが負担を引き受けるようになっている。

ただし、社会的な問題として、詐欺行為を行ったBが既に逃げてしまっていて、そもそも裁判で訴えることができない場合や、裁判ができたとしても、他者からも訴えられた結果、Bが賠償金を支払うだけの資力を失ってしまっている場合も多いことに注意しなければならない。責任を負うべき者に対してどのように最終的な負担を負わせるのか、それが困難な場合に結果的に負担を引き受けてしまう者をどのように保護するのか、今後検討する必要がある。

9）潮見佳男『民法（全）〔第2版〕』（有斐閣、2019年）480頁。

第2章

「わかりません」と逃げないようになろう！

設問
　Ｘは、Ｖ宅の、公道に面しており、誰でも入ることができる場所に、袋詰めのみかんが多数置いてあり、「ご自由にお食べ下さい」との掲示があったので、みかん１袋を持ち去り、インターネットサイトを通じてそれを300円で販売した。
　以上のＸによるみかん１袋の持ち去り行為が、犯罪に当たるかについて論じなさい。

◆本章のステップ
●第１ステップ
・設問における事例についての意見がわからない場合に、法律学において「わかりません」という答えは意見とはなり得ないことを理解できる。

●第２ステップ
・設問における事例についての前提となる事実がわからない場合に対応する歴史的原則を調べることができる。

●第３ステップ
・設問についての意見がわからない場合であっても、的確な原則を設問に当てはめて意見を表明することができる。

●基礎パート◇◇◇

1.　「わかりません」という結論はタブー

(1)　皆さんの思考パターン

　扉の設問を読んでみて、皆さんはXの行為が犯罪に当たると考えるだろうか？　おそらく、「この行為が犯罪に当たるなんて信じられない」というのが第一印象ではないだろうか。

　しかし、ちょっと鋭い人なら、その第一印象から一歩進んで、「この第一印象こそが設問を作った者が用意した罠だから、これにひっかかってはダメで、犯罪に当たるに決まっているのはず」と考えるかもしれない。

(2)　考えれば考えるほどわからなくなる

　では、この設問について唯一の正解があるのかと言えば、前章を読んでもらえばわかる通り、そうした唯一の正解があるわけではない（第1章参照）。というわけで、上の設問を作った者の真の狙いは、犯罪に当たるか当たらないかを皆さんに真剣に考えてもらうことにある。

　しかし、直感的にはこの行為が犯罪に当たるはずがないと思った上で、やっぱり正解は犯罪なのだろうと思うとなると、迷いが出てくるだろう。特に、高校を卒業するまでの間に、どちらかが正解でどちらかが不正解なのだと思い込まされてきた皆さんは不正解を選びたくないがゆえに、考えれば考えるほどわからなくなるという困った状況に陥るかもしれない。

(3)　「わかりません」はどう評価される？

　そこで、上の設問についてグループで検討するときに、「わかりません」と答えればいいのではないかと考える人も出てこよう。わからないことをわからないと答えることも素直で良い答えだと、もしかしたら教員から褒められるかもしれないと期待しながら。

　しかし、大学で法律学を学ぶ際に、問われたことについて「わかりません」と答えることは、「私は何も考えていません」、あるいは、「私は何も学んでい

ません」と告白することと同じなのだ。例えば、期末試験で上のような設問が出たときの答案に「わかりません」と書けば、直ちに悪く評価されることになる。

(4) 迷ったから「わかりません」と逃げてはならない

　したがって、回答に迷って「わかりません」という回答で逃げてはならない。このことは、例えば、模擬裁判で裁判官役になってみるとよくわかる。民事裁判ならば、原告と被告のそれぞれの主張と立証、刑事裁判ならば、検察官の主張と立証、それに対する被告人・弁護人の主張[1]とを目にした裁判官役のあなたが、判決で「わかりません」と逃げるわけにはいかないのだから。

(5) 「結論はわかりません」と言わないようになること

　このように、犯罪に当たるか否かで迷った場合に取るべき道はただ一つ。やはり、犯罪に当たるか、犯罪に当たらないかの結論のどちらかを選ばなければならないのだ。この選択からは、刑法の期末試験における問題への答案を書く際にも、絶対に逃れることはできないことを忘れないでほしい。

　このことは、刑法の期末試験だけに当てはまるわけではない。およそ、法律学の期末試験では、AかBか、あるいはCかといった結論を選択する決断をしなければならないのである。そうすると、法律学を学ぶ過程で決断することに慣れなければならない。そこで、この章でクリアすべき**第1ステップ**は、ゼミなどの場で「結論はわかりません」と言わないようになることと設定される。言い換えれば、法律学で問われている設問についての意見を決めることができないような場合に、「わかりません」という答えは意見とはなり得ないことを理解できるようになれば、第1ステップをクリアしたことになる。

---

1) 刑事裁判の場合、法律上も理論上も、被告人に無罪主張を立証する義務は課されていない。したがって、検察官だけが有罪との主張を立証する義務、言い換えると、挙証責任を負っていると理解されている。

2.　法律の原則に遡って考える

(1)　法律学の特徴

　それでは、設問における X の行為が犯罪に当たるか、犯罪に当たらないか、どちらの結論を選ぶべきだろうか？

　実は、この問いかけにも法律学の特徴が現れている。法律学とは、何をなすべきか、どうあるべきかを検討する学問だからだ。

　したがって、設問を読んでみて、誰だって「どうぞご自由にお食べ下さい」との掲示があるみかん入りの袋を自由に持ち去るだろうという想定される現実を大前提にして、だから、犯罪には当たらないという結論を選ぶことは法律学という学問に照らすと、筋の良い結論とは言えない。

　法律学とは「〜すべき」という、「べき論」が戦わされる学問であるという点が、同じ文系の学問でも、法律学以外の学問領域とは異なる、法律学の特徴と言える。実は、法律学において大前提にしなければならないのは、「〜すべき」ということを示す規範（英語を使ってルールと言い換えることもできる）なのだ。

　そうすると、設問についての結論を選ぶに当たって、現実を大前提にするのではなく、規範を大前提にしなければならない。それでは、そうした規範をどうやって探せばいいのだろうか？

(2)　使える規範を探すツールとしての六法

　まず、規範を探すための最も手近なツールと言えば、六法ということになる。六法とは、憲法、民法、刑法、商法、民事訴訟法、刑事訴訟法という主要な法律群だけでなく、こうした法律の条文を編集し掲載した書籍一般をも意味する。これには、大小様々な種類のものがあるが、まずはコンパクトなものがあれば十分である[2]。

　しかし、設問に当てはめられる規範を六法から探し出すには、実は経験の積み重ねが必要なのだ。まずは、憲法をはじめ、六法のどこにどの法律が掲載されているのかを、何度も六法をめくって、いわば体で覚えることをお勧めす

る。その上で、例えば刑法の各条文がどのような順で並んでいるのかを頭に入れておくと、よりスムーズに規範を探し出すことができる。ちなみに、たいていの法律では、最初に法律全体に関わる、一般に総則と言われる部分が先に規定され、その後に個別のパートに分かれた各則が規定されている。刑法も同様で、1条から72条までが、犯罪と刑罰に関して一般的な規範を定めた総則で、それ以降が、個別の犯罪類型について定めた各則という順に定められており、各則は、国家に対する罪を先頭に器物損壊などの個人の物に対する罪が最後に規定されている。

(3)　どうやって使える規範にたどり着くか

　それでは、設問に当てはめられる規範をどのようにして探せば良いのであろうか？　まだ、法的な知識がほとんどない状態で、設問に当てはめられる規範を的確に探し出すことは、砂漠の中で針を探すのに似た難しさと言えよう。

　そのようなときに重要な役割を果たすのが、皆さんの感性なのだ。例えば、この設問でみかんの袋が置いてある場所は、公道に面した誰でも入ることができる場所なので、そこに立ち入ることはそもそも犯罪に当たらない[3]。しかも、ここで問われているのは、「どうぞご自由にお食べ下さい」との掲示があったみかん1袋を持ち去った行為なのだ。この行為が犯罪に当たると言われて、おかしいと思う感性を持っていれば、次に考えるべきは、そのおかしさはどこから来るのかという点にある。

　ところで、皆さんは、中学・高校の頃に、校則と出会ったことがあるはずだ。髪型や服装などを規制する学校独自のルールである。校則違反に対する制裁も加えられていたかもしれない。しかし、禁じられていない髪型や服装に対して制裁は加えられていなかったはずである。

　そうすると、この設問にある、「どうぞご自由にお食べ下さい」との掲示が

2）　かつては、ポケットに入るサイズの六法ということで『ポケット六法』（有斐閣）と名付けられたものも、掲載法令がどんどん増えていくにつれ、ポケットにはとうてい入り切れないサイズになってしまった。というわけで、約1,900もあるとされる日本の法律全てを掲載するとものすごい厚さの書物となってしまい、携帯には極めて不便である。それに比べると、パソコンやタブレットを使って、様々な法令を検索するほうがはるかに便利である。

3）　刑法130条の住居侵入罪は、判例・通説によれば、塀などで囲まれた住居部分に、住居権者の許諾なく立ち入る行為と解されている。

あったみかん1袋を持ち去った行為を刑罰によって規制する規範があるか否か
が極めて重要となる。つまり、設問の行為を規制する規範があって、その行為
は初めて犯罪として処罰され得るのであり、そうした規範がなければ、その行
為を犯罪として処罰することはできないはずなのだ。

　実は、このことは刑法の大原則として200年以上前に欧米で受容され、日本
でも1880年の旧刑法で採用された、罪刑法定主義からも導かれる[4]。罪刑法定
主義とは、文字通り、犯罪と刑罰は法律で予め定められていなければならない
ということを中心とするものである。

　このように、私たちは、それぞれの経験を手がかりに、刑法の大原則にたど
り着くことができる。言い換えれば、設問の行為が処罰されるのはおかしいと
感じることが、どこから生じるのかを遡って考えていくことで、法の原則にた
どり着けるのである。ちなみに、このことは日本国憲法31条および39条に明文
で書かれているので、確認してほしい。なお、インターネットで刑罰法規と入
力して検索するだけでも、憲法39条が定める刑罰法規不遡及の原則がヒットす
る。

⑷　直感から経験を通じて原則にたどり着けるようになる

　実は、私たちの社会は法に包まれているとも言える。言い換えると、私たち
は、成長する過程で、大なり小なり規範を学んでいるのだ。したがって、私た
ちの直感の背景には、経験があり、その背後には規範があるとも言える。

　そうすると、設問でどちらの結論を選ぶかを決断するに当たって、直感から
出発するにしても、その直感の背景となる経験、そしてその背後にある規範に
たどり着くことができるようになれば、この章における**第2ステップ**をクリア
したことになる。

4）　フランス革命などの、いわゆる市民革命以前は、時の権力者や教会などが、犯罪と刑罰に関
する法はあれども、それを自由・自在に操る罪刑専断主義がまかり通っていた。このような恣
意的な処罰が持つ不合理性を指摘したのが、『犯罪と刑罰』を著したベッカリーアである。な
お、日本では、旧刑法2条に罪刑法定主義は明示されたものの、1907年に立法された現行刑法
ではその規定は削除されており、現行刑法のこうした姿勢をどう評価するかには争いがある。

3.　法的三段論法を用いてみる

(1)　法律学における原理・原則の重要性

　それぞれの法律には、その法律の目的などが定められており、そこからその法律の原理・原則が導き出され、その原理・原則に基づいて個々の条文が規定されているのが一般的である。したがって、法律学を学ぶ上で、個々の法律の原理・原則の内容をしっかり理解し、記憶しておくことは極めて重要である。このような取組みをしておくと、具体的な法律に関する事件が起こったときに、おおよそのあるべき結論を導き出すことができる。

　そうすると、実は、法律学は文系の学問に位置付けられているけれども、むしろ数学や物理学との共通点をもっている。つまり、二つの三角形の一つの角度とそれをはさむ二つの辺がそれぞれ同じであれば、二つの三角形は合同であるという原理を、△ABCと△DEFという具体例に当てはめて、△ABCと△DEFが合同であるという結論を導き出すことと共通な側面が法律学にはある。

(2)　法的三段論法

　というのも、法律学においても、法律の原理・原則から導かれる具体的な法規範を具体的な事件に当てはめて結論を出すからである。この結論を出す手法のことを法的三段論法と言う。

　法的三段論法とは、一般に、まず法規範を大前提として、それを、小前提とされる、具体的な事件に当てはめて結論を出す手法として、法律学の入門的テキストでは必ず触れられる手法である。

　もう少し具体的に説明すると、例えば、大前提として、刑法199条は、「人を殺した者は、死刑又は無期若しくは5年以上の懲役に処する」と定めており、ここから、他人[5]を殺した者には所定の刑罰が科せられるという法規範が導かれる。その上で、証拠に基づいて裁判官によって認定されたAがBの左胸を刃渡り25センチの鋭利な包丁で突き刺したことにより失血死させたという事実

　5）　刑法199条の殺人罪における「人」とは、一般に殺人行為を行った者以外の他人と解されている。したがって、自殺は刑法199条の殺人罪には該当しない。

に、この法規範が当てはめられて初めてAの行為は殺人罪に当たり有罪であるという判決が言い渡されるのである[6]。

4.　なぜ犯罪に当たらないのか？

(1)　法的三段論法を設問に当てはめると

　それでは、法的三段論法は、この設問についての自分の意見を表明する上でどのように活用されればよいのだろうか？

　法的三段論法を活用していくには、まず大前提を定めなければならない。上で見たように、直感的に、設問の事例におけるXの行為が犯罪には当たらないと思った場合、そこから遡れる大前提として罪刑法定主義を挙げることができる。罪刑法定主義からは、予め犯罪として法律に明確に定められていない行為は犯罪ではないということが導かれる[7]。これを具体的な大前提として、小前提である、Xによる「どうぞご自由にお食べ下さい」との掲示があったVのみかん1袋を持ち去ったという行為に当てはめても、その行為が犯罪として明確に定められていない以上、犯罪とはならない。

(2)　犯罪に当たらない根拠を説明できる

　以上のような法的三段論法の活用ができるようになれば、皆さんは自然と意見の根拠を示すことができるようになる。

　すなわち、設問の事例におけるXの行為は、犯罪には当たらない。なぜなら、XによるVのみかん1袋を持ち去った行為が犯罪に当たるとする刑法上の規定はない以上、ある行為を処罰するには予め法律によってその行為が犯罪であることが明確に定められていなければならないとする罪刑法定主義からそうした帰結が導かれるからである。

　というわけで、設問の事例において、大前提である規範を、小前提である設

---

　6)　ただし、刑罰をどのようにして定めるかという点は、一般には量刑相場に沿ってなされると言われてはいるものの、これを定める具体的な法規範があるわけではなく、裁判官ないし裁判員の大きな裁量に委ねられていると言わねばならない。この点は刑事法学全体の大きな課題である。この点については、第8章参照。

　7)　罪刑法定主義から導かれることの一つで明確性の原則とも言われる。

問における事実に当てはめて、設問についての自らの結論を示すことができる
ようになれば、この章における**第3ステップ**をクリアしたことになる。

5. ここまでのまとめ

(1) 3ステップの再確認

それでは、本章で踏んでもらいたい三つのステップを確認する。

第1ステップは、ゼミなどの議論において「結論はわかりません」と言わな
いようになること。本章の設問に当てはめれば、例えば、「Xの行為は犯罪と
いうのが結論です」と言えるようになること。

第2ステップは、設問に対する結論を決めるに当たり、そこで問題とされて
いる法律の原則に遡り、その内容を調べることができるようになること。

第3ステップは、第2ステップで調べた法律の原則から導かれた規範を大前
提として、それを小前提である設問における事実に当てはめて、設問について
の自らの結論を示すことができるようになること。

(2) ちゃんとステップが踏めているか?

以上の三つのステップが踏めているかは、以下の基礎問題や発展問題を使っ
て、ゼミなどの場で繰り返し確認してみよう。

基礎問題

・Aは、Bが自己の畑の横に、「1袋100円」と掲示して、代金を入れてもらう
ための空き缶とともに置いていたみかん1袋を、空き缶に50円入れた上で、持
ち去った。Aによるみかん1袋の持ち去り行為が犯罪に当たるかについて論じ
なさい。

発展問題

・「当店における18歳未満の方の遊戯をお断りします」との掲示がなされてい
るパチンコ店に、17歳のZはこの掲示を確認し、自己がこのパチンコ店で遊
戯し、いわゆるパチスロのメダルを獲得することは容認されていないことを知

りながらあえて入店し、パチスロを通常の遊戯方法で行った結果、450枚のメダルを獲得した。ただし、このパチンコ店では Z の年齢確認はなされていなかった。この Z によるメダル獲得行為が犯罪に当たるかについて論じなさい[8]。

● さらに考えるための展開パート ∞∞∞∞∞∞∞∞∞∞∞∞∞∞∞∞∞∞∞∞∞∞∞∞∞∞∞∞∞∞∞∞∞

6. なぜ犯罪に当たり得るのか？

(1) 異なる法的見解の可能性

ここからは上述した三つのステップを踏めて、さらに難問に取り組みたい人向けのパートである。

ところで、繰り返しになるが、上で挙げた見解だけが唯一の正解というわけではない。設問のような論述問題では、唯一の正解を書くことが求められているわけではないからである。

つまり、論述問題においては、解答に取り組む者が考えついた見解とは異なる法的見解が存在することが前提とされており、そうした異なる見解を的確に批判することが必ず求められている。そうすると、そうした異なる見解を探る作業もなされなければならない。

(2) どうやって異なる見解を探るか？

それでは、設問における、X による「どうぞご自由にお食べ下さい」との掲示があった V のみかん 1 袋を持ち去ったという行為が犯罪に当たらないとする見解と異なる法的見解にはどのようなものがあり得るだろうか？

直感的には、「どうぞご自由にお食べ下さい」との掲示があった V のみかん 1 袋を持ち去った X の行為が処罰されるのがおかしいと思うだろうが、同時に、この設問におけるその後の X の行為に違和感が残る人もいるかもしれな

---

8) 本問を検討する上で参考となる判例として、店が禁じている体感器を用いてパチスロのメダルを獲得する行為は、通常の遊戯方法の範囲を逸脱し、店舗が許容しないものであるから、取得したメダルについては、被害者の意思に反してその占有を侵害し自己の占有に移したものであり、窃盗罪に当たる（最判平成19・4・13刑集61巻3号340頁）というものがある。

い。

　そうした違和感を持つ人は、Xが、このVのみかん1袋を持ち去った後、インターネットサイトを通じてそれを300円で販売した行為に対して、Vの「お食べください」という好意を無にして、Xが己の利益を図った点でけしからんと評価しているのではなかろうか。

　もっとも、Xがみかん1袋を適法に所有したのであれば、それを販売する行為そのものが直ちに刑法上の犯罪に当たるわけではないし、そもそも、Xによる販売行為が犯罪に当たるか否かが問われているのではなく、あくまで問われているのはXによる持ち去り行為なのである。

　それでは、こうしたXによる持ち去り行為後の販売への違和感が、Xによる持ち去り行為についての法的評価にどのように関わってくるのであろうか？

(3)　窃盗罪における窃取

　そこで、持ち去る行為が犯罪に当たる場合を改めて考えていくと、例えば、路上に置いてある他人の自転車を持ち去る行為を思いつくことができる。

　このような自転車の持ち去り行為は、窃盗罪（刑法235条）ないし遺失物等横領罪（刑法254条）に当たり得る[9]。

　そこで、設問の行為にこれを当てはめてみると、V宅の前に置いてあるとはいえ、遺失物と言えるわけではないので、これを持ち去る行為が窃盗罪に当たる可能性を検討する必要が出てくるのである。

(4)　Xによる持ち去り行為が窃盗罪に当たる可能性

　そこで、窃盗罪を規定している条文を調べてみよう。すると、刑法235条は、「他人の財物を窃取した者」を窃盗罪として10年以下の懲役又は50万円以下の罰金に処すると定めている。

　そうすると、V宅の前に置いてあったみかん1袋は、財産上の価値がある物であって、財物に当たる[10]。また、このみかん1袋は、Vがその所有権を放棄

---

[9]　窃盗罪に当たるか、遺失物等横領罪に当たるかは、この自転車が所有者の占有中であると言える（例えば、たまたま路上に駐輪していたに過ぎない場合）か、それとも所有者の占有から離れた状態にある（例えば、所有者が自転車をどこに置いたかわからなくなった場合）かによって異なる。

した、例えば廃棄物のような物ではないので、まさに「他人の財物」に当たるのである。

　それでは、Ｖの持ち去りが窃取に当たるのかを検討してみよう。この窃取とは何かについては、刑法235条には説明はなく、刑法の他の条文にも同様に説明はない。したがって、窃取とは何かがわからないというのでは、窃盗罪の規定はまさに不明確なものであって、罪刑法定主義に反することになってしまう。

　しかし、現実には、刑法上の犯罪の中で最も検挙される数が多いのが窃盗である[11]。つまり、窃盗犯は数多く処罰されている。そうすると、窃盗罪の規定が罪刑法定主義違反であって、憲法31条違反とされているわけではない。もし、刑法235条が憲法31条に違反するものであれば、憲法98条が、憲法の条項に反する法律は効力を有しないと定めているので、刑法235条による処罰はできなくなるはずだからである。

　このような場合、窃取について、刑法の教科書を使って調べることが手っ取り早い。刑法の教科書は、刑法の総則を扱う総論と、各則を扱う各論とに分かれているので、刑法各論の教科書を調べると、窃取に関する詳しい情報を知ることができる。

　そこで、窃取を説明している部分を索引から調べると、窃取とは、他人の占有をその意思に反して侵害し、財物を自己または第三者の占有に移すことと解釈されていることがわかる[12]。

---

10)　なお、刑法245条は、窃盗や強盗の罪については、電気を財物と見なす（すなわち、財物と同じ）と規定しているので、電気の窃盗も処罰される。

11)　捜査機関によって検挙された犯罪などの統計をまとめて掲載しており、しかも容易にアクセスできるものが、毎年発行される『犯罪白書』である。例えば、『令和元年版　犯罪白書』によれば、2018年に検挙された窃盗犯の検挙人員は、10万2,369人であり、刑法犯全体のほぼ50％を占めている。法務省法務総合研究所編『令和元年版犯罪白書』（昭和情報プロセス、2019年）46頁参照。

12)　他人が自らの牧場に放牧した牛を勝手に売却したことが窃盗に当たるとした大審院時代の判例（大判大正4・3・18刑録21輯319頁）で示された解釈がその下敷きとなっている。なお、窃取の対象となる財物が、他者が所有する財物か、あるいは他者が占有する財物かについては争いがあるので、以下では、この点の争いに踏み込まないよう、本設問の事例のみかん1袋についてＶが所有しているか占有しているかについては触れていない。

⑸　Ｖの意思に反した財物の移転に当たるか？

　それでは、設問におけるＸによるＶのみかん１袋の持ち去り行為は、Ｖの意思に反した財物の移転に当たるのであろうか？

　ここで重要となってくるのが、Ｘによるみかん１袋の販売行為なのである。もともと、Ｖは、このみかんを「どうぞご自由にお食べ下さい」という意思を表示していた。このことは、Ｖが、このみかんを食べてもらうことを前提に、みかんを持ち去る行為に同意している旨を示していると見ることができる。

　そうすると、例えば、このＶがたまたまインターネットサイトで、Ｘによって持ち去られたＶのみかんが300円で売られていることを知ったとして、Ｖが「インターネットで売るのであったら、絶対にＸにはみかんをあげなかったのに」と考えたとすれば、実は、Ｘによる持ち去り行為は、Ｖの意思に反したみかんの持ち去り行為に当たることになるのである。

⑹　法的三段論法を活用すると

　そこで、法的三段論法を活用すると、以下のようになる。まず、大前提として、刑法235条の一般的な解釈によれば、他人の意思に反して、他人の財物を移転させた行為は窃盗罪に当たるという規範が導かれる。

　この大前提を、「どうぞご自由にお食べ下さい」との掲示があったＶのみかん１袋を持ち去ったＸの行為に当てはめる。このＸの行為は、そのみかん１袋を食べずに販売するという点でＶの意思に反するものであるので窃取である。したがって、Ｘによる持ち去り行為は窃盗罪に当たるという結論になる。

　このように、Ｘによる販売行為への違和感から出発して、刑法235条における窃取概念を調べることによって、Ｘによる持ち去り行為が窃盗罪に当たり得るという説明もできるようになるのである。

7.　大切なこと

⑴　適切な質問や批判の大切さ

　このように設問についての結論は、犯罪に当たらないというものと窃盗罪に当たるというものとの二つがあり得る。そして、この結論はお互いに真っ向か

ら対立する。

　ここから大切となるのは違う結論の相手方と議論を重ねていくことである。そこで、ゼミでの議論において忘れてはならない点は、異なる結論をとる相手の立場に立った上で適切に質問し、的確に批判することである。異なる結論をとっているからといって、相手を論破することだけが議論の目的と言うわけではない。より重要なことは、お互いの立場を理解できるようになることなのである。

(2)　パターンは二つに限られるわけではない

　このパートで触れた、意思に反する財物の移転という窃取概念が、Ｖのみかん１袋を食べずに販売するという点でＶの意思に反するＸによる持ち去り行為にも当てはまるので、窃盗罪に当たり得るという結論は有罪説の一つのパターンに過ぎない。

　また、前のパートで触れた無罪説にも、他のパターンがある。したがって、単純に無罪説と有罪説との間でだけパターンが違うというわけではない。

(3)　事実にこだわることの大切さ

　有罪・無罪という結論は法的な評価である。しかし、それらの評価は出発点となる事実や、途中の論理が異なる場合もある。相手方との議論を通して、その違いにも気付くことが、大切である。

　そして、もっと大切なことがある。それは事実にこだわることである。最後の最後まで事実にこだわった上でなされる法的主張でなければ、多くの人の納得を得ることはできないからである。

応用問題

・窃取を、意思に反する財物の移転と解する通説・判例にはどのような問題点があるか論じなさい。

第3章

意見の法的根拠に遡れるようになろう！

設問
　女性にだけ再婚禁止期間を設けている民法は、平等原則に違反しないのだろうか？

本章のステップ
●第1ステップ
・設問について意見がわからない場合、前提となる事実が明らかであれば、法律の原理・原則に遡って考えることが重要であると理解できるようになること。

●第2ステップ
・法律の原理・原則だけでなく、憲法も、意見を導く物差しとなることが理解できるようになること。そして、物差しとなる憲法価値を理解できるようになること。

●第3ステップ
・基本的人権の保障に関する憲法の規定に照らして、設問についての自らの意見を示すことができるようになり、法的意見表明を行うには法的根拠（原理・原則）に遡ることが重要であると理解できるようになること。

1.　原理・原則に遡って問題の本質を見抜こう！

　本章では、法学的な思考において、法律の原理・原則へと遡ることが問題解決の糸口となることを理解してもらいたいと考えている。そして、その上で、法律の原理・原則を支えている憲法原理へと遡り、憲法に基づき問題点を指摘する思考を磨いてもらいたい。

　早速、事例問題に則して実践してみよう。今回の事例はちょっと複雑で、旧民法規定に対する問題提起、そして、今日の法律改正につながる問いかけとなっている。

2.　事例問題

(1)　何が悪いの？　どこに問題があるの？─問題点を抽出しよう！

　妻Xは、夫Yとの話し合いの末に離婚を決意した。2人の間に子どもはなく、医師にも子宝に恵まれる見込みがないとの診断を受けていた。その点で、2人の関係は変化していた。

　離婚を切り出したのは夫であった。夫によれば、数年前から、密かに関係を持っていた親子ほど年の離れたガール・フレンドが身ごもったというのである。しかも、数週間後には赤ちゃんが生まれてくるということで、明日にでも離婚し再婚したいというのである。

　突然の申し出に戸惑いを隠せない妻であったが、いずれこのような日が来ると想像していたし、妻にも、かねてより親交を深めてきた幼友だちAがいた。いわゆる恋愛感情に発展したことは一度もないが、事の成り行きを受け、Aは、残りの人生は世界旅行でもしながらXとともに過ごしたいとして、再婚を申し出た。

　突然の夫の告白に困惑したものの、それぞれの人生を選択する転機がおとずれたとして、妻XとYは協議の末、翌日、2人で役所に離婚届を提出することで合意した。

　翌日、XとYは、一緒に役所に行き窓口に離婚届を提出した。それと同時に、それぞれの再出発を意味する、それぞれの婚姻届を提出した。夫Yの婚姻届は直ちに対応するということで、窓口で受理された。Yは大喜びで再婚した新しい妻のもとへと走っていった。あまりの笑顔に積年の恨みが爆発しそうになったXも同様に離婚届の後に婚姻届を提出した。しかし、窓口は、民法733条を理由に再婚届の受け取りを拒否、承服しかねて不服を述べるも法律に従った適正な対処であると役所は主張し、Xもそれに従った。

　さて、自分だけが思いを遂げられず、やるせない思いを抱えたXは、心のモヤモヤの原因が何なのか知りたいと、これまでも、度々、相談に乗っていた弁護士である「あなた」に会いに来た。そこで、Xの訴訟代理人として法的問題を指摘し、意見してみよう。

⑵　実際に条文を読んでみよう！！

　事例を考察する場合には、それに関連する条文を探し出す必要がある。今回の事例では、再婚を定めた条文が関係する。早速、条文を探してみよう！！さて、旧民法733条は女性の再婚禁止期間を6か月と定めていた。ところが、2016年6月1日、民法の一部を改正する法律が成立し、現在は、女性の再婚禁止期間が前婚の解消又は取消しの日から起算して100日に短縮されている（2016年6月7日公布・施行）。

　旧民法733条（再婚禁止期間）
　　1　女は、前婚の解消又は取消しの日から6か月を経過した後でなければ、再婚をすることができない。
　　2　女が前婚の解消又は取消しの前から懐胎していた場合には、その出産の日から、前項の規定を適用しない。

　旧民法746条（再婚禁止期間内にした婚姻の取消し）
　　　第733条の規定に違反した婚姻は、前婚の解消若しくは取消しの日から6か月を経過し、又は女が再婚後に懐胎したときは、その取消しを請求することができない。

3.　問題の所在を突き止めよう！

(1)　事実を集めて、検討を加える

　今回の事例を読んで、皆さんはどこに問題があると考えただろうか。もしかしたら、「結局、Yが浮気をしていたってことじゃない？」と、浮気の事実に問題を感じているのではないだろうか。ちなみに、裁判などで、「夫婦同然の関係」や「男女の関係」と表現される場面は肉体関係が結ばれた事実を意味している。したがって、今回の事例における明らかな事実は、夫Yが妻Xに隠れて、妻以外の女性と親密な関係を築き、子宝を授かったことを理由に離婚を申し出たという事実である。いわゆる浮気・不倫・不貞のお話のようだ。

　浮気・不倫という事実が明らかになった。その事実を契機に双方が話し合い離婚を決意し、それぞれが離婚・再婚の手続を行ったという事実が明らかとなった。

　前章でのステップを踏まえると、まずは、直感的にでもよいから、自らの意見を決めなければならない。では、どこに問題があると言えるのだろうか？

　例えば、自分の親なら「絶対にあり得ない！」とか、「同じ人間として許せない！」とか、「恋愛は自由だから問題ない！」など、出来事に対する個人の評価・感想は多様に存在し得ると思われる。賛否が分かれるのも当然である。ところが、事例を読み進めていくと、YとXの間で協議が成立している。つまり、話合いは済んでいたのである。円満離婚である。

　事実、当事者同士が納得し、離婚手続を行っているのだから、今回の離婚に紛争はない。まして、妻の浮気や不倫を裁く規範（旧姦通罪）は、平等原則（憲法14条）に反する差別規定となるので、今日は存在していない[1]。では、どこに問題があるのだろう。

(2)　事実の評価と法律問題を分けて考える

　前章で確認したように、前提となる事実が明らかであれば、その事実に関わる法律課題を抽出することで問題解決の糸口をつかむことができる。事例では浮気や不倫、不貞行為を推察させる背景が示されてはいたが、背景自体に法律

上の問題につながる事実は直ちには存在していないようである[2]。今回の事例で注目すべきは離婚・再婚に関わる事実である。いきさつは、さて置き、離婚の申出に対し、双方は合意していた。離婚届は受理され、再婚届も出されたという事実である。

　離婚や再婚は、民法に定められた婚姻に関わる法律行為で、一種の契約と呼べる性質を持つ、つまり、請求の原因が何であれ、この申出に、双方が協議の上で承諾していたならば、契約に争いは生じない（私的自治・契約自由の原則）。

　事実、夫のXは、離婚後、直ちに再婚しているので何のトラブルもない。妻Xは直ちには再婚できなかったが、離婚が成立した後、6か月を過ぎさえすれば、再婚のための婚姻届を提出することは可能となるし、事実上の家族として現在仲良く生活している。当人同士には何の争いも生じていない。

　しかし、Yは、何か釈然としないものを感じている。頭ではわかっている。争いはないのだが何かがおかしい。わずかながらの違いが生じている。離婚後、それぞれは新たなパートナーと結ばれたが、なぜか、元夫のYは離婚と同時に再婚が認められている。それに対し、元妻のXは半年も待たなければならない。なぜだろう。気になったXは、後日、役所を訪ねている。これに対し、役所の担当者は、民法（事例当時の有効な法律）の文言に従ったもので、Xだけなのでなく、すべての女性に再婚禁止期間が設けられていることと、民法の規定がそのように定めているので、Xだけを特別扱いすることはできないことの説明をした。定められたルールであれば仕方がない。このモヤモヤはどこにぶつければよいのだろうか[3]。

---

1)　1907年に制定された現行刑法は、その183条1項に「有夫ノ婦姦通シタルトキハ二年以下ノ懲役ニ處ス其相姦シタル者亦同シ」と定め、いわゆる浮気をした妻と相手の男を裁く犯罪規定を設けていた。さらに、2項で「前項ノ罪ハ本夫ノ告訴ヲ待テ之ヲ論ス但本夫姦通ヲ縦容シタルトキハ告訴ノ効ナシ」と定め、夫の告訴がなければ公訴を提起することはできず、夫自ら姦通を認めていた場合には告訴に効力が生じないとして、夫のみに告訴を認めていた。男女差別が明らかな本条は1947年の法改正（昭和22年法律124号）により削除されている。また、明治民法768条は、姦通によって離婚または刑の宣告を受けた者は相姦者と婚姻することはできない旨の定めを持っていたが、この旧法も1947年の法改正で改められている（昭和22年法律222号）。

2)　最判昭和61・11・20民集40巻7号1167頁。妻子と以前から別居している男性が、約7年間、半同棲のような形で不倫な関係を継続した女性に全遺産の3分の1を包括遺贈する旨の遺言は、公の秩序、善良な風俗に反しないとされた事例。

(3)　法律上の問題点を整理する

　単に価値観を争うのであれば、浮気や不倫は許せないと意見することも、役所の対応が人情味に欠けるものであったと意見することもできるだろう。しかし、法律上の問題点を整理すると、離婚・再婚に争いが生じていない以上、問題は、別のところに隠れているかもしれないということになる。もしかしたら、そもそもの問題がないのかもしれない。

　この点、民法の原理・原則である、誰とどんな内容の契約を結ぼうと、その契約を結ぶ当人の自由であるとした「私的自治・契約自由」の原則や、現行民法90条の「公の秩序又は善良の風俗に反する法律行為は、無効とする」定めに遡り論じることも予測できるが、当人の自由に委ねた結果として、離婚、結婚を選択したと考えると、その自由な意思形成に問題があるとはいえない。さらに、「善良の風俗」に引き付け、重婚が禁止されている点から、再婚を予定して交わされていた契約の無効性を論じる余地がないわけではないが、それも、今回は、関係ないと言える[4]。では、どこに問題があるのだろうか。

---

　3)　近代以降、国家権力の濫用を防止し、主権者である国民の基本的人権を保障することを掲げる憲法に基づく立憲主義の下では、「すべて司法権は、最高裁判所及び法律の定めるところにより設置する下級裁判所に属する」（憲法76条1項）と定めている。ここでの司法権とは、「当事者間に具体的な事件に関する紛争がある場合において、当事者からの法律上の争訟の提起を前提として、独立の裁判所が統治権に基づき、一定の争訟手続によって、紛争解決の為に、何が法であるかの判断をなし、正しい法の適用を保障する作用」（芦部信喜＝高橋和之補訂『憲法〔第7版〕』〈岩波書店、2019年〉347頁）を意味している。そこで、主権者は、司法権を有する裁判所に正しい法の適用を求めるのである。本事例では婚姻に関わる権利関係を正しい法の適用の下に宣言してもらうということとなる。お墨付きの印象はぬぐえない。というのも、日本には古来より現在の民事裁判に相当する場面は乏しく、諸個人間の紛争はお上の恩恵による御沙汰を待つものばかりで、個人の権利を保障するためのものというよりも、条理をお上が判定する場となることが多かった。この点、細川亀市「明治前期における民事訴権の形成」専修大学論集26号（1961年）1頁以下参照。しかし、現在、日本国憲法の下で主権者は裁判を受ける権利（憲法32条）を手にしている。そして、司法権による裁判を通じた適正手続（憲31条）の実現のために訴訟制度が定められたのである。権利侵害・制限は、なぜ起きたのか？その際には、法律自体の欠陥をも争わなければならないのである（違憲立法審査制）。

　4)　重婚の無効性が民法の条文に明記されているわけではないが、民法732条（重婚の禁止）「配偶者のある者は、重ねて婚姻をすることができない」。また、民法752条（同居、協力及び扶助の義務）「夫婦は同居し、互いに扶助しなければならない」。民法770条1項（裁判上の離婚）「夫婦の一方は、次に掲げる場合に限り、離婚の訴えを提起することができる」。1号「配偶者に不貞な行為があったとき」との定めから、夫婦間の基本的な義務として貞操義務があると解されている。貞操義務違反（不貞行為）は離婚の請求原因を構成し、不法行為に当たる場合もある。離婚請求の具体的な内容は夫婦間の協議、または審判によって定められる。

　事例問題で、Xが、最も気にしていた点（争点）は、一体何だったのだろうか？　それは、文章の最後に問いとして示されていた。それは、元夫のYは即日再婚できたのに、元妻Xは半年も待たなければならないという事実であった。ここに違和感を抱いていたのである。

4.　疑問点を法律の原理・原則に遡って考えてみよう

(1)　具体的な条文を読んでみよう！

　元妻Xが再婚するためには半年も待たなければならない。なぜなら、旧民法の733条に、「女は、前婚の解消又は取消しの日から6か月を経過した後でなければ、再婚をすることができない」と定められていたからである。この点、現在の条文と見比べてみよう。

　事例問題にあるようにあなたが相談を受けたのであれば、「民法に定められていたのですから、仕方がない」と説明するのだろうか？　それとも、どこかに問題が隠れているかもしれないと思考実践を継続するのだろうか？　おそらく、後者であろう。これが法的思考である。

　一般に、法的思考（リーガル・マインド）と呼ばれるものは、仮説を立て、法に照らし推論を組み立て、帰結を得るという手順を踏む。その推論（三段論法）によって結論を導くのである。そして、その際の推論を支える条文について、そこに書かれている文言の意味を、法的視座の下に理解したり説明したりすることを法解釈・条文解釈と呼ぶ（第4章参照）。

(2)　法的思考を実践しよう！

　では、問題があるかもしれないとの仮説を立て、再婚禁止期間について考えてみよう[5]。旧民法が定めていた再婚禁止期間（6か月➡現在は100日）は、そもそも、なぜ、存在していたのだろうか。なぜ、男と女で差が設けられていたのだろうか。そのような異なる取扱いは許されるのだろうか？

　となれば、異なる取扱いの意義（条文の目的）について探らなければならな

　5）　久貴忠彦「再婚禁止期間をめぐって―広島地裁平成3年1月28日判決を契機に」ジュリスト981号（1991年）36-42頁参照。

い。それは父性推定の衝突を避けるために必要だからであると説明される。つまり、離婚後半年を待たなければ、元妻のお腹にいる子どもの父親が誰だか分らなくなってしまうからである。

「わからないって？」と、多くの方が、「それは感覚的にわかるでしょう」と思うところだが、この点を法律の原理・原則に遡って考えてみると、実は、民法772条1項に、「妻が婚姻中に懐胎した子は、夫の子と推定する」という定めが存在していることに気が付く。この文言に従い離婚から3週間後に出産した妻子を仮定すると、法律上の父親と推定される人物と、生物学上の父親である人物の両方が重複して存在し得る場面が発生することが予見される。仮定とはいえ、父性が重複するのであれば、争いが生じる可能性は否定できず、それを回避するためにも法的安定性が優先されなければならなくなる。

実際の裁判でも、夫と子との間に生物学上の父子関係が認められないことが科学的証拠により明らかであり、かつ、夫と妻が既に離婚して別居し、子が親権者である妻の下で監護されているという事情があっても、子の身分関係の法的安定性を保持する必要が当然になくなるものではないから、嫡出の推定が及ばなくなるものとは言えないとして、法的安定性を優先すべきとする判決を下している[6]。

ここに再婚禁止期間の存在意義が、父性推定の衝突を避けるためであることが明らかとなった。では次に、禁止期間を設けるとして、その期間である6か月間が妥当かどうか評価する必要がある。一般に、懐胎から出産まで10月10日（とつきとおか）はかかると言われているから、半年間という時間が極端に長過ぎると感じたとしても、直ちにそれを否定することはできない。そこで、これも、法律の原理・原則に遡って考えるとしよう。

そもそも、禁止期間の目的は、法律に基づく父性推定の衝突の回避である。この目的を達成する上で、必要な期間が確保されさえすれば目的達成は十分になし得る。この目的を超えて設定された時間、つまり、長過ぎる時間の設定

6）　最判平成26・7・17民集68巻6号547頁。最高裁判所は判決において、夫と民法772条により嫡出の推定を受ける子との間に生物学上の父子関係が認められないことが科学的証拠により明らかであり、かつ、子が現時点において妻および生物学上の父の下で順調に成長しているという事情があっても、親子関係不存在確認の訴えをもって父子関係の存否を争うことはできないとしている。

は、そもそもの原理・原則に適っているのかを判断する必要が出てくる。

　では、そもそもの原理・原則とは一体何であろう。これは法律を読み込むことで導かれるし、民法の上位規範である憲法を読み込むことで明らかとなる（次章・法解釈で詳しく述べる）。すなわち、法規範の上下の関係から原理・原則を読み解くのである。

　民法規定の存在意義を支えている原理（私的自治・契約自由の原則、所有権絶対の原則、過失責任の原則）は、国家の基礎法である憲法の原理に通じている。憲法の原理（自由・平等）に合致しない法制は、過剰な制限を生み出すものとなるかもしれず、その制限、今回であれば、何故に「6か月」なのか、説得力のある根拠が示されない限り、憲法の原理に合致するものとしての合理性を認めるわけにはいかなくなる。法律の上位に位置する憲法の原理・原則へと遡れば、そもそも、男女の間に「6か月」もの差を設けた民法の規定が合理的と呼べるのか否かを判断することが可能となるのである。

(3)　合理性を確認してみよう！

　法律やその上位に位置する憲法の原理・原則に遡り、その合理性を追求する場合、つい、一般的な意味での「合理的＝無駄のない効率的」な思考に重きを置きがちであるが、法的合理性が追求すべきは「理（ことわり）」に合致するのか否かという点である。そして、その「理」は法律や憲法を読み込むことで導かれるのである。

　今回の事例であれば、再婚期間を設ける法の目的（原理・原則）が、民法772条の2項に定められた父性推定の衝突の回避にあることがわかった。

　したがって、772条2項の、「婚姻の成立の日から200日を経過した後又は婚姻の解消若しくは取消しの日から300日以内に生まれた子は、婚姻中に懐胎したものと推定」されるとする文言に従い考えることとなる。例えば、もしも、前婚の解消直後に再婚が成立すると、前婚の解消後300日以内で、かつ、後婚の成立後200日以後の子が生まれた場合に、父性推定が衝突してしまう。

　このような父性推定の衝突を避けるための期間が再婚禁止期間であるということとなる。したがって、再婚禁止期間を設けることは理に適っており、一定の合理性が見てとれる。

(4)　上位の原理・原則へと遡り合理性を追求してみよう！

　確かに、父性推定の衝突を回避するための再婚禁止期間には一定の合理性が見てとれる。しかし、さらに上位の原理・原則へと遡り、その合理性を追求するとなれば、ますます、疑問は尽きない。ここでは、民法の上位に位置する憲法に遡り、憲法の平等原則に基づき考察してみよう。

　憲法は14条に「すべて国民は、法の下に平等であつて、人種、信条、性別、社会的身分又は門地により、政治的、経済的又は社会的関係において、差別されない」と定め、性に基づく差別を禁じ、法律が適用される場面と、適用される法律の内容に性に基づく差異があってはならないという原理を掲げている[7]。

　もっとも、諸個人における自由な選択の機会保障（例えば思想選択）を掲げる憲法原理からすれば、個々の人間における現実の個体差（思想選択）を完全に無視する機械的な均質化は、むしろ不合理な結果を生み出すこととなり機会の自由を保障する平等原則に反することになると考えている。そのため、法の下の平等を実現する際には、諸個人における権利・義務関係（例えば選択した思想を理由とする免責など）について、制度の下での異なる取扱いが生じ得るのである。このような各人の自由を公平に保障するための必要最小限度の制約は機会の平等を保障する上では許容され得るのである（相対的平等）。したがって、憲法原理に従い、民法772条2項の目的を考えると、自由な婚姻を公平に保障する上で生じる父性推定の衝突を避けるためには、一定の制限は許容され、それによって生じる男女間における異なる取扱いも直ちに憲法違反となるわけではないこととなる。

(5)　憲法原理に立ち返り法律の妥当性を検討してみよう！

　男女の間に生じる差が憲法原理の許容し得る範囲に留まるものとなるのかの判断は、実際には非常に難しい。その異なる取扱いの目的と手段を丁寧に考察する必要がある。

　例えば、民法772条2項の目的を考えると、その目的に一定の合理性が認め

　7）　憲法14条の原理（相対的平等）に引き付け、男女の平等を強調するならば、いっそ「待婚期間という制限そのものを廃止するのが一層賢明であろう」といえる。我妻栄『親族法』（有斐閣、1961年）31頁。

られたとしても、その手段においては、およそ、100日をおけば足りるはずで
あり、6か月は長過ぎるのではないか（過剰な規制）との判断を下すこともで
きる。もっとも、この6か月という数字に、今日に通じるほどの医学的な根拠
が備わっていたわけではない[8]。

(6)　憲法原理に基づき判断を下してみよう！

　男女の間に「6か月」もの差を設けた民法の規定が、憲法が掲げる平等原理
に反するかもしれないという疑義に対し、2015年12月16日の大法廷判決におい
て最高裁判所は、6か月の再婚禁止期間のうち100日を超える部分は憲法に違
反しているとの判断を下した。これを受け、2016（平成28）年6月1日に民法
が改正されている。

　　民法733条（再婚禁止期間）―新規定
　　　1　女は、前婚の解消又は取消しの日から起算して100日を経過した後
　　　　でなければ、再婚をすることができない。
　　　2　前項の規定は、次に掲げる場合には、適用しない。
　　　一　女が前婚の解消又は取消しの時に懐胎していなかった場合
　　　二　女が前婚の解消又は取消しの後に出産した場合

　新設された2項によって、各号いずれかの場合には、女性でも100日を経過
していなくても再婚が可能となっている。この点で、より平等原則に近づいた
わけであるが、憲法の原理に照らした場合には、さらに問題点を指摘すること
も可能といえよう[9]。
　以上、ここまで、設問について意見がわからない場合、前提となる事実が明

　8）　穂積重遠『親族法』（岩波書店、1933年）285-286頁参照。この6か月という期間について
　　は、民法が施行される前に存在していた「戸婚律」に300日と記されていたことと、その手本
　　とした西欧法の多くが300日としていたことに由来する。もっとも、民法の制定過程におい
　　て、当時の法律家から300日は長過ぎるとの意見が相次ぎ、短縮する形で6か月と定められた
　　といわれている。梅謙次郎『民法要義　巻之四〔復刻版〕』（有斐閣、1984年）91-92頁、最大
　　判平成27・12・16民集69巻8号2427頁参照。
　9）　糠塚康江「女性の再婚禁止期間の合理性」長谷部恭男ほか編『憲法判例百選Ⅰ〔第7版〕』
　　（有斐閣、2019年）64-65頁。

らかであれば、その事実における法律問題に着目し、その法律の原理・原則に
遡ることで、どこに、どのような法律問題が隠れているのかを指摘する思考経
路を実践した。この思考を踏まえ、法律の原理・原則、憲法の原理といった知
識を増やしていくわけであるが、知識はやみくもに増やしても、使いどころを
心得ていないと、実際は使い物にならない。そこで、知識を蓄える上での大ま
かな見取図を形成することには大きな意味がある。一般に、この見取図を「法
の体系」と呼んでいる。

5.　原理・原則を体系的にとらえられるようになろう！

(1)　法の体系

　さて、これまで、本章では、事実関係から法律上の争点を抽出し、その争点
に関する法律の原理・原則へと遡ることで自らの意見を述べることを目指し、
法的思考の経路をたどってきた。当然、直感は大事であるが、すべてが「カ
ン」で解決するわけではない。

　法的思考においては、その思考の手助けとなる「法」の体系を心得ておく必
要がある。法の体系は、前章でのステップや、既に履修が始まった講義名でも
おわかりのように六法を中心に形成されている。代表的な憲法、民法、刑法、
商法、民事訴訟法、刑事訴訟法を筆頭に秩序立てられた上下の関係が存在して
いる。

　国家の基礎法である憲法が最上位に位置し、憲法98条が定めるがごとく、
「この憲法は、国の最高法規であつて、その条規に反する法律、命令、詔勅及
び国務に関するその他の行為の全部又は一部は、その効力を有しない」のであ
る。さらに法律同士の関係には一般法と特別法の関係があり、一般法と特別法
が競合する場合には、特別法が一般法に優先することとなる。

　例えば、民法は私法の一般法であり、その規定は、人、物、所、時間といっ
た私法関係における一般に適用される。これに対して、特別法である商法は商
取引などの特別な場面に適用されることとなる。法には、このような上下の秩
序関係が存在している。

⑵　最高法規である憲法と一般的（抽象的）法規範の関係

　法の体系において最高位に位置するのが、国家の基礎法となる憲法である。憲法に抵触する法律が効力をもつことはなく（憲法98条）、統治機構に関する憲法の規定により立法・行政・司法という国家作用が定まる。

　日本国内の法律は、憲法原理に則り、全国民を代表する国会において立法がなされる（憲法41条、59条）。立法とは法律を定立させることを意味する。これは、単に、国法の一形式である国会が制定する法規範である「法律」の定立という形式的な意味だけでなく、国民の権利を直接に制限し義務を課する法規範のみならず、自由を保障し義務を軽減し個別具体的な事件に対する救済を定めるなど、特定の内容を持つ一般的・抽象的な法規範の全ての定立（実質的意味の立法）を意味する。

　国会が国の唯一の立法機関であると定めた憲法の規定（41条）に従うならば、実質的な意味での立法は、もっぱら国会が法律という形式で定めなければならないことを意味する。すなわち、国会による立法以外の実質的意味の立法は、憲法の特別の定めがある場合（議院規則、最高裁判所規則）を除いて許されない（国会中心立法）。また、国会による立法は国会以外の機関の関与を必要としない（国会単独立法の原則）。このように最高法規である憲法原理の下で、国内における法律が生み出されるという関係にある。

　特に、明治憲法において、例えば、独立命令や緊急勅令など、議会が関与できない行政権による立法が横行し（明治憲法8条、9条）、それらが天皇の裁可（明治憲法6条）により法律と同様の効力を持つなど、国会中心立法の原則と国会単独立法の原則がいともたやすく破られた経験を有することから、日本国憲法の下では、内閣が政令を発する（憲法73条6号）場合には、国会で成立した法律を執行するためのもの（執行命令）か、法律の具体的な委任に基づくもの（委任命令）でなければならないと、その原理を定めている。

⑶　法律・政令・命令・規則・条例

　国会単独立法・国会中心立法という憲法原理に従えば、国会以外の機関が実質的意味での立法を行うことはできない。しかし、憲法73条が政令制定権を行政に認めていることから、実質的意味での立法を行政に任せる場面が設定され

ている。それが、いわゆる行政立法である。行政立法とは、行政機関によって定立された一般的抽象的な規範を意味し、講学上、国民の権利および義務に関わる規範を生み出す場合を法規命令と位置付け、それを執行命令と委任命令に分類する。そして、法規を含まないものを行政規則（あるいは行政命令）と呼び、訓令や通達という形式で発せられている（命令はこれらの総称）。

　行政組織の内部でのやり取りを定めたものが行政規則・訓令で、それを書面化すると通達となる。各省庁から通達が届き、各自治体が条例を制定するという手順である。自治体の条例制定権は地方自治法に基づき、法令に反しない限りで定めることができる（地方自治法2条2項、14条）。このように、憲法を頂点とする法体系の下に各法令が存在している。これらの法令を調べる際の最も一般的な方法が六法を引くことで、調べる技能も法の原理・原則に遡り検討する上で必要となる。大まかであれ法の体系をとらえることで、問題となっている事例に関わる法令を見極め、その法の原理・原則へと遡ることにより、法的根拠に基づく課題を抽出することができるようになるのである。

6.　ここまでのまとめ

(1)　3ステップの再確認
　それでは、本章の3ステップを確認する。
●第1ステップ
　設問について意見がわからない場合、前提となる事実が明らかであれば、法律の原理・原則に遡って考えることが重要であると理解できるようになること。本章の事例に即せば、離婚禁止期間における男女間の差という事実から法律の原理・原則に遡るという、思考経路の実践である。
●第2ステップ
　法律の原理・原則だけでなく、憲法も、意見を導く物差しとなることが理解できるようになること。そして、物差しとなる憲法価値を理解できるようになること。本章の事例に即せば、男女間の差から、憲法14条の法の下の平等に言及するという思考経路の実践である。

●第3ステップ

　基本的人権の保障に関する憲法の規定に照らして、設問についての自らの意見を示すことができるようになること。本章に即せば、男女間の差について、平等規定に基づく見解を述べることができれば課題ステップをクリアしたものであると考えられる。そして、さらに、各法律問題の根拠となる条文へとたどり着くことのできる法令調査の力も磨いてほしい（資料編⑤参照）。

(2)　さらに考えるための発展問題

　感染力と死亡率の高さから恐れられている新型ウィルス感染症に関して、仮に国が感染拡大を予防することを目的に、感染者が居住していた自治体を対象に、そこで生活している人々の夜間（夜の8時から明朝6時まで）の外出を一律に禁止する法津を制定したとする。このような法律が存在する場合の憲法上の問題について検討しなさい。

　ステップを踏まえ、憲法原理へと立ち返ったとき、いかなる憲法上の権利を主張すべきなのだろうか？　その理由も含めて話し合ってほしい。そして、その権利が制限されているという事実を前提に、その制限を根拠付ける法律の憲法適合性を検討してもらいたい。

法社会学について

　大学で学ぶ法学の中心は、「民法」や「刑法」のように法律の名が付された学問分野であり、これらはまとめて法解釈学と呼ばれる。本書でも、特に第1・2部ではこの法解釈学の基本が説明されている。法律の条文は簡潔に書かれており、そのままでは様々な場面で実際に適用するのが難しい。そのため、法律に書かれた内容を理解しようとするのが法解釈学である。

　しかし、現実社会では、人々は必ずしも法律に書かれた内容通りに行動するとは限らない。法律に書かれた内容とズレた行動をとるかもしれないし、完全に無視することもある。法社会学では、このような、法律と社会における人々の行動との関係を考える。

　具体例で見てみよう。次頁の絵は、法学部で学ぶ各科目が、「交通問題」という共通の話題をどのように扱うかを描いたものである。例えば、民法・総則、契約法は「バスに乗るのは契約なの？」、刑法は「事故を起こして刑務所に行かなければならないのは、どんな場合？」となっている。このように共通の話題で比較して見ると、各科目の違いがわかりやすい。

　法社会学はこの絵には載っていないが、例えば「人々はどのような場合に交通ルールに関する法律を守り、どのような場合に守らないか」といったことが、「交通問題」に関連して法社会学で扱われ得る。赤信号での停止は、道路交通法というれっきとした法律に定められた事柄だが、必ずしも人々は常にこれを守るわけではない。どのような場合に守らないかを考えることは、交通事故を減らすといった政策目標の実現に役立つ可能性がある。

　ところで、この絵では、上半分には法学の科目が載っているが、下半分には経済学や政治学など、法学以外の科目が載っている。これらは社会科学と総称され、社会における人間の様々な行動を考える学問分野である。法学部では、法学以外の科目が提供されていることも多いが、こうした科目とも法社会学はつながりが深い。例えば、公共経済学では「渋滞は多くの人が迷惑を受けるけれど、どのような仕組みで解消すればいいだろうか？」ということを考えるが、その「仕組み」は多くの場合法律で実現されるので、法律と社会における人々の行動との関係を考えることも必要になる（法律と経済学の関係については、コラム④「法と経済学について」も参照のこと）。

　また、法社会学ではデータの収集や分析が重要になる。「交通問題」に関する例で言えば、人々が実際にどのような場合に交通に関する法律を守っており、どのような場合に守っていないかということに関するデータがなければ、具体的な議論ができない。警察などが公表している統計データを利用する手もあるが、これは警察が取締りをした交通違反の、ごく簡単な状況などしか記録されていない。例えば人々がいった

い何を考えて信号無視をしているかといったことが詳しく知りたければ、アンケート調査や聴き取り調査などを、自分で行うことが必要なこともある（法律に関係するデータとその活用については第8章「法律・制度の運用実態に基づいて考えてみよう！」も参照のこと）。

「交通問題」を例にした、法学部の各科目の視点の違い（熊本大学法学部パンフレット2017年4頁より）

第2部
法的な意見を書けるようになろう！

第 **4** 章
条文を読めるようになろう！

第 **5** 章
判例を探し、条文解釈に用いて、事例に当てはめてみよう！

第 **6** 章
簡単な法律学の試験問題について答案を書けるようになろう！

第 4 章

条文を読めるようになろう！

設問

・交通事故の加害者にはどのような法的責任があるだろうか。

・小学校に入学したばかりの A は、帰宅途中に斜め横断をしようとして急に車道に飛び出し、前方をよく確認してなかった B の自動車と接触し、負傷した。A は、B に対して、どのような請求をすることができるだろうか。

◆**本章のステップ**

●**第 1 ステップ**

・設問を読んで、その設問に該当する条文を探せるようになる。

●**第 2 ステップ**

・設問に該当する条文において必要な文言を解釈できるようになる。

●**第 3 ステップ**

・該当条文の文言を解釈して設問に当てはめて具体的な帰結を書けるようになる。

●三つのステップを踏む基礎パート∞∞∞∞∞∞∞∞∞∞∞∞∞∞∞∞∞∞∞∞∞∞∞∞∞∞∞∞∞∞∞

1.　条文の構造[1]

2020年4月1日施行の改正民法[2]を例にとりながら、条文の構造について見てみよう。条文は、一般的には、次のような構造になっている。

（見出し）
第○条　…………。…………。
　2　…………。ただし、…………。
　　一　…………
　　二　…………

通常、「第○条」と番号で表記され、この規定全体を「条」、括弧書きで具体的な条文の最初に出てくる部分を「見出し」、条を段落分けし、（基本的に第1項以外はアラビア数字で）番号をつけ、箇条書きとされている部分を「項」、（一般には漢数字で）項の次に箇条書きされている部分を「号」と呼ぶ。そして、条文の中で文章が「。」で二つに区切られている場合、最初の文を「前段」、後

---

1)　林修三『法令用語の常識〔第3版6刷〕』（日本評論社、1980年）21-23頁、西野喜一『法律文献学入門』（成文堂、2002年）19-26頁、法制執務用語研究会『条文の読み方』（有斐閣、2012年）11-12頁、弥永真生『法律学学習マニュアル〔第4版〕』（有斐閣、2016年）23-27頁、有斐閣六法編集室編『有斐閣六法の使い方・読み方』（2019年）15-16頁、原田昌幸「Ⅱ『法制執務』で読み解く条文の世界」法学教室473号（2020年）14-15頁、https://houseikyoku.sangiin.go.jp/column/column021.htm（2020年12月9日最終閲覧）、https://houseikyoku.sangiin.go.jp/column/column043.htm（2020年12月9日最終閲覧）参照。

2)　民法は、いわゆる債権法改正と呼ばれる、明治29年以来の実に121年ぶりの大改正を行い、「民法の一部を改正する法律」（「平成29年法律44号」http://www.moj.go.jp/content/001226886.pdf〈2020年12月9日最終閲覧〉）として、2017年5月26日成立、同年6月2日公布、一部の規定を除き、2020年4月1日施行となった（http://www.moj.go.jp/content/001242839.pdf〈2020年12月9日最終閲覧〉）。また、昭和55年以来38年ぶりとなる、いわゆる相続法改正は、2018年7月6日に、「民法及び家事事件手続法の一部を改正する法律」（「平成30年法律72号」http://www.moj.go.jp/content/001253488.pdf〈2020年12月9日最終閲覧〉）、および「法務局における遺言書の保管等に関する法律」（「平成30年法律73号」http://www.moj.go.jp/content/001318062.pdf〈2020年12月9日最終閲覧〉）が成立し、原則的な施行日は2019年7月1日であるが、同年1月13日から段階的に施行している（http://www.moj.go.jp/MINJI/minji07_00237.html〈2020年12月9日最終閲覧〉）。

の文を「後段」という。特に、後の文が「ただし」で始まる場合、最初の文を
「本文」、後の文を「ただし書」という。例えば、債務不履行による損害賠償に
関する民法415条[3]のように、「本文」が原則を、「ただし書」がその例外を定
めている。また、錯誤に関する民法95条1項[4]のように、一つの条項の中に、
各号が列記されているとき、冒頭の条文を通称「柱書」、正式には「各号列記
以外の部分」、各号の部分を「各号列記部分」という。次に、条と条の間など
に新たな条を挿入する場合、その挿入した条の条名に通称「エダバン」と呼ば
れる枝番号を付して、「第○条の○」といった形で表記し、既存の条の繰下げ
を避ける方式がある。例えば、中間利息の控除について新設された「民法417
条の2[5]」がそれである。このいわゆるエダバン方式は、繰下げに伴う引用条
文の整理を行わなくて済むというメリットがある。ただし、項には枝番号がな
いため、新しい項を挿入する場合には既存の項の繰下げを行う必要がある[6]。

2.　条文の解釈・適用—条文が学習の出発点[7]！

　法は、社会の人々の行為を規律する行為規範であり、人々の間の紛争を解決

3）　第415条　債務者がその債務の本旨に従った履行をしないとき又は債務の履行が不能である
ときは、債権者は、これによって生じた損害の賠償を請求することができる。ただし、その債
務の不履行が契約その他の債務の発生原因及び取引上の社会通念に照らして債務者の責めに帰
することができない事由によるものであるときは、この限りでない。

4）　第95条　意思表示は、次に掲げる錯誤に基づくものであって、その錯誤が法律行為の目的及
び取引上の社会通念に照らして重要なものであるときは、取り消すことができる。←「柱書」
「各号列記部分」↘
　一　意思表示に対応する意思を欠く錯誤
　二　表意者が法律行為の基礎とした事情についてのその認識が真実に反する錯誤

5）　第417条の2　将来において取得すべき利益についての損害賠償の額を定める場合におい
て、その利益を取得すべき時までの利息相当額を控除するときは、その損害賠償の請求権が生
じた時点における法定利率により、これをする。
　2　将来において負担すべき費用についての損害賠償の額を定める場合において、その費用を
負担すべき時までの利息相当額を控除するときも、前項と同様とする。

6）　他方、ある条を削除する場合、「第○条　削除」として、中身を削除して、条自体は残すこ
とがある。例えば、改正民法404条の改正に伴い、商法では、商事法定利率年6分の規定で
あった「514条　削除」がその例である。条を移動させると改正が繁雑となり、また条名の変
更によりその条文を引用している他の法令も、条文中で「○○法第○条」として条名を表記す
るため、改正せざるを得なくなり、この繁雑な手続を避けるという意味がある（https://
houseikyoku.sangiin.go.jp/column/column060.htm〈2020年12月9日最終閲覧〉）。

するため裁判所で解決の基準として用いられる裁判規範である。民法は、市民
と市民との間の紛争を規律する、市民生活全般に関わる基本法・一般法であ
る。

　これまで法律学を学んだことがない、初めて学ぶ学生としては、一度、条文
全体に目を通しておき、条文の表現形式に慣れておくことは、有益である。た
だし、法律の条文は抽象的な表現が少なくないため、条文の構造、法律全体に
おける当該条文の位置付けから、参照条文にも目を向けつつ、その条文の意味
内容を読み取る姿勢が有益であろう[8]。こうして、条文抜きの法律の学習は、
あり得ないことを肝に命じておこう。

　よく言われるリーガル・マインドとは、簡潔には、筋道を立てて物事を論理
的に考えること、条文から出発し、条文を引き合いに出しながら、議論を進め
ることである[9]。

　民法では、民法の条文や契約の意味内容・当事者の意思を明らかにし、これ
を理解し説明すること、すなわち条文「解釈」や意思「解釈」を行っている。

　条文を学習の出発点とすることから、まず、最も重要なのが、(1)文理解釈
で、法規に使われている字句や文章について、その通常の意味と文法に従って
解釈するものである。次に、(2)論理解釈とは、ある法規が位置付けられている
法律の領域や当該法律全体、他の関係諸法規との関連も考慮して体系的に理解
するものであり、体系的解釈ともいう。法規相互の体系的連関は、究極的には
目的論的判断により確定されることが多いため、論理解釈の大部分は、同時に

7）　民法の解釈を中心として、広中俊雄『民法解釈方法に関する十二講』（有斐閣、1997年）、星
野英一『民法概論Ⅰ〔改訂 6 刷〕』（良書普及会、1977年）48-63頁、同『民法のもう一つの学
び方』（有斐閣、2002年）43-72頁参照。法の解釈一般として、田中成明『法理学講義』（有斐
閣、1994年）305-315頁、団藤重光『法学の基礎』（有斐閣、1996年）343-366頁、弥永・前掲
注（ 1 ）書13-19頁参照。関連する特集として、「特集　再確認・法学の出発点—条文の大切さ」
法学教室451号（2018年）8 頁以下のうち、特に、興津征雄「Ⅰ　法学の出発点としての条文
—イントロダクション」8-17頁、根本尚徳「Ⅱ　民法の出発点としての条文—177条の『第三
者』の解釈をめぐる判例と学説との協働」18-25頁（条文が当初想定していなかった規範が判
例・学説により補充された例）、また「特集 1　条文の基本」法学教室473号（2020年）5 頁以
下のうち、特に、高橋則夫「法学における条文の読み方」18-23頁参照。

8）　松下淳一「六法の使い方」法学教室471号（2019年）43-44頁参照。

9）　加藤一郎「リーガル・マインドについて—法的な・ものの考え方」法学教室133号（1991
年）27頁以下、星野・前掲注（ 7 ）書137-144頁参照。

目的論的解釈とも言えよう。(i)拡大解釈(拡張解釈)とは、法文の字句や文章を、それが本来もつ意味よりも拡げて解釈すること、(ii)縮小解釈(制限解釈、限定解釈)とは、法文の字句や文章を、それが本来もつ意味よりも狭く解釈すること、(iii)類推解釈とは、ある事項について直接規定した法規がないとき(法の欠缺)、それに最も類似した事項を規定する法規を間接的に適用すること、(iv)反対解釈とは、ある事項について明文の規定がない場合、他の事項についての明文の規定の反対命題を引き出す解釈であり、(v)勿論解釈とは、法文にある事項が定められている場合に、その法文に明記されていない事項でも、法文の趣旨から、当然にその中に含まれると解釈するものである。

さらに、(3)歴史解釈とは、いわゆる立法資料を参考として、法規の歴史的意味内容を明らかにすることによりなされる解釈である。立法者が立法に際し有していた目的が法の目的となる立法者意思説(主観説)がある。また、(4)目的論的解釈とは、法規自体の目的、基本思想、法規の適用対象の社会生活の要求等を考慮し、それらと合うように法規の意味内容を目的合理的に確定する解釈である。法律意思説(客観説)は、現在の社会で当該法規が有していると客観的に読みとれる目的が法の目的とするものである。

民法は全1050条もの条文があり、文理解釈が大原則であるが、それでも現行法の下では妥当な結論が得られないとか、直接規定した条文がないといった場合(法の欠缺)には、論理解釈—とりわけ類推解釈と反対解釈—、目的論的解釈の手法を使い、解決していくことが多いであろう。

また、「裸の利益衡量」という言葉を聞いたことがあるかもしれない。解釈をする者の価値判断を前面に押し出す手法であるが、論理的一貫性がなく、法的安定性が維持されないため、問題となる。

条文解釈として、その「条文に内在する利益バランスの取り方」を発見し、これをつきつめてもなお、条文の当てはめと解釈では結論が出せない場合に、最後の手段として、当事者の諸般の事情を考慮して両当事者の保護すべき利益を比べる「利益衡量」がなされ得るであろう。

また、民法では、契約の解釈[10]には、第一義的には、(1)当事者が定めている契約内容を明らかにし確定すること(当事者の意思の探求)であり、(2)当事者が

10) 渡辺達徳『民法渡辺道場』(日本評論社、2005年)94-100頁参照。

契約で定めていなかった事項を補充する補充的解釈がある。さらに、(3)当事者が契約で定めた事項について修正する修正解釈は、裁判官が裁判で確定された事実に基づき契約内容を合理的に確定することであり、当事者の合意のうち不合理な部分を合理的に解釈し直すことが含まれている。実質的には、裁判官による契約の「改訂」である[11]。契約の解釈も、契約書が作成されている場合には、前述の条文解釈と同じ解釈技法が用いられる。

　それでは、以下では、「法的三段論法」の思考プロセス[12]を確認してみよう。

　(1)　問題の発見：問題文の「どの部分」で「何」が問題となっているか、注意深く出題者の意図を推測しながらよく読み、必要な事実を確定し、問題の所在を明らかにする（問題の提起）。

　(2)　規範の定立（条文解釈）：この問題（論点）に対してどのような法規範があり得るか、関連法令・条文を的確に取り上げ、適用されるべき規範内容を明確にすることを「法の解釈」という。どの条文のどの文言が問題になるのか、理由を述べて、規範を定立し、法的構成を明らかにする。条文には、どのような事実があれば（法律要件）、どのような権利・義務が生じるか（法律効果）、予め定められており、条文に即して法律要件を明示する[13]。あくまでも条文解釈の枠内で考え、立法論にならないように注意する。関連条文は全て指摘する。その際、例外があるかも併せて検討する。

---

11)　野村豊弘「法律行為の解釈」『民法講座1』（有斐閣、1984年）325頁。

12)　例えば、「平成24年司法試験の採点実感等に関する意見」（民事系科目第1問）14頁でも、「学習において望まれる事項」として、「(1)与えられた事実関係について、その法律関係を理解するために必要な規範を提示している民法などの規定を的確に見いだし、その上で、(2)それを適切に適用して、(3)与えられた法律関係から導かれる法的な解決を見いだす、ということが、極めて重要である。一言で言うならば、通常の規範適用を着実にすることができ、そこでの論理操作の過程を適切に文章に表現することができる、ということが求められる。」（番号・下線は筆者）という。http://www.moj.go.jp/content/000105102.pdf（2020年10月9日最終閲覧）法科大学院入学者向けではあるが、西希代子「民法の学修方法」法学セミナー702号（2013年）22頁以下参照。なお、「採点実感」とは、司法試験委員会において試験答案の採点を行った各科目の司法試験考査委員が答案内容や法科大学院の教育に求めること等について公表したものである。

13)　「令和元年司法試験の採点実感」（民事系科目第1問）5頁は、「(4)全体を通じ補足的に指摘しておくべき事項」として、「第1に、特定の法律効果の発生の有無を検討することが求められているのに、その法律要件が全て満たされているかどうかを検討せず、自己が主要な論点と考える部分のみを論ずるものが散見され」、「法律効果を発生させるためには法律要件が満たされていなければならないという当然の基本的原則を常に銘記する必要がある。」（下線は筆者）という。http://www.moj.go.jp/content/001308862.pdf（2020年10月9日最終閲覧）

(3)　規範の当てはめ（事案の解決）：具体的事実に、予め法に定められた規範を当てはめることを「法の適用」という。条文の法律要件一つ一つに(1)の具体的事実を丁寧に当てはめ、当該法律要件を満たしているか（または満たしていないか）を検討し、その結果、当該法律効果が発生するか（または発生しないか）を明らかにする。最後に、(1)・(2)より論理的に導かれる結論（法的判断）を示すことになる[14]。

3.　教科書の読み方[15]

　先生が授業に際し、基本書を教科書として指定される場合が多いほか、授業の予習・復習やレポート・小論文の作成、あるいはゼミの報告用として、一般に、概説書・体系書、注釈書、その他文献が使用される。

　仮に、授業で指定された教科書が今一つしっくりこない場合は、どうしたらよいか。やはり教科書との相性は大事であるから、書店でじっくり立ち読みしながら、直感的にこれなら最後まで勉強できそうだ！　とインスピレーションがわいた本に乗り換えるべきであろう。

　それでは、教科書はどのように読むべきであろうか。基本的には、必ず六法を傍らに置き、条文や制度の趣旨、原理・原則、および要件・効果をしっかり押さえながら、読むべきである。

　また、予め授業の範囲を読んでおき、授業を受けてもなお解消しない、よくわからない点や疑問点について付箋を貼り、必ず先生に質問してみるのが学習上効率的である。

　自ら主体的に学習に取り組み、積極的に授業に参加することが、何よりも大切である。教師というものは、よく勉強している学生からの質問は、うれしいもので、どのような質問でも歓迎し、喜んで答えてくれるものである。たいし

---

14)　令和元年採点実感・前掲注(13) 5-6頁は、第2に、「結論の妥当性に留意しないものが散見され」、「法律実務家にとって重要な結論の『スワリ』についても意識して検討することが求められる。」（下線は筆者）という。http://www.moj.go.jp/content/001308862.pdf（2020年10月9日最終閲覧）

15)　弥永・前掲注(1)書38-41頁、井田良「1教科書の使い方」法学教室471号（2019年）37頁、西・前掲注(12)論文26頁参照。

た質問ではないからと心配し、躊躇する必要はなかろう。

　また、別に、1冊でその科目の全体像を把握することができる、厚みが薄い本を短期間で通読してみることも、学習の道標として役に立つ。授業で今勉強しているのは全体の中のどの部分か、全体を通しての位置付けやその重要度、個々の論点が生じるに至った経緯や論点間の主従関係等のつながりがわかり、いわゆる「木を見て森を見ない」状態に陥らずに済み、有益だからである。

　さらに進んで、問題意識をもって教科書や判例集を読み込むことができるか、素朴な疑問を法的に構成して考えることができるか、あるべき解決方法を自分なりに考えることができるかは、重要である。

　要するに、法律の勉強とは、「条文」からスタートして、代表的な基本書を繰り返し熟読し、基礎知識として主要な判例や学説を正確に理解する。その上で、事例問題を解いてみる。その際、「出題の意図（趣旨）」を見抜き、「事例分析」を行い、「問題の提起」をし、条文や判例から得られる規範を「事案」に当てはめ、客観的に導かれる妥当な「結論」を導くのである。そうして、条文や判例を元に筋道を立てて自ら考え問題を解決する能力、自分自身の考えを適切に文章で表現する能力のさらなるブラッシュアップをめざそう!

4.　法令用語の使い方[16)]

　法文の作成や読み方には、多くの決まりごとがある。その中で、特に重要なものを挙げよう。

(1)　「または」「もしくは」―選択の接続詞

　大きい接続詞のほうに「または」、小さい接続詞のほうに「もしくは」を使う。

　例(i)　AまたはB：AかBかの2者選択となる。

　　　　A、BまたはC：AかBかCかの3者選択となる。最後の前だけ接続詞

---

16)　林・前掲注(1)書7-12、21頁、西野・前掲注(1)書27-31頁、法制執務用語研究会・前掲注(1)書28-35、46-55頁、興津征雄「補論　条文の読み方」法学教室451号（2018年）42頁、松下・前掲注(8)論文44頁、原田・前掲注(1)論文16-17頁参照。

を入れる。
　(ⅱ)　A または（B もしくは C）：A か、（B か C かのどちらか）の 2 者選択となる。

⑵　「および」「ならびに」「かつ」─併合の接続詞

大きい接続詞のほうに「ならびに」、小さい接続詞のほうに「および」を使う。

　例(ⅰ)　A および B：A も B もどちらも、2 者の並立となる。
　　　　A、B および C：A も B も C もどちらも、3 者の並立となる。最後の前だけ接続詞を入れる。
　(ⅱ)　（A および B）ならびに C：（A も B もどちらも）と C の 3 者並立となる。
　(ⅲ)　A かつ B：連結される A と B が互いに密接不可分で、両方を一体として扱う場合に用いられる。

⑶　「場合」「とき」「時」

「場合」「とき」は、ともに仮定的条件を示す用語である。例外的に、「場合」と「とき」を使い分ける場合は、最初の大きい条件のほうに「場合」、次の小さい条件のほうに「とき」を用いる。「場合」のその他の用法として、他の条項で規定されている内容を包括的に受ける場合にも使われる[17]。

　これに対し、「時」は、時点または時間が問題になる場面でのみ用いられる。

⑷　「者」「物」「もの」

自然人、法人を通じ、法律上の人格を有するものを指す場合は、「者」を用いる。権利の目的となる、外界の一部を構成する物件を指す場合に、「物」を用いる。

　また、「もの」は、(ⅰ)「者」または「物」に当たらない抽象的なものを指す場合、あるいは、これらのものと「物」を併せて指す場合に用いる。(ⅱ)あるものにさらに要件を加えて限定する場合に用いられる。(ⅲ)ある行為の主体として、人格のない社団または財団を指す場合、あるいは、これらと個人・法人を

---

17)　法制執務用語研究会・前掲注（1）書48-49頁。

併せて指す場合に用いられることがある。

5.　設問の解答への道筋[18]

　それでは、設問について実際に考えてみよう。

　まず、交通事故の当事者は、「加害者」と「被害者」となり、様々な法的問題が生じる。前方をよく確認せず、Aに自動車を接触させた運転者Bには、「民事責任」「刑事責任」「行政上の責任」という三つの責任が発生し、それぞれ区別して考える必要がある。「民事責任」とは、加害者が被害者に対して負う民法709条[19]の損害賠償任であり、のちほど詳しく述べよう。

　「刑事責任」とは、犯罪を犯したものとして、加害者が科せられる刑罰のことであり、典型的なものは、刑法211条の業務上過失致死傷罪である。ここで「業務」とは、「人が社会生活上の地位に基づき反復・継続して行う行為であって、他人の生命・身体等に危害を加えるおそれのあるもの[20]」を意味し、車の運転も含まれる。

　「行政上の責任」とは、刑事責任とは異なり刑罰ではないが、交通行政における一定のペナルティを加害者が受けることである。行政（公安委員会）のほうで、免許を受けた者のみ自動車の運転を許容する反面、交通違反等をすると、免許停止や取消し等を通し、車の運転を許容すべきかどうかの行政処分が決定される。例えば、道路交通法70条[21]は安全運転の義務、同法72条1項前段[22]は交通事故の場合の救護措置について規定している。

---

18)　「特集　法学の学び方を振り返る」法学教室462号（2019年）8頁以下の「第1部　書く力・学ぶ力をブラッシュアップする」のうち、田高寛貴「II民法」16-23頁参照。
19)　民法709条の特別法として、自動車損害賠償保障法3条の自動車の運行により他人の生命・身体を害した場合に運行供用者（例えば、所有者のように、自動車の使用についての支配権をもち、それによる利益を得ている者をいう）が負う賠償責任（運行供用者責任）があるが、本問では省略する。
20)　最判昭和33・4・18刑集12巻6号1090頁。
21)　「車両等の運転者は、当該車両等のハンドル、ブレーキその他の装置を確実に操作し、かつ、道路、交通及び当該車両等の状況に応じ、他人に危害を及ぼさないような速度と方法で運転しなければならない。」
22)　「交通事故があつたときは、当該交通事故に係る車両等の運転者その他の乗務員（以下この節において「運転者等」という。）は、直ちに車両等の運転を停止して、負傷者を救護し、道路における危険を防止する等必要な措置を講じなければならない。」

　ちなみに、2017年のあおり運転により発生した東名高速一家4人死傷事故が社会問題化したこと等から、令和2（2020）年6月14日公布の道路交通法の一部を改正する法律[23]（平成25年法律43号）（以下「改正道路交通法」という）により、「あおり運転」に対する罰則が創設された[24]。令和2年6月30日の施行日には各新聞紙上をにぎわせた[25]ことは、記憶に新しいだろう。

　次に、設問では、小学校に入学したばかりのAは、帰宅途中で、自動車を運転していたBとの交通事故により負傷した。そこで、本件交通事故のような一般の不法行為について規律する条文を探すと、民法709条が、「故意又は過失によって他人の権利又は法律上保護される利益を侵害した者は、これによって生じた損害を賠償する責任を負う。」と規定している。したがって、Aは、この民法709条に基づきBに対して損害賠償を請求することができないか問題となる。民法709条の文言を解釈すると、法律要件は、(i)故意または過失、(ii)権利侵害または法的利益の違法な侵害、(iii)損害の発生、(iv)(ii)と(iii)との間の因果関係であり、(i)～(iv)を全て満たすことを被害者A側が主張し立証することができれば、民法709条の法律効果として、加害者Bに(v)損害賠償責任が発生する。したがって、Aは、Bに対し、(i)Bには前方をよく確認していなかった前方不注意という過失があり、(iv)本件過失に基づく交通事故によって、(ii)Aの身体に傷害を負わせ、(iii)本件負傷により治療費・通院費という、事故に遭わなければ出費せずに済んだ「積極的損害」（財産的損害の一項目）や、本件事故により被ったAの肉体的・精神的苦痛による「精神的損害」に対する慰謝料等について、損賠賠償を請求することができる。

　もっとも、本問では、Aが帰宅途中に斜め横断しようとして急に車道に飛び出したため、Aにも過失が認められるとして、加害者Bは、当事者間の衡平

23)　改正道路交通法新旧対照条文 https://www.npa.go.jp/syokanhourei/kaisei/houritsu/250614/sinkyu.pdf（2020年10月9日最終閲覧）。

24)　警察庁の以下のウェブサイトを参照。https://www.npa.go.jp/bureau/traffic/anzen/aori.html、https://www.npa.go.jp/bureau/traffic/law/R2poster/R2doukouhoukaisei_leafletB.pdf（2020年10月9日最終閲覧）。なお、交通犯罪に対する罰則の整備・強化につき、橋爪隆「第10回交通犯罪」法学教室460号（2019年）125–128頁参照。

25)　例えば、朝日新聞（西部本社版）2020年6月30日1面13刷の見出しは、あおり運転最高懲役5年／改正法きょう施行厳罰化違反10項目、29面13刷は、あおり厳罰「命無駄にならなかった」一東名高速一家4人死傷事故の遺族／命日に法改正報告「対策、十分でない」。

の観点から、Aの損害賠償額の減額を主張することが考えられる。民法722条
2項を見ると、「被害者に過失があったときは、裁判所は、これを考慮して、
損害賠償の額を定めることができる。」と規定する。民法722条2項の法律要件
は、(i)被害者の過失であり、これを満たせば、その法律効果として、(ii)損害賠
償額の減額ができることになる。そこで、民法722条2項の「過失」とは、民
法709条の不法行為の成立要件としての「過失」（責任能力があることを前提とす
る）と同じか問題となる。民法722条2項の過失相殺は、不法行為者が責任を
負うべき損害賠償額を定めるにつき、公平の見地から、損害発生についての被
害者の不注意をいかに斟酌するかの問題に過ぎないので、被害者である未成年
者に事理を弁識する能力が備わっていれば足りる[26]と解釈できる。したがっ
て、小学校に入学したばかりの本件Aには、事理弁識能力（損害の発生を避ける
のに必要な注意をする能力）があり、斜め横断しようとして急に車道に飛び出し
たAの態様には過失が認められるため、民法722条2項の過失相殺によりAの
損害賠償額は減額されるだろう。

6.　ここまでのまとめ

(1)　3ステップの再確認
　それでは、本章で踏んでもらいたい三つのステップを確認しよう。
第1ステップ
・設問を読んで、その設問に該当する条文を探せるようになること。
第2ステップ
・設問に該当する条文において必要な文言を解釈できるようになること。
第3ステップ
・該当条文の文言を解釈して設問に当てはめて具体的な帰結を書けるようにな
ること。

(2)　ちゃんとステップが踏めているか？
　以上の三つのステップが踏めているかは、以下の基礎問題や発展問題を使っ

---

[26]　最判昭和39・6・24民集18巻5号854頁。

て、ゼミなどで繰り返し確認してみよう。

基礎問題

・小学校に入学したばかりのＡは、帰宅途中に斜め横断をしようとして車道に飛び出したところ、前方をよく確認してなかったＢの車と衝突し、顔面に大けがをした。治療後も、Ａの顔面にはケロイド状の大きな瘢痕が残存し、事故前とは別人のように容貌が変わってしまい、家に引きこもりがちになった。Ａを女手一つで明るく元気に育て、Ａの将来を楽しみに働いていた母親Ｃは、多大なショックを受け、深刻なうつ状態となり、仕事に行けなくなった。Ａの母親Ｃも、Ｂに対して、Ｃ自身が被った損害について損害賠償を請求できないだろうか。

発展問題

・脇見をしていたＹ運転の自動車が交差点を横断歩行中の62歳のＡに衝突し、Ａは重傷を負った。Ａの症状は、後遺障害等級表１級３号に該当する後遺障害で固定し、その後も知能障害、四肢痙性麻痺等によりいわゆる寝たきりで、他人の介護を要する状態になった。Ａは、Ｙに対して、本件事故による損害賠償を求めて訴訟を提起したが、控訴審に係属中、胃がんにより死亡したため、Ａの妻子Ｘらが訴訟を継承した。Ｙは、本件交通事故によりどのような損害を賠償しなければならないだろうか[27]。

●さらに考えるための展開パート〰〰〰〰〰〰〰〰〰〰〰〰〰〰〰〰〰〰〰〰〰〰〰

7.　基礎問題・発展問題について、考えてみよう！

　まず、女手一つで育ててきた、小学校に入学したばかりの娘Ａが、交通事故により重傷を負い、治療後も顔面にケロイド状の顕著な瘢痕をとどめ、容貌

---

27)　本問を検討する上で参考となる判例として、最判平成８・４・25民集50巻５号1221頁（「貝採り事件」判決）、最判平成８・５・31民集50巻６号1323頁、最判平成11・12・20民集53巻９号2038頁（評釈として、岡本友子「判批」法学教室238号〔2000年〕120-121頁）がある。

に著しい変化を来したため、Ａの母親Ｃが多大なショックを受け、深刻なう
つ状態となり休業したとしても、原則として、直接の被害者Ａのみが加害者
Ｂに被った損害の賠償を請求することができる。例外的に、上記本件事故後の
Ａの著しい容貌や性格の変化に対し母親Ｃが受けた精神的苦痛が、子Ａの生
命が害されたときにも比肩し得べきものといえる場合には、Ｃは、Ｂに対し、
民法709条に基づき自己の権利として慰謝料を請求することができるだろ
う[28]。しかし、Ｃはあくまで交通事故の間接当事者に過ぎないから、Ｃが多大
なショックにより深刻なうつ状態となり仕事を休んだことに基づくＣの得べ
かりし休業損害については、Ｂの前方不注意との間に相当因果関係は認められ
ないと判断されるだろう。したがって、Ｃは、休業損害について、Ｂにその賠
償を請求することはできないものと考えられる。

　次に、発展問題に取り組んでみよう。Ａは、Ｙの脇見運転という前方不注意
の過失による交通事故により重傷を負ったため、この事故から生じた損害につ
いて、民法709条に基づきＹに対する損害賠償請求権を取得した。ところが、
Ａは、控訴審の係属中に本件交通事故とは別の「胃がん」により死亡したた
め、Ａの妻子Ｘらが訴訟を承継した。そこで、Ａの損害賠償額算定に当たり、
Ａの死亡がどのような影響を及ぼすのか（あるいは及ぼさないか）問題となる。
各自、検討してみよう[29]。

　なお、前提として、本件交通事故による損害賠償請求権がＡからＸらに相
続されるか問題となるが、本件においては、一旦Ａが受傷による損害賠償請
求権を取得しており、相続の対象となる。

応用問題

・交通事故により未成年女子が死亡した場合、損害とは何か、また損害の金銭
評価はどのようになされるべきかについて、現在の到達点を明示し、伝統的な
考え方にはどのような問題があるかを踏まえた上で、自分自身はどのように考
えるか論じなさい。

28)　類似の事例判決として、最判昭和33・8・5民集12巻12号1901頁参照。なお、同判決は、民
　　法709条・710条を根拠条文とするが、民法709条の「損害」は、財産的損害と非財産的損害を
　　問わず含んでおり、同法710条は、非財産的損害についても賠償されることを注意的に規定し
　　たものである。

---

29)　以下、損害項目ごとに問題点（論点）を指摘するので、各自検討されたい。まず、(1)62歳 A
の本件事故前の生計は主として年金としても、通常の労働意欲と稼働能力を有する以上、相応
の賃金収入を得るだろうことを基礎に、A の後遺症による逸失利益（消極的損害）の算定にお
いて、①後遺障害等級（本件は後遺障害等級表 1 級 3 号）、②労働能力喪失率（本件は
100％）、③労働能力喪失期間（高齢者は平均余命の 2 分の 1）、④収入額（本件は賃金センサ
スの男女別・年齢階級別平均賃金）、⑤中間利息の控除（現在の時点で将来分の収入〈利益〉
まで受け取るため将来分の中間利息を控除する必要）を考慮する。そこで、Y が賠償すべき A
の後遺症による逸失利益は A の死亡前に限定されるべきか、それとも A 死亡の事実を考慮せ
ず、A の症状固定時に想定された稼働可能期間の全てにわたり後遺症による逸失利益を認める
べきか問題となる。後者の場合、さらに逸失利益から A 死亡後の生活費相当額を控除するこ
とは認められるか、いわゆる損益相殺（損害賠償請求権者が損害を生じたのと同一の原因に
よって利益を得た場合、衡平の観点よりその利益を損害から控除して賠償額を定めること）が
問題となる。また、(2)Y は、本件交通事故により A が現実に支出した費用（積極的損害）を
賠償する責任を負う。A が支出した費用には、A の入院・治療の費用、退院後の介護費用等が
考えられる。そのうち、介護費用については、本件交通事故により要介護状態となった A が
別原因で死亡したため、A 死亡後の介護費用も本件交通事故による損害として Y が賠償する
責任を負うべきか問題となる。さらに、(3)Y は、重度の後遺症が残存し、いわゆる「寝たき
り」になったことによる A の精神的損害に対する慰謝料を賠償しなければならないが、この
慰謝料の算定に当たり、A が後に本件交通事故とは別の原因により死亡した事実を考慮すべき
か問題となる。

第 5 章

判例を探し、条文解釈に用いて、
事例に当てはめてみよう！

設問

　Ｘは、熊本市内のゲーム店Ａで、正規料金300円を支払い、ぬいぐるみを取るクレーンゲームをしていたが、ゲーム機を体当たりで揺らし、ぬいぐるみをゲットした。それを発見した店員Ｂから「店のルールに反している。ドロボーだ」と言われた。Ｘは、「料金は支払ったのだから、何をしても客の勝手だろう」と言い返した。ただし、ゲーム機の注意書きには、「体当たり等は、クレーンゲーム機故障等の原因になりますので、ご遠慮ください」とあった。Ｘに窃盗罪（刑法235条）は成立するのだろうか、つまり店員Ｂの言う通り、Ｘは「ドロボー」なのだろうか、それともＸが言う通り、Ｘは「ドロボー」ではないのか。

◆本章のステップ
●第１ステップ
・設問を読んで、設問に該当する条文解釈についての判例を探せるようになる。

●第２ステップ
・設問に該当する条文解釈に関する判例のポイント部分を読んで、理解できるようになる。

●第３ステップ
・設問に該当する条文に関する判例で示された解釈を、設問に当てはめ、具体的な帰結を書けるようになる。

1.　はじめに―本章の目標、条文解釈における判例の重要性について

(1)　本章全体について

　本章においては、設問のような、法律学の事例問題に文章で答えるときに（論述問題）、条文解釈において判例を用いて書けるようにするために、以下の4点についてお伝えする。

　まず第一に、本章の大前提として、法律学における条文の読み方を、具体的に、設問と関係しそうな刑法の条文を指摘し、条文解釈における判例の重要性を強調する。そして次に、第1ステップとして、設問で問題となる条文解釈に関係する判例を探すための方法について、第2ステップとして、関係する判例における読み方、理解の仕方について、そして最後に、第3ステップとして、関連判例を、設問に当てはめて、文章として表現する。そして実際に、筆者が考える実際の【答案例】を示してみて、本章を終わりたい。

(2)　条文解釈における判例の重要性について

　まず、そもそも論として、法律学、本章ならば刑法学における条文解釈における「導きの糸」として、「いかに判例が重要であるか」を、設問を用いて具体的に説明する。すなわち、設問では、Xが、クレーンゲーム機本体に体当たりをして揺らし、ぬいぐるみをゲットした行為が「ドロボー」呼ばわりされた。この際に、Xの上記行為が、「ドロボー」なのかを判断するときに必要なのが、その判断基準であり[1]、刑法235条に書いてある窃盗罪である。

　　刑法235条
　　　　他人の財物を窃取したものは、窃盗の罪とし、10年以下の懲役又は50万円以下の罰金に処する。

---

　1)　刑法において、ある行為を処罰する「判断基準」を法律によって事前に定めるべきことは、憲法31条で定める「法律無ければ、犯罪なく、刑罰なし」との標語で知られる、罪刑法定主義の原則である。浅田和茂ほか著『現代刑法入門〔第4版〕』（有斐閣、2020年）40-43頁（内田博文執筆部分）、松原芳博『刑法概説』（成文堂、2018年）5-8頁参照。

なお、こういう場合は、是非とも、書籍としての六法か、データで、条文を参照してほしい。「ルールが存在することの確認」は、法律学における基本中の基本である[2]。

(3)　条文解釈における判例の重要性について再び

それでは、窃盗罪を定める刑法235条に戻ろう。この235条は、大きく二つに分けることができる。すなわち、「窃盗の罪とし」とする前半部分が、「窃盗」という犯罪の成否について定める。それ以降が、窃盗という犯罪が成立する場合の法定刑である。

設問で問われているのは、Xの設問での行為が、「窃盗の罪」となるか否かである。刑法235条の前半部分の「他人の財物を窃取した」と言えるかが問題となる。ただし、正確に言えば、刑法235条に書かれていることが、そのまま窃盗罪の成立要件ではない。それは「刑法各論Ⅰ（個人に対する罪）」で学ぶところだが、ここでは省略する[3]。

そこで、刑法235条の「他人の財物を窃取した」を設問に当てはめる。設問には特殊事情、例えば、「A店のクレーンゲーム機内のぬいぐるみは、実はX所有の物」といったことは書かれてはいないので、ゲーム機内のぬいぐるみは、ゲーム店Aのものであり、つまり、Xにとって本件ぬいぐるみは、「他人の物」と言えよう。で、次は、窃盗罪として処罰される実行行為である「窃取」である。すなわち、設問のXの行為は、刑法235条の「窃取」と言えるか。これに答えるためには、「窃取」とは何なのかを知る必要がある。これを

2）書籍の六法としては、毎年秋に最新版が出版される『ポケット六法』（有斐閣）や『デイリー六法』（三省堂）などがある。また、データで参照する場合には、インターネットの検索サイトから、検索ワードで「刑法」と入れると、検索結果の上位に「刑法」と「elaws.e-gov.go.jp」から始まるサイトが出る。これは、総務省行政管理局が運営する電子政府の総合窓口（e-Gov）である（資料編⑤も参照）。

3）意外と知られてはいないが、条文イコール犯罪成立要件ではない。個々の犯罪の成立要件は、条文解釈から導かれる。例えば、殺人罪の犯罪成立要件ですら、刑法199条には全ては書かれてはいない。同罪の犯罪成立要件は、正確には、(i)客観的要件における、(ア)実行行為としての「人を殺す行為」と、(イ)死亡結果と、(ウ)上記(ア)と(イ)とが原因と結果の関係（因果関係）にあること、(ii)主観的要件として、上記(i)の(ア)から(ウ)の客観的要件を認識（さらに認容）していることである。青木人志『判例の読み方』（有斐閣、2017年）118-119頁。これも刑法各論で学ぶところである。

「窃取の意義」と言うのだが、刑法235条には書かれてはいない。そこで判例の出番となる。刑法235条には、各裁判所における条文解釈の蓄積がある。どのくらい前かと言えば、だいたい110年くらい前からである（！）。刑法は、正式には、「刑法（明治40年4月25日法律45号）」と記すのだが、現在の刑法は、明治40年、つまり、1907年から存在し、そのころ、大審院以下、当時の裁判所から235条についての条文解釈の蓄積がある。

　要するに、判例は、法律学で求められる法的文章の基本形、いわゆる法的三段論法における条文解釈の「導きの糸」と言える。例えば、設問のような事例問題への答え方は、特に何も求められていなくても、「法的三段論法」で答える必要がある（第2章「4. 法的三段論法を用いてみる」参照）。いわば、「法律学における見えざるルール」というべきものだろうか。いろいろと前提が多くて申し訳なく思う。

　法的三段論法とは、論者によって順番が異なるが、本章でも、第1段階（大前提）としての条文解釈→第2段階（小前提）としての認定された事実→第3段階としての条文解釈を前提とした認定事実への当てはめ、とする。このような法的三段論法における第1段階における条文解釈において、条文解釈という抽象的なものと、具体的な当てはめをつなぐための「導きの糸」となるのが、判例である。したがって、法律学における条文解釈を学ぶ際に、判例を理解することは、その学修における多くの部分を占めることとなる。

⑷　残された課題──「判例の意義」と、判断への拘束力について

　と、ここまで説明してきたが、読者の皆さんは、「そもそも判例って何？」という疑問を抱くかもしれない。素朴な疑問だが、正しい質問でもある。「●●とは、●●である」と表現される法律学における定義は、学問における出発点であり、終着点でもある。

　判例という言葉は、法律上の条文にはあるが、そこに定義はない。例えば、刑事訴訟法（昭和23年法律131号）405条に「判例」という言葉が出てくる。同条には、高等裁判所が下した判決に対して、最高裁判所に不服申立てをするときの理由は、これまでの最高裁判所の「判例に相反する判断をしたこと」（同条2号）などと書かれている。が、肝心の「判例」が何かについては、何も書か

れてはいない。なので、いわゆる法律用語辞典を引く。それによれば、要するに、「判例」とは、過去に下された裁判所の判断のうち、現在も裁判所への拘束力を持つものとされる[4]。

　ここで言う「拘束力」が発生する理由については、いろいろある。が、ここでは、三審制の中に置かれた裁判官の立場で考えてみよう。例えば、アナタが熊本地方裁判所裁判官だとして、普段から、窃盗罪の「窃取」の意義についての従来の「判例」について、かなり不満を持っていたとする。そこで担当する事件のときに、事件を起訴した検察官や、事件を弁護する弁護人がともに前提とする、従来の窃盗罪の「窃取」の意義についての従来の「判例」を完全に無視し、独自の見解を判決文で大いに展開したとする[5]。

　アナタは、大いに満足だろう。普段から疑っていた「窃取の意義」についての「判例」を散々批判し、自分の見解を大いに展開したのだから。しかし、世の中そんなに甘くはない。そのような従来の「判例」とは異なる判決は、まず間違いなく、控訴審である福岡高等裁判所や最高裁判所という三審制のいずれかで破棄（覆え）される。それが現実である。とするならば、そのような判断は、裁判官としてしないのが合理的と言える。確かに、裁判官の独立は憲法上保障されており、憲法と法律だけに従う（憲法76条3項）。とはいえ、裁判官も公務員であり、裁判所に属する組織人でもある。事実上、類似の事例には従来

4）　高橋和之ほか編『法律学小辞典〔第5版〕』（有斐閣、2016年）1094頁の「判例」の項参照。なお、こういう場合、ネットの百科事典ウィキペディア（https://ja.wikipedia.org）の「判例」の項を参照したくはなる。が、学問的には、おススメできない。それは、Wikipediaを執筆する人たち（いわゆるウィキペディアン）の能力や真摯さを疑っているわけではなく、「学術的」とは見なされないからである。問題は、誰が書いているのかわからないこと（匿名性）、そのため、正しさの検証もできないこと、インターネットゆえに、次の瞬間には書き換えられるかもしれず、安定性もないことにある。

5）　中野次雄編著『判例とその読み方〔3訂版〕』（有斐閣、2009年）10頁では「判例は実務を支配する」として裁判官、検察官そして弁護人も判例を前提に裁判で主張し合うことを指摘する。それは何も裁判には限られない。すべての場面で判例は実務を支配している。なお、ここで言う「三審制」とは、例のように、熊本地裁（第1審）→福岡高裁（第2審・控訴審）→最高裁（東京・上訴審）と3回の裁判を原則とする。また制度上第1審と第2審は、主に事実認定を任務する事実審であり、最高裁は、主に法律判断を任務とする。詳しくは第10章参照。なお、裁判所の判断内容にも、いくつか種類がある。第2審以降では、下級審である第1審の判断を認め（「認容」）、控訴などを斥ける「棄却」（刑訴法396条など）、もう一度第1審の判断のやり直しを求める「差し戻し」（刑訴法398条）、第2審が独自に判断する「破棄自判」（刑訴法400条）などがある。

の「判例」に従うようになる。それが、「判例」が個々の判断に事実上、拘束力を持つ理由の一つである[6]。

　以下、本章で扱う「判例」の定義については、その言葉に近づける。すなわち、判例とは、「裁判所の判断のうち、同種事案に対して先例となる裁判例」と定義する。とはいえ、このような定義についても学問上の疑義はあるだろう。学問の議論に終わりはないし、それは永遠に続く。それが学問の難しさ、厳しさでもあり、魅力とも言えよう。なお、以下では、「判例」とは別に、個々の事件への裁判所の判断を意味する「裁判例」という言葉も使う。要するに、「判例」とは、個々の「裁判例」の判断を一般化したものと考えればよい。

2.　第1ステップ—設問の解答に役立つ判例を探すために

(1)　第1ステップ—窃盗罪（刑法235条）の「窃取」についての判例を探す

　第1ステップは、設問を読んで、設問に該当する条文解釈について判例を探せるようになること、である。結論から言えば、本章における設問に答えるためには、「窃盗罪」について、「設問に似たような事案の判例を探すこと」が必要になる。

　なぜならば、上記のように、設問では、Xは「ドロボー」、つまり窃盗罪が成立するか否かが問われている。で、それを判断するためには、窃盗罪の「窃取」とは何か、要するに、「窃取」の意義が問題であった。しかし、窃盗罪を定める刑法235条には、法の性格であるその抽象性ゆえに、「他人の物を窃取した者は窃盗の罪」とだけしか定められてはおらず、肝心の「窃取」とは何か、「窃取」の意義については何も書いていない。したがって、条文解釈における「導きの糸」として、設問に関連しそうな判例、窃盗罪における「窃取の意義」について、具体的に述べている判例を参考にする必要がある。

(2)　判例を探す—検索ワードと、設問に似たような具体的事例を探す

　では、さっそく、「LEX/DBインターネット」の「判例総合検索」に検索

---

　6)　中野・前掲注(5)書3-7、13-24頁、中野次雄「判例の拘束力についての一考察」判例タイムス150号（1963年）221-226頁。

ワードとして、「窃盗罪」と「窃取の意義」と「最高裁判所」で検索する[7]。

　その上から四つ目の裁判例、最決平成19・4・13刑集61巻3号340頁（LEX/DB28135170）を取り上げる（以下、平成19年決定事件とする）。似たような事案で、最決平成21・6・29刑集63巻5号461頁（LEX/DB25440904）もあるが、この事例は、平成19年決定の事案より複雑であり、登場人物（被告人）も2名で共同正犯（刑法60条）も絡む。学問的には非常に興味深いが、初学者には少しハードルが高いので、ここでは扱わない[8]。

　なお、ここに言う、最決平成19・4・13とは、「平成19年4月13日」に最高裁でなされた決定のことだが、それだけだと当日の他の裁判例との区別がつかないので、刑集61巻3号340頁として特定する。また刑集の原文を見ると「……した事例」などの表題もあるが、本当の決定文には、表題は書かれてはいない。

　平成19年決定事件は、被告人が、身体に隠して装着していた、いわゆる体感器を利用して、パチンコ店に設置のパチスロ機の大当たりを連発させ、メダルを不正に取得したことが窃盗罪に当たるとされた事例である。この裁判例は、設問と似た点が多く、設問に回答する際に参考にするべき裁判例と言える。というのも、平成19年決定は、パチンコ店のパチスロ機への不正行為だからであり、また設問も、クレーンゲーム機への不正行為が疑われた事例であるからである。このような具体的事案における類似性がカギとなる。

　本来、このような判例検索において、設問に役立ちそうな裁判例を見つけることができるかは、かなり重要なポイントなのだが、これを習得するのは難しい。例えば、『判例刑法百選II』や『判例六法』、あるいは各種テキストの目次索引などから関連しそうなキーワード、例えば、「窃盗罪」、「窃取の意義」で似たような裁判例を探す方法もある。ここは自分で、いろいろ工夫してみてほしい。こればかりは、試行錯誤して身につけるしかない。

7）　「熊大ポータル」→「熊本大学附属図書館」→「文献データベースを探す」→「LEX/DBインターネット」から「判例総合検索」（2020年9月29日最終閲覧）。

8）　なお、ここで言う「決定」とは裁判所の判断のうち、必ずしも口頭弁論を必要としないものである（刑事訴訟法43条2項）。他方で、「判決」には口頭弁論を必要とする（同条1項）。これを考えると、「判決」→「決定」の順で、重要度が違うということになる。なお、平成19年決定事件の事件番号は、最高裁の「平成18年（あ）第1605号」とされる。ときどき、判決年月日が同一の場合もあるが、この事件番号から調べたい事件を特定することもできる。

3.　第2ステップ―判例において見るべきところはどこか

(1)　判例や「裁判例」を読む際に注意すべきことは二つ

　第2ステップは、設問に該当する条文解釈に関する判例のポイント部分を読んで、理解できるようになるということである。とはいえ、判例の「ポイント部分」とは何か。以下では、二つのことをお伝えしよう。要するに、判例における事案、裁判所による認定した「事実を重視すること」（(2)）と、できる限り、裁判の「原文を読むこと」である（(3)）。

(2)　「親亀」「子亀」という関係―判例や裁判例における認定事実の重要性について

　まず、第2ステップにおける第1点について、つまり、「裁判所が認定した事実を大切にすること」についてお伝えしよう。これは判例や裁判例の構造と関連する。

　判例、つまり、「裁判所の判断のうち、同種事案に対して先例性をもつ裁判例」においては、構造として、二つから成り立っている。すなわち、第1点が、各裁判所が認定する事実、あるいはそれを要約した(i)「事案の概要」と、それに対する(ii)「各裁判所の法的判断」の2点である。両者は、いわば「親亀」とその上に乗っかる「子亀」の関係にあると言えよう。

> （子亀）(ii)それを前提とした判例や裁判例における裁判所の法的判断

↑

> （親亀）(i)判例や裁判例における各裁判所が認定した事実、あるいはその「事案の概要」

　要するに、(i)の「親亀」（認定事実）が変われば、(ii)の「子亀」（裁判所の法的判断）もまた変わるというのが、裁判例、そしてそれを同種事例に一般化した判例の構造と言える。このことを現役法学部生、法学部卒業生が、どの程度理解しているかはわからない。とはいえ、このことを、法学者や最高裁判所裁判官経験者は指摘してきた。要するに、裁判の本来の目的は、個々別々の事件における紛争（トラブル）の法的解決にある（憲法32条など参照）。そしてその法的

解決のためには、まず事実関係を証拠によって認定することが大前提となる。たとえ、「裁判例」が「同種事案の先例である判例」として一般化されているように見えたとしても、その前提（親亀）は、個々別々の事件における事実認定であり、その事実に固有な事情に、各裁判例や判例の法的判断（子亀）は依存するということである[9]。

　このような判例の構造、つまり、判例における事実関係への依存関係を理解することなく、安易に一般化したがる人は意外と多い。しかし、それは、ステップ３の設問への当てはめで痛い目を見る。要するに、法律学における答案の解答としては、高い評価は得られにくい。宮本武蔵が言ったように、「なま兵法大疵のもと」と言えよう[10]。

(3)　裁判例は、できる限り「原文」を読む―その理由について

　そして第二に、上記のように、(ⅰ)の裁判所が認定した事実が一番大切であるがゆえに、『刑法判例百選Ⅱ各論』などの判例集にある「事案の概要」だけでは満足せず、判例集を直に読み込んだほうが、より深い学修につながることになる。まさに「急がば回れ」である。

　というのも、指摘されているように、これらの判例集は、字数の関係上、その作成の過程で編者や筆者の取捨選択がなされており、すべてを記載していないし、記載できない。すなわち、判例集にまとめられた、ある裁判例の「事案の概要」とは、皆さんが直接見たものではなく、あくまで「他人の眼を通して見た裁判例」に過ぎない。したがって、特定の裁判例を見る際には、最高裁判所のみならず、第１審そして第２審の各裁判所の判断を原文で見る必要がある[11]。そして、その際には、自分が注目した点についてメモで記録し、後で見

---

9)　末弘厳太郎『法学入門〔第２版〕』（原文1934年、日本評論社、1980年）127-128、136-139頁、中野・前掲注（５）書119頁、藤田宙靖『最高裁回想録―学者判事の七年半』（有斐閣、2012年）３、137、145頁参照。

10)　宮本武蔵（渡辺一郎校注）『五輪書』（原文1645年、岩波文庫、1985年）15頁。

11)　中野・前掲注（５）書116-118、122-123頁参照。なお、本章で用いた最高裁の判断は、全員一致のものだが、そうではない場合には、「多数意見」、「少数意見」（そのうち多数意見を補足する「補足意見」、多数意見に反対する「反対意見」）がある（裁判所法11条）。「補足意見」や「反対意見」は、「多数意見」をより深く理解し、今後の判例の展開を予測するためにも大切なものである。

返すことができるようにしよう。具体的な方法は皆さんにお任せする。紙で
も、データでも構わない。後で「どんな内容だったかな」と見返すことができ
るようにしておく。これが必要である。

(4)　平成19年決定事件の内容の要約─【認定事実の要約】と【裁判所の法的判断】

　さて、上記平成19年決定事件の内容について、最高裁の決定内容に基づい
て、裁判所による【認定事実の要約】と【裁判所の法的判断】に分けて要約す
る。

　【認定事実の要約】最高裁における原判決（第2審）の認定と記録によれば、
本件の事実関係は以下の(i)から(iv)の通りである。ここは筆者の観点から要約し
てある。

　(i)　被害店舗であるパチンコ店設置の回胴式遊技機、つまり、パチスロ機
は、内蔵する電子回路の乱数周期を使用して大当たりを連続して発生する場合
を抽選する仕組みである。

　(ii)　被告人が、身体に隠匿装着した、電子回路を内蔵する、いわゆる体感器
は、その乱数周期を上記パチスロ機の乱数周期と同期させ、上記パチスロ機の
大当たりを連続して発生させる絵柄を揃える回胴停止ボタンの押し順を判定で
きる機能を有し、もっぱらパチスロ遊戯では、不正にメダルを取得する目的に
使用される。

　(iii)　被害店舗では、不正なパチスロ遊戯を行うために使用される、体感器の
ような特殊機器の店内持込みを許しておらず、体感器を用いた遊戯も禁止し、
その旨を店内に掲示するなどして客に告知しており、被告人もこれを認識して
いた。

　(iv)　被告人は、当初から本件機器を使用してメダルを不正に取得する意図
で、被害店舗に入店して本件パチスロ機55番台でパチスロ遊戯を行い、本件機
器を用いて大当たりを連続し発生させる絵柄を揃えることに成功し、合計約
1,524枚のメダルを取得した。

　なお、この事件の第1審である札幌簡裁判決平成17・11・16刑集61巻3号
363頁を見ると、最高裁判所が認定した事実(i)〜(iv)より、ⅰ犯行日時（平成17年

９月23日午後３時20分から５時40分）、ⅱ場所（札幌市南区の被害店舗）そしてⅲ被害額（合計約３万480円）が詳しいことがわかる。第２審の札幌高判平成18・6・22刑集61巻３号364頁では、弁護人の主張に対する判断がなされているだけで、「窃取の意義」とは直接関係がない。

【裁判所の法的判断】

　(ア)平成19年決定事件における最高裁の【法的判断】の結論から言えば、窃盗罪の成立を認めた原審（第２審の札幌高判平成18・6・22）の判断を支持するものであった。その理由は、(イ)最高裁をはじめ第１審・第２審ともに、窃盗罪の「窃取の意義」については、「意思に反する占有を侵害して、自己の占有に移転したもの」という立場をとる。そして、(ウ)このような「窃取」の定義からは、本件で被告人が使用した体感器が、パチスロ機に直接には不正の工作や影響を与えないとしても、もっぱらメダルの不正取得を目的として上記(ⅱ)の機能を有する本件体感器を使用する意図で、これを身体に装着しパチスロ機で遊戯することは、通常の遊戯方法の範囲を逸脱するものであり、パチスロ機を設置する店舗がおよそそのような態様による遊戯を許容していないことは明らかだから、とする。

　これを上記【認定事実の要約】と関連付けよう。すなわち、(ウ)上記(ⅰ)(ⅱ)のような、本件事例における体感器を密かに装着した被告人の行為が、「通常の遊戯方法の範囲を逸脱するものであり、パチスロ機を設置する店舗は、そのような態様による遊戯を許容していないことは明らか」であること、それは上記(ⅲ)の店内の禁止事項の掲示からもわかることである。そのような(ウ)の評価が、(イ)窃盗罪における「窃取の意義」を意味する「パチスロ機の管理権者である店舗の意思に反する占有移転」に当たること、それゆえに、結論として、(ア)窃盗罪成立を認めた第２審（原審）の判断を支持するということである。

4.　第３ステップ―判例における解釈を設問に当てはめ、結論を導こう

　第３ステップは、設問に該当する条文に関する判例で示された解釈を、設問に当てはめ、具体的な帰結を書けるようになることだが、まずは、筆者による【答案例】を示そう。

(1)　【答案例】―法的三段論法、平成19年決定事件と設問の事案の違いに注意しつつ

　　1.　Xは、熊本市内のゲーム店Aで、ぬいぐるみを取るクレーンゲーム機を体当たりで揺らし、ぬいぐるみを得た。Xの行為は窃盗罪（刑法235条）に当たるか。特にXがゲーム機を体当たりで揺らしたことが窃盗罪の「窃取」に当たるかが問題となる。

　　2.　設問と似た裁判例に最決平成19・4・13刑集61巻3号340頁がある。これは、被告人が、体感器というパチスロ機の遊戯で不正な大当たりをするための特殊機器をパチンコ店に無断で密かに身につけ大当たりし、メダルを獲得した行為が、窃盗罪とされた事例である。

　　平成19年決定事件において裁判所は、被告人の上記行為が、「通常の遊戯方法の範囲を逸脱するものであり、パチスロ機を設置する店舗がおよそそのような態様による遊戯を許容していないことは明らか」とし、そのような被告人の行為は、「パチスロ機の管理権者である店舗の意思に反する占有移転」に当たること、つまり、窃盗罪における窃取に当たるとした。設問と同じく、ゲーム機への不正な行為が問題となる点に共通性がある。

　　3.　この平成19年決定事件を、設問における窃盗罪の「窃取」の解釈における先例（判例）とし、この判例をもとに、設問における窃盗罪の成否を判断する。

　　すなわち、設問においては、店員Bの指摘にあったように、Xが体当たりで揺らした、ゲーム機の注意書きに、「体当たり等は、クレーンゲーム機故障等の原因になりますので、ご遠慮ください」とあった。このような掲示は、クレーンゲーム機を設置した店舗Aの「意思」であると言える。またこのような掲示による注意書きは、平成19年決定事件にも存在しており、窃盗罪の窃取の意義である、「管理権者の店舗の意思に反する」一要素として考慮されていた。したがって、設問におけるゲーム機の注意書きも同じように評価する。

　　ただし、設問と、平成19年決定事件との違いもある。すなわち、設問においては、Xはクレーンゲーム機を直接体当たりで揺らしている。それに対して、平成19年決定事件では被告人は、体感器という店側からは隠して装着した器具によって、いわば間接的に不正な遊戯をした。ただし、この点はむしろ、設問

について窃盗罪の「窃取」をより成立させる方向に働く事情と言える。というのも、平成19年決定事件は、上記のように、体感器とパチスロ機との関係で間接的な場合ですら、同罪「窃取」を認めた。それに対して、設問のXは、直接クレーンゲーム機に体当たりで揺らしており、クレーンゲーム機を管理するA店の意思に反することは、平成19年決定事件よりも、明白と言えるからである。

　また、Xは正規料金300円を払ってはいるが、それでも窃盗罪の「窃取」は否定されない。というのも、Xがなしたクレーンゲーム機を体当たりで揺らす行為は、上記のようにクレーンゲーム機を管理するA店の意思に反するものであって、ぬいぐるみを得る行為は、A店の意思に反する占有移転、つまり、窃盗罪における「窃取」と言えるからである。

　4.　以上により、設問のXの行為は、窃盗罪における「窃取」に当たる。

⑵ 【答案例】から考える平成19年決定事件と設問との異同について

　【答案例】における「1.」における、Xの設問における具体的行為と罪名と条文の指摘、「2.」における、設問の先例、判例となり得る平成19年決定事件の内容については、上記第1、第2ステップのまとめである。一番難しいと思うのは、「3.」の設問への、平成19年決定事件の当てはめである。そこで考えなければならないのは、平成19年決定事件と設問との共通性と違いなのだが、それについては、以下のように表にしてみた。

	共通性あるいは類似性	違い
平成19年決定事件	パチスロ機への不正な大当たりと、パチンコ店の掲示	体感器というパチスロ機の遊戯への間接的な不正
設問	クレーンゲーム機への不正な行為？　ゲーム機の注意書き	Xのクレーンゲーム機への体当たりという直接的な行為

　この表における「共通性あるいは類似性」は、平成19年決定事件が、設問への先例として窃盗罪における「窃取」の条文解釈の先例として用いることができる根拠となる。そして、表における「違い」が意味するのは、平成19年決定事件を設問にそのままでは当てはめることができない、つまり、窃盗罪における「窃取」成立を認めるのか、否か、という「解答者が考えるべきところ＝出

題者が一番答えて欲しいところ」ということになる。この後者の部分をいかに具体的に自分で考えて表現するのかが、高い評価へのカギとなる。

　なお、この表もそうだが、上記【答案例】も「唯一絶対の正解」というわけではない。このことはぜひとも強調しておきたい。「正解主義」は捨てよう。すなわち、「誰もが納得する唯一無二の正解はない」のである。解答者ができるのは、「より多くの人に理解してもらうことのできる解答」だけである。それゆえに、【答案例】も、その名の通り、あくまで一つの【例】に過ぎない。結論にしろ、結論までの過程にしろ、いろいろな考え方があり得る。とはいえ、最低限、法的三段論法、条文の引用の仕方、判例への理解についての表現方法と、設問への当てはめの方法ぐらいは参考にしてほしい。

　なお、設問への解答方法における心構えとしては、設問の問題文を使い切るという姿勢も大切である。それはまさに、「問いに答える」という姿勢そのものだからである。

5.　本章における3ステップの再確認―ここまでのまとめ

　まず、本章における大前提として、法律学における条文の読み方を、具体的に、設問と関係しそうな刑法の条文を指摘した。その後、条文解釈における判例の重要性をお伝えした。そして第1ステップとして、設問で問題となる条文解釈に関係しそうな判例、裁判例を探す方法についてお伝えした。重要なのは、設問に関連しそうな検索ワードを探すことであった。第2ステップとして、見つけた裁判例、判例もそうだが、たとえ、一般化されているような法的判断であっても、個々の裁判例も、それを一般化した判例も、各裁判所が認定した事実に依存しており、その範囲でしか一般化は許されないということ、第3ステップとして、このような判例、裁判例の構造に注意しつつ、設問の具体的な事案に即して、「問われたことに答える」という姿勢で丁寧な当てはめをすること、以上である。

6.　本章の最後に、さらなる学びを求めて—発展問題

　以下の発展問題は、平成19年決定事件をヒントに解答してみよう。

設問　「当店における18歳未満の方の遊戯をお断りします」との掲示があるパチンコ店に、17歳の Z はこの掲示を確認しつつ、自分が、同店で遊戯し、いわゆるパチスロのメダルを獲得することは許されていないことを知りつつも入店し、パチスロを通常の遊戯方法で行い、450枚のメダルを獲得した。ただし、このパチンコ店では Z の年齢確認はなされていなかった。この Z によるメダル獲得行為が犯罪に当たるか。

第 6 章

簡単な法律学の試験問題について
答案を書けるようになろう！

設問
　配偶者が死亡した場合、遺族（夫もしくは妻）に支給される遺族年金について、遺族が夫の場合のみ年齢が55歳以上であることが要件となっていたことから、53歳で妻を亡くした X は遺族年金の受給ができなかった。X がこの点を裁判で争う場合、憲法上どのような主張をすべきだろうか。

◆本章のステップ
●第1ステップ
・設問を読んで、その設問に該当する条文の解釈のうち、最も妥当と考える解釈の根拠を書けるようになる。

●第2ステップ
・設問に該当する条文の解釈として、自らが最も妥当と考える条文解釈と対立する解釈に反駁できるようになる。

●第3ステップ
・設問で問われている論点に関する法的な見解の妥当性を、自説の根拠に基づくだけではなく、反対説の根拠に反駁して文章によって論証できるようになる。

1.　法律学の試験

　法律学の試験科目において多く見られる試験形式としては、具体的な事例を用いた事例問題、「○○について説明しなさい」のような一行問題、あるいは、語句の説明を求める語句説明などがある。このうち、語句説明や一行問題では、論じるべきことは明らかである場合が少なくない。そのような場合、問われている事柄の定義や制度趣旨、体系上の位置付け（例えば、それが原則なのか例外なのか）も理解できていることを示しつつ、意義、要件、効果等につき、ときには具体例なども挙げながら正確に論述していくと良いだろう。

　事例問題の場合、「このような事例において、○○の成否について論じなさい」というように、事例に基づいて論じるべきことが示されている問題もあるが、この点が示されていない問題もある。このような問題が出題された場合、まずは、当該事実に基づき何を論じるべきかを、自ら見抜く力が求められることになる。重要な論点に関しては、例えば、最高裁判例がある、または、典型的な論点として教科書や講義で言及されるなどしているはずなので、予め、きちんと確認しておこう。ちなみに、出題とは関連しないにもかかわらず、せっかく準備してきたのだからと不必要な論点まで書いてある答案がまま見られるが、採点者によっては、かえって、減点対象になってしまう場合もあるので注意しよう。

　様々な当事者や法律問題が登場する複雑な事例問題の場合、示された事例中に含まれている複数の事実を整理、取捨選択し、問題解決の際に重要となる事実のみを抽出する能力が必要になる。さらに、結論を示す方法につき、問いの内容によっては、Aの場合はこのような結論になるが、他方で、Bの場合はこのような結論になるといったように、場合分けをして結論を示すことが求められることもある。

　このように、法律学の試験においては複数の出題形式があり、また、科目ごとの特性もあるため、試験の前にこれさえやっておけば必ず合格点を獲得できるといった王道はない。しかし、科目や試験形式にかかわらず、出題者がその

問いによって解答者のどのような学習成果を確認しようとしているのか、その出題意図を正確に見抜き、それに応える答案を作成することが求められる点はいずれの科目においても同じであろう。これを可能にするためには、毎回の講義に出席し、講義の中で教員がどのような点にポイントを置いて講義をしているのかを理解し、その都度、自らの中に定着させていくことが重要である。そうなると結局、講義にきちんと出席し、理解を積み重ねていくことが、評価の高い答案を作成するための、最も確実な近道になるのではないだろうか。

2.　答案作成プロセス

　以下では、事例問題における答案作成の流れを確認していきたい。答案を作成する際には、学びを通じて習得した基礎的な法的知識を正確に活用しつつ、ときには応用力も駆使しながら論理的な文章を作成することが求められる。そのプロセスを概略すれば、

　　⑴　設問の事実を整理し、法律問題として論じるべき点を明らかにした上で、どのような規定に則ってその問題を解決するのかを検討する。
　　⑵　問題解決のために用いることができそうな複数の規定、あるはこれらの解釈に関わる複数の学説や判例がある場合は、これらを踏まえた上で、自分はどの立場に立つのかにつき、自らとは異なる立場に立たない理由も示しつつ検討し、当該設問の問題解決のために用いるべき基準を立てる（＝規範の定立）。
　　⑶　設問の事実を定立した規範に当てはめ、解決策を示していく

といった流れになろう。
　ちなみに、結論を導き出すに当たっては、結論の妥当性、つまり、その結論が社会常識や道徳などに照らしても、多くの人が納得できるようなものであることが求められる。それゆえ、ある問題について条文を形式的に解釈・適用すると結論の妥当性を欠くことになる場合、当該規定の立法趣旨や立法目的にも立ち返りつつ、縮小解釈、拡大解釈、反対解釈、類推適用の可能性、について

も検討しながら、解釈・適用の限界も勘案しつつ論証していくことが必要となる。ただし、スタートはあくまでも原則から、すなわち、基礎となる条文を形式的に適用した場合に妥当性に欠ける結果になるかどうか、から始めることが求められる。

　また、当該事案の問題解決とその他の類似の事案における問題解決との間の整合性についても気を配らなければならない。法的安定性が求められる法的問題解決においては、その解決が他の類似事案との関係でどのような位置付けを有しているのかも問われるからである。換言すれば「一般的確実性を無視することはできない。その枠の中で具体的妥当性との調和に苦心」[1]することが、社会的にも、法的にも妥当な結論にたどり着くためには必要となる。

3.　実際に考えていこう

(1)　事実を整理・把握することの重要性

　何を論じるべきかを考えるに当たって、まずは、その前提として正確かつ適切に事実の把握をすることが重要になる。なぜなら、法的な問題解決とは、あくまで、その事案で問題となっている事柄を対象とした法的評価であることから、問題となっている事柄がどのようなものなのか、をきちんと把握できない限り、正確な法的評価も難しくなるからである。同時に、問題解決のために必要不可欠な事実を選択できていない、あるいは、これとは逆に必要のない事実まで長々と記述しているといった答案は、問題出題者から見ると、出題者が当該問題を作成するに当たって、念頭に置いているかもしれない典型事例、および、このような事例における典型的論点が思い浮かんでいないことを想起させ、勉強不足を露呈しているに等しいといった望ましくない評価を招く可能性もある。

　ここで改めて設問を眺めてみよう。設問における重要な事実とは何だろうか。ここでは、配偶者の死亡により遺族となったＸが、55歳という法律上の要件を満たさないことで、妻の死亡を原因とする遺族年金を受給できなかったという事実であるとしよう。Ｘはこのような取扱いは法的におかしいと考え、

---

　1)　我妻榮『法律における理窟と人情〔第2版〕』（日本評論社、1995年）24頁。

このことを法的な問題にしようとしているのである。では、Xは自分が遺族年金を受給できないことは法的におかしいということを、どのような法律の条文を用いて主張することが可能だろうか。比較的容易に思いつくものとしては、夫＝男性にのみ年齢要件が付され、妻には付されていないことから、性別による差別に当たるのではないかというものではないだろうか。また、夫が遺族年金を受給するためには、一定年齢以上であることを求める年齢要件が付されているので、55歳以上の男性とそれ未満の男性を区別した年齢差別であると考えることもできる。他方で、遺族年金は、残された遺族の生活保障を個別具体的な事情に応じてというよりは、定型的に保障することを目的とする社会保険制度上の給付である。このような給付の性質からすれば、遺族に対していかなる保障をすべきかについての立法府による政策決定に対して、司法がどこまで介入することができるのだろうかという事柄も問題となり得るだろう。これらを、まとめれば、

　(i)　男女の性別に基づく差別
　(ii)　年齢差別
　(iii)　立法府による政策決定に対する司法判断の可否や程度

の3点が問題になり得ると考えることができる。

　このうち、(i)、(ii)はいずれも、ある対象と、別の対象との間での異なる取扱いを法的問題としてとらえている。このような問題の解決に役立ちそうなルールとして、どのような憲法の条文を思い浮かべる事ができるだろうか。例えば、(i)、(ii)の異なる取扱いについては、「平等」に関わる規定として、教育の機会均等を定める26条、夫婦の同等と両性の本質的平等を定める24条といった規定とともに、14条1項に、このような個別的規定がない場合においても包括的に基本権にかかる不利益取扱いを禁止している「法の下の平等」が規定されている。一方、(iii)に関しては、これが社会保険制度、すなわち、国民の生活保障を目的とする社会保障に関わる問題であることからすれば、社会保障制度の基本原理とされる25条に関連付けて、この問題を考えることができるのではないだろうか。

(2)　講義で習得してきた知識をフル活用しよう

　問題解決の手がかりになりそうな条文が頭に浮かんだところで、次に、これまでに習得した知識を総動員して、これらの条文に関連して、どのような学説や判例を学習してきたのか思い起こしてみよう。なぜなら、この事案の問題解決を憲法14条、または、25条に基づいて試みていくに当たっては、その前提として、そもそも二つの条文を、事案の問題解決のために用いることができるのかを考える必要があるからである。これらの条文を用いることが可能かどうかの検討を行う際には、まずは、それぞれの規定における文言の解釈、すなわち、その規定の立法趣旨や、これまでの判例や学説での法解釈に鑑みつつ、その意味するところを明確にする必要がある。

　例えば、憲法14条における「法の下に」平等[2)]、あるいは、「平等」といった文言を、どのようなものとして解釈すべきだろうか。条文の中に「人種、信条、性別、社会的身分又は門地により、政治的、経済的又は社会的関係において、差別されない」とあるが、このように、条文において特定のカテゴリーが明示されていることはどのような意義を有しているのだろうか[3)]、というように、条文の規定内容を検討していくことがこれに該当する。その際、解釈論ではなく立法論を展開する、あるいは、独自の解釈論のみを展開することは、試験答案の作成においては自爆をするようなものである[4)]。法律学の試験で問われているのは、多くの場合、設問における問題を解決できるような能力であるが、その能力とは、大学での講義を介して培われた知識を土台とする法解釈能力だからである。したがって、ここでは講義で習得した知識や能力を総動員していくことが求められるのである。あわせて、複数の解釈や学説があるとすれば、これらにも言及しつつ、いずれを支持するのかについて理由を付して示し

---

　2)　「法の下に」についての解釈の問題とは、法適用の平等のみ（立法者非拘束説）を意味するのか、法内容の平等（立法者拘束説）も求められるのか、という問題である。芦部信喜＝高橋和之補訂『憲法〔第6版〕』（岩波書店、2016年）130頁、大日方信春『憲法II〔第2版〕』（有信堂、2018年）91頁など参照。

　3)　最判昭和25・10・11刑集4巻10号2037頁。芦部・前掲注（2）書134頁、大日方・前掲注（2）書93頁参照。

　4)　弥永教授も、学部学生が限られた時間で新しい見解を述べることは至難の業であると述べている。弥永真生『法律学習マニュアル〔第4版〕』（有斐閣、2016年）237頁参照。また、解釈論と立法論を混同しないことに関しては弥永・同上書248頁にも同様の指摘がある。

ていくことも求められる。もちろん、そのためには、答案作成者自身の価値判断が必要になる場合もあろう。ただし、そのような場合であっても、多くの人の納得が得られるような問題解決を導くために、自らの価値判断が一般的な妥当性を有するものなのかのか、ということは常に意識する必要がある。

(3)　判断に迷ったときは

　ある事案を解決するために、手がかりになりそうな条文が複数ある場合、または、その条文の解釈に関して複数の学説があるような場合、どのような選択をすべきなのだろうか。一つの考え方としては、当事者の立場、あるいは視点に立ってみるといったものがある[5]。例えば、もし自分が原告だったら、あるいは、被告だったら、いったいどのような選択をすれば、望ましい解決を導く事ができるのか、といった視点から考えてみる方法である。

　設問を例にとりもう少し詳しく見ていこう。設問における問題を解決するために手がかりになりそうな条文として、憲法14条と25条の二つの条文が頭に浮かんだ場合、どちらを中心に論述を展開していくべきなのだろうか。例えば、遺族年金の受給権を認めてほしい原告Ｘの立場に立てば、一定年齢以上に達していない夫は受給要件を満たさないとする現行法の規定に対して、より厳格な司法審査が行われれば、自らの主張が認められる可能性は高くなる。この点から、憲法14条に基づく、性別による区別、年齢による区別、あるいは、憲法25条に基づく生活保障のうち、いずれを中心に主張を展開すべきかを、どのように考えればよいのだろうか。

　まず、後者の憲法25条から考えてみよう。そもそも、憲法25条における生存権の法的性質については、三つの考え方に大別できるとされてきたことは思い起こせるだろうか[6]。このうち、通説的な見解であるとされる抽象的権利説、すなわち、憲法25条に基づき国が国民に保障すべき「健康で文化的な最低限度の生活」は一義的明確な基準であるとは言えないことから、ここで保障されている権利は抽象的なものでしかないが、その趣旨を具体化する個別立法がある

　5）　宍戸常寿「憲法　解釈論の応用と展開30・完」法学セミナー669号（2010年）29頁。
　6）　ここでの三つとは、プログラム規定説、具体的権利説と抽象的権利説である。これらの具体的内容に関しては、大日方・前掲注（2）書280-282頁参照。

場合、その法律によって具体化された権利は憲法25条と一体となって、裁判上の救済を受けることが可能であるとする見解に立てば、本事案における遺族年金についても、憲法25条と関連付けて司法判断を仰ぐことは可能になる。ただし、生存権保障が時代や社会状況によって変化すること、これを実現する方法が多様であること、その具体化に当たっては高度の政策的、技術的判断が必要であり、また、予算的措置も求められることから、生存権をいかに保障すべきかについては立法府に広い裁量が認められるとされている[7]。このような理解を前提とする限り、Xが25条論を中心に主張を展開したとしても、密度の高い司法審査が受けられる可能性は低い。これに伴い、Xの主張が認められる可能性も低くなってしまうだろう。

　次に14条を中心に主張を展開することを考えてみよう。14条における「平等」とは、種々の実質的な差異を前提として、同じ条件や事情の下では同様に扱うことであるとされている。したがって、ここでの「平等」は常に同じ扱いをすることを求める絶対的平等ではなく、相対的平等であるとされる[8]。また、最高裁も14条の「平等」につき「国民に対し絶対的な平等を保障したものではなく、差別すべき合理的な理由なくして差別することを禁止している趣旨と解すべきであるから、事柄の性質に即応して合理的と認められる差別的取扱をすることは、なんら右各法条の否定するところではない。」[9]としている。それゆえ、ここでは、原告Xが問題とすることが可能な性別や年齢に基づく異なる取扱いが、合理的理由のない差別と言えるのかを論証していくことになる。その際、年齢による差別と性別による差別のいずれを主たる問題として論じるべきだろうか。例えば、14条1項後段の列挙事由について、有力な学説はこれを特別に意味のあることととらえ、ここに明示している事由による差別については、より厳格な司法審査基準を適用すべきとしている[10]。この考え方に則って答案を作成するとすれば、性別は列挙された事由であることが明らかで、厳格な司法審査基準を適用すべき差別と言えそうだが、年齢についてはどうだろうか[11]。そもそも、異なる取扱いの合理性の有無については、どのよう

7）　この事を示した判例として、堀木訴訟上告審判決がある。最判昭和57・7・7民集36巻7号1235頁。
8）　大日方・前掲注（2）書88頁参照。
9）　最判昭和39・5・27民集18巻4号676頁。

に判断すればよいのだろうか。

　なお、問題解決に用いる法条を検討していくプロセスにおいては、設問と類似の事案を扱った判例における法解釈が有力な手がかりになるだろう。ただしその際、自分が判例と同じ見解に立つとしても、そのことのみを理由として、論証を怠るべきではない。たとえ、先例としてその後の事案に対する拘束力を有するとされる判例の法解釈であったとしても、これに反する立場を主張する有力説が存在する場合もあり、何よりも判例は法令それ自体ではないからである[12]。

(4)　反対の立場からも考えられるようになろう

　事例の整理や検討を行い、答案の方向性が見えてきたところで、さらに、質を向上させるために、広い視点に立って自分の見解を再検討してみよう。その際、複数存在し得る問題解決の中から自らが選択する主張に、より強い説得力を持たせられるようにしていくことが重要である。具体的には、自分の意見とは反対の立場から見た場合、どのような反論があり得るのか、その反論にも対峙しつつ、自分の意見を主張し続けていくためには、いかなる論証を展開すべきかを考えてみることなどがこれに該当する。

　例えば、設問での原告 X に対する取扱いにつき、性別という14条後段の列挙事由に関わる合理的理由のない差別であるから、相対的に厳しい司法審査基準が適用されるという憲法14条論を中心に据えて、答案を作成することにしたとしよう。このような見解に対しては、遺族年金は立法府の広い裁量が認められる社会保障制度であり、かりに14条1項違反が生じ得るとしても、設問のよ

---

10)　通説判例では、後段列挙事由は適用の際の例示に過ぎないとしているが（最判昭25・10・11刑集4巻10号2037頁、芦部・前掲注（2）書134頁参照）、他方で、列挙事由は特に平等が強く要請される事由を示したものであるという特別意味説をとる有力な学説も示されている（大日方・前掲注（2）書93頁参照）。ただし、例示列挙であるとしても、列挙事由に関する差別は原則として不合理なものであり、より厳格な審査基準を適用すべきとされている。芦部・前掲注（2）書134頁参照。

11)　例えば年齢を社会的身分の一類型としてとらえることは可能だろうか。この点につき、最高裁は「社会的身分とは、人が社会において占める継続的な地位をいうものと解されるから、高令（原文ママ）であるということは右の社会的身分に当らない」という解釈を示している。最判昭和39・5・27民集18巻4号676頁。

12)　井田良＝佐渡島沙織＝山野目章夫『法を学ぶ人のための文章作法』（有斐閣、2016年）43頁。

うな事例に対しては相対的に緩やかな司法審査基準が適用されるとした上で、遺族年金は、配偶者間以外の、父母間、兄弟・姉妹間では受給要件に区別を設けておらず、かつ、社会一般的な夫と妻との自活能力の相違という実情に鑑みて定型的な差異を設けているに過ぎないのであり、単純に性別のみによって区別をしているわけではない。したがって、遺族年金での取扱いは、そもそも憲法問題になるような性差別には該当しないといった反論を想定し得る[13]。このような反論に対しては、遺族に生じる経済的困窮度（＝自活能力の相違）は、性別によって一律に測れるものではないことからすれば、これにより遺族年金の受給要件に差異を設けることは合理性がないといった再反論もあり得るだろう。さらに、後段列挙事由に関わる差別が問題となった過去の裁判例についての知識があれば[14]、自らの意思や努力では変えようのない事由については、より慎重な司法審査基準を適用すべきとする解釈なども参照しつつ、このような反論への反駁を試みることも可能になるだろう。

　設問の論点に関わる、思いつく限りの判例や学説を網羅的に記述するのではなく、これらをきちんと押さえていることは示しつつも、自らの見解を補強する材料として上手に用いることは、自らの論証を力強く根拠付けることにつながる。ただし、実際に答案を作成する際は、詳細に言及する余裕がない可能性もある。そのような場合であっても、せめて、自説とは異なる説への反論については言及することが望ましい[15]。

---

13)　このような主張は、本章の設問で参考にした実際の事案の控訴審で、被告となった国側が展開したものである。大阪高判平成27・6・19判時2280号34頁。

14)　父の認知の有無により国籍の得失が左右されることの憲法14条適合性が問われた事案（最判平成20・6・4民集62巻6号1367頁）において、このような見解が示されている。また、嫡出子と非嫡出子の法定相続分を区別する民法の規定の憲法14条適合性が争われた事案でも、5人の裁判官による反対意見において「出生について責任を有するのは被相続人であって、非嫡出子には何の責任もなく、その身分は自らの意思や努力によって変えることはできない。出生について何の責任も負わない非嫡出子をそのことを理由に法律上差別することは、婚姻の尊重・保護という立法目的の枠を超えるものであり、立法目的と手段との実質的関連性は認められず合理的であるということはできないのである」として、同様の見解が示されている（最決平成7・7・5民集49巻7号1789頁）。

15)　弥永・前掲注（4）書240頁。

(5)　全体の構成や体裁にも気を配ろう

　答案をまとめていくに当たっては、全体の構成につき、論証の前後関係や順番、論理一貫性があるか、不要な言及がないかにも注意しよう。さらに、複数の論点が考えられる場合は、出題者の意図を勘案しつつ、限られた時間と量の制約の中で、重視すべき論点、あるいは、それほど重要でない論点を見極めた上で、重要な論点に重点を置いて論じるなど、論点間のバランスにも気を配る必要がある。また、条文を引用する場合、引用は正確に行い、要件該当性を条文に沿って順番に検討していくことも求められる[16]。同時に、一つ一つの文章が長くなり過ぎていないか、用いる言葉の概念は明確か、表現が簡潔でわかりやすいものであるか、接続詞が適切に用いられているか、誤字脱字がないか、といった事柄も重要である。

　これらは、答案の質を向上させるということに留まらず、実社会における法的文章の役割を考えたときにも重要となる。すなわち、法的文章は実社会の中で、紛争解決を求める人たちに解決策を提示するために、あるいは、国民全体に社会の中で従うべきルールを示すために、用いられている。このような法的文章の役割からすれば、紛争当事者が納得して結論に従うことができる文章、国民がどのようなルールに従わなければならないのかをきちんと理解できる文章であることが求められる[17]。そのような文章であるためには、結論に至る理由付けが順序立っていて説得性があり、かつ、理由が明解で首肯できるものでなければならないし、誰が読んでも理解しやすい文章であることが重要となる。また、用いられている概念が不明確で恣意的な運用が可能になると、国民が大きな不利益を被る可能性もある。試験の答案作成自体が直接これらに関わるわけではないものの、将来、法律知識を用いる職に就くことを志す者も含まれる法学部の学生であれば、このような法的文章の役割にも留意しつつ文章作成能力を磨いてほしい。

---

16)　とりわけ、刑法においては、要件該当性の順序が罪状の成否を左右する場合があるため順番は重要であるとされる。田中嘉寿子「結論から書く司法試験答案─実務教育としてのリーダー・フレンドリーな答案の書き方」法学セミナー716号（2014年）41頁参照。
17)　弥永・前掲注（4）書236頁以下、井田ほか・前掲注(12)書16頁以下参照。

4.　ここまでのまとめ

(1)　3ステップの再確認

ここでは、改めて本章の3ステップを再確認していこう。

第1ステップ　設問を読んで、その設問に該当する条文の解釈のうち、最も妥当と考える解釈の根拠を書けるようになる。設問に該当する条文としては、憲法14条、25条が挙げられた。このうち、原告Xの立場から考えると、25条よりも厳しい司法審査が可能な憲法14条に依拠した答案を作成することが最も望ましい解決を導き得るのではないかを検討した（**3.**(1)(2)）。

第2ステップ　設問に該当する条文の解釈として、自らが最も妥当と考える条文解釈と対立する解釈に反駁できるようになる。14条の列挙事由について通説判例は例示列挙説をとっている。しかし、自らの意思ではどうすることもできない事由については、より厳格な司法審査基準を適用すべきだとする有力な説が存在することを指摘し、これに依拠すべきではないかと述べた（**3.**(3)）。

第3ステップ　設問で問われている論点に関する法的な見解の妥当性を、自説の根拠に基づくだけではなく、反対説の根拠に反駁して文章によって論証できるようになる。設問で対象となる遺族年金は社会保障制度であり、広範な立法裁量が認められるとされている法制度である。同時に、遺族年金における夫の年齢要件は、社会一般的な夫と妻との自活能力の相違という実情に鑑みて定型的な差異を設けているに過ぎないのであり、単純に性別のみによって区別をしているわけではないため、遺族年金での取扱いは、そもそも憲法問題になるような性差別には該当しないといった反論に対して、残された遺族年金の自活能力は遺族が夫か妻かで一律に左右されるわけでなく、また、性別による異なる取扱いにおいては立法目的と目的達成手段の相関性に対するより厳格な司法審査が求められることになると主張した（**3.**(4)）。

(2)　さらに考えるための発展問題

本章では、法律学の定期試験問題の答案を作成できるようになることを目的に、主に、事例問題を例にとりながら、答案作成の流れを確認してきた。事例

問題の中には、重要論点を扱った判例を念頭に置きつつ、ほぼ同様の事実に基づいた設問が出題される場合もあるが、応用力を確認するために設定を修正したり、複数の論点を組み合わせたりする設問もある。このような問題に対応できるような能力を培うためには、ある問題から、さらに派生し得る様々な法的問題を想起できるような柔軟な思考を養う練習が必要なる。例えば、設問から派生し得る法的問題として、以下の2題を検討してみてほしい。

第1問

　設問の事例では、年齢要件がある男性遺族が、年齢要件のない女性遺族との異なる取扱いを問題としている。ここでは、もっぱら、遺族が夫の場合のみ付されている年齢要件を遺族が妻の場合と同様に外すことによる「平等」の達成が念頭に置かれている。しかし、単純に同じ取扱いを求めるのであれば、遺族が妻の場合も、夫の場合と同様に年齢要件を付すことでも「平等」は達成できることになる。それではこのような「平等」の達成について、法的な問題は生じないのだろうか[18]。

第2問

　家族の生活スタイルや、働き方、女性の社会進出の状況は大きく変化してきている。そこで、遺族の性別に応じて異なる受給要件を設ける規定が制定された当時の社会状況と、訴訟が提起された数十年後の社会状況が異なっている場合、このような社会状況の変化は規定の司法判断に影響しないのだろうか[19]。

---

18)　この問題を考えるに当たっては、いわゆる制度後退禁止原則の議論が参考になるだろう。社会保障制度と制度後退禁止原則に関しては、小山剛「生存権の『制度後退禁止』？」慶應法学19号（2011年）、棟居快行『憲法学の可能性』（信山社、2012年）389頁以下など参照。また、新たに年齢要件を設けることの不利益を、誰との関係で論じるかによっても、結論は異なる可能性がある。

19)　例えば、本章の設問が参考とした実際の事案である大阪地裁判決（大阪地判平成25・11・25判時2216号122頁）では、「共働き世帯が一般的な家庭モデルとなっている今日においては、配偶者の性別において受給権の有無を分けるような差別的取扱いはもはや立法目的との間に合理的関連性を有しない」としている。なお、立法事実と憲法訴訟に関する論稿として、渡辺千原「法を支える事実―科学的根拠付けに向けての一考察」立命館法学333＝334号（2010年）1814-1823頁参照。

コラム②
裁判所・司法制度

　法は裁判によって実現される。例えば、刑法199条は、「人を殺した者は、死刑又は無期若しくは5年以上の懲役に処する。」と規定するが、裁判を通じて初めて人殺しの犯人に上記の刑罰を適用することができる。たとえ人殺しが目の前で行われ、誰の目から見ても明らかにみえても、裁判によらずに刑罰を科すことは許されない。このように法の定めた効果は裁判によって初めて生じるというルールは、国家が犯罪者に刑罰を科すことが問題となる刑事事件については特に顕著であるが、民事事件についても基本的には同様である。

　ところで、一般に権利義務関係を定めた法を実体法、実体法を適用する裁判・手続について定めた法を手続法と呼ぶ。例えば、先に挙げた刑法は刑事実体法であり、刑法は（刑事）手続法である刑事訴訟法によってのみ実現される。民事法においても、それぞれ民法および民事訴訟法がある。このコラムで取り上げる裁判所や司法制度とより密接な関係があるのは、手続法ということになる。

　では、なぜ法を実現するために裁判が行われなければならないのか。先の殺人罪を例に考えてみよう。犯人のように思われた人が本当に「人」を「殺した」と言えるのか、実際には極めて微妙な場合がある。例えば、胎児や死んだ状態のヒトは、ここでいう「人」には該当しないし、行き過ぎた暴行で「死なせた」場合や、はたまた誤って「死なせた」場合は、ここでいう「殺した」ことにはならない。さらには、人を殺した場合でも、正当防衛の場合のように犯罪に該当しない場合もある。そこで、裁判では、法を適用する前提として、まずは「事実」を確認し、確定させる必要があり、ここで認定された事実（小前提）に法的規範（大前提）を当てはめることにより、例えば刑事裁判では、被告人に対して刑法の定める（どの）刑罰が（どの程度）科されるかが決せられることになる。

　このような裁判の担手は、いわゆる法曹三者と呼ばれる、裁判官、検察官、弁護士である。なお、裁判所と裁判官、弁護士と弁護人あるいは代理人など、法律上の用語には注意する必要があるが、詳細は他に譲ることにし、以下では法曹三者の関わりについて概観しておこう。

　裁判所、検察官、弁護人という法曹三者が全て登場するのは刑事事件である【図1】。弁護人というのは一般には弁護士のことであるが、具体的な事件の中で被疑者および被告人によって選任された弁護士のことを法は弁護人と呼んでいる。民事、刑事を問わず、裁判は裁判所以外の者の訴えがあって初めて開始される。刑事事件の場合、検察官が公訴を提起することで裁判が開始される。これに対して、訴えを受けた被告人はこれに十分に反論する機会を与えられるが、法律の専門家である検察官と対等に渡り合うためにはやはり専門家の援助が必要である。十分な主張・立証を行うた

【図1】刑事裁判

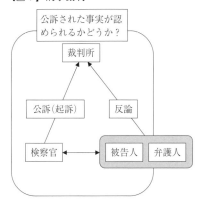

【図2】民事裁判

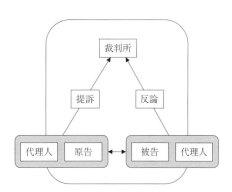

めに援助を行うのが弁護人である。裁判所は、両当事者、すなわち検察官と被告人・弁護人の主張および立証の過程を吟味した上で、検察官の主張、すなわち公訴事実が認められ得るか否かを判断することになる。注意すべきは、裁判所自身が積極的に事実の調査を行うことはなく、あくまで当事者の主張の範囲で事実認定を行うという点である。したがって、例えば、検察官が傷害致死で公訴を提起した場合に、裁判所としては殺人があると考えたとしても、原則としてその判断は傷害致死が認められるか否かに限定される。

　民事裁判においては、検察官は登場しない【図2】。多くの場合、民事裁判において当事者となるのは私人であり、訴えを起こす原告、訴えられる被告ともに代理人の援助を受けることができる。代理人という用語は民事訴訟法上の用語であるが、通常は弁護士が代理人としての職務を担うことになる。民事と刑事では、代理人、弁護人というように当事者を援助する弁護士の呼称が異なるが、呼称のみならずその職務および権能においても違いがある。また、訴えられる者も、民事では被告、刑事では被告人となる点にも注意しておこう。

　なお、刑事裁判という場合、一般には法廷での弁論の場面を想像されることが多い。しかしながら、少なくとも大学の刑事訴訟法の講義の対象には、捜査の過程も含まれる。捜査の担い手には司法警察職員（警察官や麻薬取締官など）も含まれ、令状請求などの法律行為を行う場合がある。民事裁判には刑事裁判における捜査の過程は存在しない（刑事裁判の流れについては【図3】を参照）。

　ところで、刑事裁判でも当事者の主張と立証が基軸になることは述べたが、このように当事者に訴訟運営が委ねられている仕組みを当事者主義という。当事者主義においては、両当事者が対等であることが前提となる（これを当事者対等主義という）ことについても触れた通りであるが、現実はなかなか厳しいものがある。検察官は警察との協力関係の下、幅広く証拠を集めることができるし、ときには捜索・差押えや逮捕など強制処分を用いることが許される。他方、被告人は弁護人の援助を受けること

【図3】刑事裁判の流れ

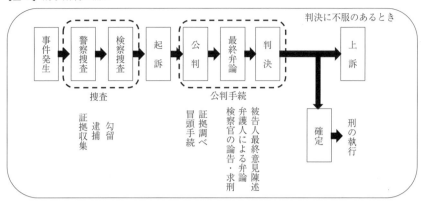

ができるとはいえ、そのような物理的あるいは法的リソースを利用することはできない。そのため、令状主義や黙秘権など憲法レベルで手厚い権利保障を行うことで、検察官との対等性が図られることになる。ただし、わが国における被疑者段階での身体拘束（逮捕・勾留）は諸外国と比べても長期間であり、黙秘権は保障されるものの取調べの際には取調室に出頭し捜査官の説得を受けることが義務付けられている（取調受忍義務）。このような現状では、特に身体拘束下の者と捜査機関（検察官、警察）とが対等と言えるかは疑わしいし、これまでの冤罪事件の多くがこのような実情に起因していると言ってよい。また、強制処分は裁判官の令状審査によってコントロールされるが、これまでは捜査機関の請求の多くが認められおり、令状審査の形骸化が指摘されていた。近年、令状請求や勾留請求に関する却下件数が伸びてきていると言われるが、強制処分に対する裁判所の審査の実効化が期待される。

　また、法曹三者ではないが、裁判所を構成するものとして裁判員が挙げられる。裁判員は一定の重大事件について、裁判官ともに事実認定や量刑の判断を行うが、国民の司法感覚が刑事裁判に反映されることを期待して導入され、既に10年以上が経過した。その副次的効果として証人が公判廷において直接供述した証言の内容が重視されるようになるなど、職業裁判官だけで裁判が行われていた時代と比べ、民意が反映されるのはもちろんのこと、法が理想としている刑事裁判により近づいたと言えよう。

　最後に審級関係について触れておこう。民事裁判、刑事裁判ともに、地方裁判所（第1審）、高等裁判所（第2審）、最高裁判所（第3審）と審級する、いわゆる三審制がとられている。判決等の裁判の結果に不服がある場合に、上級の裁判所に申立てを行うことを総称して上訴と言う。このうち、地方裁判所の判断に不服がある場合に高等裁判所に対して行う上訴のことを控訴と言い、高等裁判所の判断に不服がある場合に最高裁判所に対して行う上訴のことを上告と言う。そのため、高等裁判所、最高裁判所は、それぞれ控訴審、上告審と呼ばれることもある。高等裁判所は第1審判決を審査するのが役割であり、事実誤認および法令違反の審査を行う。事実誤認の審査

に関し、一部の重大事件に関して刑事裁判で導入されている裁判員裁判（第1審のみ）で認定された事実については、判例は特に重大な事実誤認がある場合にのみ破棄が許されるとしている。控訴審に対し、上告審である最高裁は違憲審査、法令解釈の統一が主たる使命であり、事実誤認の審査を行うのは特に重大な誤りがある例外的

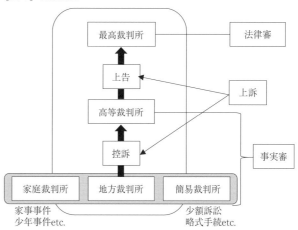

【図4】審級関係

な場合に留まる。このことが、最高裁判所が法律審であるとされるゆえんである。

　ところで、上で触れた三つの裁判所以外にも、簡易裁判所、家庭裁判所がある。簡易裁判所は、民事では少額訴訟、刑事では一定の軽微な事件に関する略式手続等において、家庭裁判所は、民事の家事訴訟、刑事の少年審判等において、それぞれ第1審裁判所となる。

第 3 部
新たな課題に取り組めるようになろう！

第 7 章
現在進行形の問題を考えてみよう！

第 8 章
法律・制度の運用実態に基づいて考えてみよう！

第 9 章
法律・制度の歴史に基づいて考えてみよう！

第7章

現在進行形の問題を考えてみよう！

設問

　ＡとＢはいずれも日本国籍の同性のカップルである。お互いの将来を考えて、日本でパートナーとして法的に保護される関係を結びたいと考えている。ＡとＢは婚姻することができるだろうか。

　また、婚姻が認められない場合、ＡとＢの関係を法的に保護する方法として、どのようなものが考えられるだろうか。

◆本章のステップ
●第１ステップ
・設問に関する日本の裁判例・学説・議論の動向等について、その問題点を把握することができるようになる。

●第２ステップ
・設問に関する外国の法制度や裁判例を探すことができるようになる。

●第３ステップ
・設問に関する日本の法制度と外国の法制度等を比較し、その違いを文章にしてまとめることができる。

1.　日本の判例・学説を調べてみよう

法は実社会の後追いとなることが往々にしてある。とりわけ、現代社会では、人々の価値観の多様化や科学技術・医療技術などの進展のスピードが速く、これらに伴って生じる問題に法が対応できていないことも多い。例えば、本章で扱う同性婚[1)]や生殖補助医療を利用した家族形成など、現在進行形の新しい問題については、関連する法律・裁判例・学説が存在しないこともある。このような場合に、関係当事者が抱える法的諸問題の解決策を考える際の示唆として、海外の法制度や裁判例を調べてみることも重要である。

現在進行形の新しい問題について、まずは日本における裁判例・学説を調べてみよう。

(1)　同性婚に関する裁判例を調べてみよう

裁判例の検索方法としては、データベースを利用する方法や書籍等を利用する方法がある（判例の探し方の詳細は、資料編①参照）。例えば、LEX/DBで「同性婚」をキーワードとして、これに関する裁判例を検索すると、12件の裁判例が該当する（2020年10月1日現在）。

紙幅の関係上、同性カップルの関係性の保護に関するものをいくつか取り上げると、(i)犯罪被害者給付金不支給裁定取消請求事件（名古屋地判令和2・6・4裁判所ウェブサイト）、(ii)損害賠償請求事件（東京高判令和2・3・4裁判所ウェブサイト）、(iii)損害賠償請求事件（宇都宮地判真岡支判令和1・9・18裁判所ウェブサイト、(ii)の原審）、(iv)信書発受禁止処分取消等請求事件（東京地判平成29・7・11 LEX/DB 25555661）と様々な事件において同性カップルの法的地位が問題となっていることがわかる。

それぞれの事件において、何が争われているのか、同性婚がどのように語ら

1）　同性婚とは、異性間のカップルと同様の婚姻を同性カップルに認めるものである。性別違和の当事者が「性同一性障害者の性別の取扱いの特例に関する法律」に基づいて戸籍の性別を変更し（例えば、女性→男性）、戸籍上の性別が異なる相手（女性）と婚姻する場合には、同性婚には該当しない。

れているのかを整理することにより、同性婚をめぐる法的諸問題とその論点を
抽出することが可能である。各裁判例を理解する際の一助となるのが判例評
釈・判例解説・判例研究などである。先に紹介した LEX/DB での検索結果に
は、関連する評釈等の所在情報も掲載されている。例えば、(iii)については、松
尾弘「同性カップルの一方から不貞行為をした他方とその相手方への損害賠償
請求〈最新判例演習室／民法〉」（法学セミナー781号〈2020年〉120頁）、倉田玲
「同性間ならば準々婚という新構成〈最新裁判例研究／憲法〉」（法学セミナー
783号〈2020年〉110頁）の評釈等が刊行されていることがわかる。これらの評釈
などにおいて同性婚に関する学術論文等が紹介されていることもあるため、入
手可能なものについてはできる限り目を通すことが望ましい。

　ところで、公表された裁判例はデータベースで探すことができるが、全てを
網羅しているとは限らない。また、そもそも新しい問題については、公表裁判
例そのものがない可能性もある。そこで、未公表の裁判例がないか、新聞記事
（新聞記事の探し方の詳細は、資料編④参照）やインターネット、学者や実務家等
が執筆した書籍、論文等を調べてみることも重要である。

　例えば、インターネットで「同性婚」、「訴訟」というキーワードで情報検索
をすると「同性婚訴訟」（「結婚の自由をすべての人に」訴訟）に関する記事を見
つけることができる。これらの記事からは、前記訴訟が2019年2月14日に一斉
提訴されたものであること（札幌、東京、名古屋、大阪）、同性婚の否認が憲法違
反であることを初めて正面から問う集団訴訟であること、現時点（2020年10月
8日現在）において係属中であることがわかる[2]。

(2)　同性婚に関する学説を調べてみよう

　同性婚に関する学説や議論の動向を把握するために、関連する書籍、論文等
を検索してみよう（書籍・論文等の探し方の詳細は、資料編③参照）。現在進行形の
新しい問題については、関連する書籍や論文等がほとんど存在しないという場
合がある一方、当該問題が社会の耳目を集めるような問題であるときには、関

2）　詳細は、「一般社団法人 Marriage For All Japan―結婚の自由をすべての人に」のウェブサイ
ト https://www.marriageforall.jp/（2020年10月8日最終閲覧）を参照。同団体は、同性婚の承
認・導入を目的として弁護士等により設立された団体である。

連する書籍や論文、商業雑誌に掲載される記事等が多数存在し、必要な情報に
たどり着くまでに時間を費やす結果となる場合もある。そこで、学会や専門誌
における個別報告やシンポジウム、特集等を確認し、当該テーマが取り上げら
れている場合には、そこで紹介されている書籍や論文に当たるのも賢明な方法
である。

　同性婚などの家族の問題については、日本家族〈社会と法〉学会、比較家族
史学会、ジェンダー法学会、比較法学会などの学術大会のテーマおよび学会誌
を確認してみるとよい[3]。例えば、2016年に開催された日本家族〈社会と法〉
学会のシンポジウム「家族法改正〜その課題と立法提案」では、「異性又は同
性の二人の者は、婚姻をすることができる」とする婚姻の性中立化に向けた規
定の新設が提案され、同性婚の導入に関する議論が展開されていることがわか
る[4]。また、比較法学会では、2012年および2017年の学術総会において「同性
婚」および「同性カップルと家族形成」と題するミニ・シンポジウムが実施さ
れ、イギリス、フランス、アメリカ、ドイツなどにおける同性婚導入前の状況
（2012年ミニ・シンポジウム）および導入後（2017年ミニ・シンポジウム）の議論の
動向と社会の実態が紹介されている[5]。その他、法学雑誌では、例えば、『法
学セミナー』が「LGBTと法」という特集を組んでおり、同特集では、同性婚
をはじめとする法的諸問題について、弁護士（実態編）および研究者（理論編）
による論考が掲載されている[6]。

(3)　裁判例・学説の現状を整理する

　同性婚に関する裁判例・学説に関する資料を入手した後は、各論点について
の裁判例と学説を整理し、議論の到達点を確認することが重要である。

　3）　家族に関する問題を扱う学会は、私法学会、日本法政学会、日本家族社会学会等多数あるの
　　　で、図書館や資料室に足を運んだ際にどのような学会や専門誌があるのか、日頃から確認して
　　　おくことをお勧めする。
　4）　南方暁「婚姻法グループの改正提案―婚姻の成立」家族〈社会と法〉33号（2017年）96-108
　　　頁。
　5）　本山敦ほか「ミニ・シンポジウム同性婚」比較法研究74号（2012年）258-295頁、渡邉泰彦
　　　ほか「ミニ・シンポジウム同性カップルと家族形成」比較法研究79号（2017年）164-205頁。
　6）　法学セミナー753号（2017年）には、三輪晃義「同性婚と人権保障」17-21頁、大島梨沙
　　　『パートナーシップ証書発行』から考える共同生活と法」46-50頁、谷口洋幸「性自認と人権
　　　―性同一性障害者特例法の批判的考察」51-55頁などの論考が掲載されている。

　上述(1)で見た裁判例から明らかなように、現時点では、同性婚の承認・導入
に関する問題を正面から扱う公表裁判例は見受けられない。裁判例(i)は、同性
カップルの一方が殺害された場合に、他の一方が「犯罪被害者の配偶者」とし
て遺族給付金を受給できるか否かが争われた事案で、裁判所は、犯罪被害者等
給付金の支給等による犯罪被害者等の支援に関する法律にいう「事実上婚姻関
係と同様の事情にあった者」とは言えないとしている。他方、裁判例(ii)・(iii)
は、同性カップルであってもその実態から内縁関係と同視できる場合には、婚
姻に準ずる関係または内縁に準じた法的保護に値する利益があるとする。
　また、裁判例(iv)は、同性婚カップルによる養子縁組の効力を否定したが、そ
の控訴審である東京高判平成31・4・10裁判所ウェブサイトは、年齢差のない
成年同士の養子縁組においては、様々な動機や目的も想定され得るものであ
り、同性愛関係を継続したいという動機・目的が併存しているからといって、
縁組意思を否定するのは相当ではないとして、養子縁組を有効とした。
　上記のように、裁判例の中で同性カップルの法的地位がどのように認められ
ているのかを整理し分析することは、同性婚の承認・導入を考える際の示唆と
なるであろう。例えば、裁判例(ii)・(iii)では、同性カップルの関係を婚姻または
内縁に準ずるものとして評価しているが、異性カップルにおける内縁（法的保
護を受ける関係）および事実婚（法的保護を受けない関係）とはどのように異なる
のか、必要に応じて、「内縁」、「事実婚」、「パートナーシップ関係」に関する
裁判例や学説・議論状況等を調べてみることも有用である[7]。
　同性婚に関する学説や議論の状況について、その動向を見てみると、同性
カップルと異性カップルに同等の権利を認めるパートナーシップ制度や同性婚
を導入した国々（ヨーロッパ、南北アメリカ、オセアニアなど）における法制度の
紹介が多いようである。近時では、2015年に東京都渋谷区と世田谷区がパート
ナーシップ制度を導入したことから、自治体（行政）が承認するパートナー
シップの意義と法律で認められる同性カップルの意義について検討する論考も
散見される。また、諸外国においては、一般的に、同性カップルの関係は、

　7）　小島妙子『内縁・事実婚・同性婚の実務相談─多様な生き方を支える法律、社会保障・税
　　　金』（日本加除出版、2019年）。その他、内縁・事実婚（同棲）に関する解説として、松川正毅
　　　＝窪田充見編『新基本法コンメンタール─親族〔第2版〕』（日本評論社、2019年）115-129頁
　　　（嵩さやか）。

パートナーシップ制度の導入→同性婚の導入→養子縁組・生殖補助医療を用い
た家族形成という潮流が認められることから、日本においても、同性カップル
の家族形成のあり方（養子縁組・生殖補助医療等を用いて子をもつことを含めた家族
形成）についての議論が展開されている。

　その他、新・アジア家族法三国会議では、アジア型の同性パートナーシップ
制度や同性婚を導入することの意義と課題について検討している[8]。

2.　設問に関する外国の法制度や裁判例を調べてみよう

　既に述べた通り、現在進行形の新しい問題に関する解決策を検討する際に
は、諸外国における経験を参考にすることも有用である。同性パートナーシッ
プ制度や同性婚については、日本語で紹介されているものも多数あるが、同性
カップルの法的地位の保障をめぐる世界の状況はめまぐるしく変化しており、
最新の情報を確認する必要がある[9]。そこで、以下では、外国の法制度や裁判
例の調べ方について整理する。

(1)　成文法と不文法

　比較法の観点から外国の法制度や裁判例を研究する際には、対象とする国の
統治機構、法体系、法運用の実際を理解しておく必要がある[10]。法の解釈ある
いは適用に際して援用することができる規範や社会において実際に行われてい
る規範のことを法源という[11]。法源を大きく分類すると、成文法と不文法に分
けることができる。

---

8)　新・アジア家族法三国会議編『同性婚や同性パートナーシップ制度の可能性と課題』（日本
　　加除出版、2018年）。

9)　1989年にデンマークにおいて世界初となる「登録パートナーシップ法」が導入され、2001年
　　にオランダで世界初となる同性婚が承認されて以降、現在では（2020年5月現在）、29の国お
　　よび地域で同性婚が導入されている（一般社団法人 Marriage For All Japan―結婚の自由をす
　　べての人に「世界の同性婚」参照〈https://www.marriageforall.jp/marriage-equality/world/〉
　　2020年10月8日最終アクセス）。

10)　統治機構、法体系等の概要をコンパクトに整理したものとして、岩隈道洋「研究・実務に役
　　立つ！リーガル・リサーチ入門　第13回　外国法情報の世界」情報管理56巻7号（2013年）
　　459-467頁。

11)　野村豊弘『民事法入門〔第8版〕』（有斐閣、2019年）5-7頁参照。

　成文法とは、文書の形式で定められた法規範をいう。国会などの立法機関によって制定されるもののほか、憲法、行政機関の定める命令、最高裁判所や国会の各議院が定める規則、地方公共団体が定める条例などがある。例えば、フランスやドイツは成文法を主要な法源としている（成文法主義、大陸法の法体系と称されることがある）。これに対して、不文法とは、文書の形式で定められていない法規範をいう。判例や慣習を法源とし、イギリスやアメリカは判例法を主要な法源としている（判例法主義、英米法の法体系と称されることがある）。大陸法の法体系と英米法の法体系の主な違いは、法体系の中で判例をどうのように位置付けるかという点にある。

　以上のように、比較法の手法を用いて日本の法制度のあり方を検討する際には、比較対象とする国が大陸法または英米法の法体系のいずれを採用しているのかを踏まえた上で、最新の法令および法改正の議論の有無、判例変更の有無等に留意して情報を収集する必要がある。

(2)　日本の法体系と大陸法・英米法

　日本は大陸法と英米法のいずれの法体系に属しているのであろうか。明治政府は、近代的な法整備の一環として民法その他の法律を制定し[12]、西欧にならった法制度の整備を進めたが[13]、その際、最初にフランス法を、次にドイツ法を継受したことから、日本は大陸法の法体系に属することとなった。

　それでは、日本の法制度を考える際に英米法を参照する意義はあるのであろうか。明治時期以降における法および司法制度の近代化の過程を見ると、少なからず英米法の影響を受けていることがわかる。一例として、以下、民法典の歴史を概観しよう[14]。

　民法典は、明治13（1880）年に当時の司法省の法律顧問であったフランス人のボワソナードにより法典の起草が開始され、同23（1890）年に公布された（一

---

12)　狭義（形式的意義）の民法は、「民法」という名称の法律（「民法典」）を指し、広義（実質的意義）の民法は、私法の一般法としての民法をいう。

13)　明治政府が近代的な法整備を必要とした背景としては、国内的に法を統一する必要があったこと、封建制を廃止して資本主義国家を作る必要があったこと、江戸時代末期に幕府が諸外国と締結した不平等な条約を改正する必要があったことの３点にあるとされる。野村・前掲注(11)書17頁。

14)　以下の記述については、野村・前掲注(11)書17-22頁参照。

般に、「旧民法」または「ボワソナード民法」と称される。以下、「旧民法」という）。
しかし、旧民法の施行に際しては、同法が自由主義、個人主義を指導原理とす
るものであったこと、イギリス法やドイツ法等が参照されていなかったこと等
から、いわゆる「法典論争」が勃発した。

　法典論争は、単に旧民法の内容に関する争いだけでなく、旧民法を支持する
断行派（フランス法学派）と施行を延期すべきとする延期派（イギリス法学派）と
の間の闘争であったとされる。この結果、明治25（1892）年には旧民法の施行
の延期および修正が決定し、新たに現行民法典（「明治民法」とも称される。以
下、本章では、昭和22〈1947〉年改正前の現行民法を「明治民法」という）が起草さ
れることとなった。起草過程では、フランス民法、ドイツ民法のみならず広く
諸外国の法典が参照された。明治民法は、旧民法とは異なり、ドイツ民法の編
別を採用して体系化を図るとともに（民法は、第1編「総則」、第2編「物権」、第
3編「債権」、第4編「親族」、第5編「相続」の全5編からなる）、親族・相続の部
分については、家制度の位置付けを重視する大幅な修正を加え[15]、明治31
（1898）年に施行された。

　その後、日本が第二次世界大戦に敗れ、昭和22（1947）年に日本国憲法が施
行されるのに伴い[16]、民法も改正を余儀なくされ、「個人の尊厳」や「両性の
本質的平等」を基本原理とする現行民法が成立した[17]。とりわけ、家族法（親
族・相続）は、憲法13条、14条、24条の理念に基づいて全面的に改正され、家
制度に関する規定や家父長的な規定は廃止された。

　以上のように、民法典は、フランス法、ドイツ法を母法としながらも、学理
およびその基本原理に英米法の強い影響を受けていると言える。その他、第二
次世界大戦後の占領期においてアメリカ法をモデルとして起草された諸立法

---

15)　明治民法における家制度では、戸主の地位（戸主は家族に対して一定の権利義務を有してい
た）と家の財産は、戸主の死亡や隠居などで開始する家督相続により長男子によって継承さ
れ、一括して単独相続された。また、夫婦関係は親子関係に従属し、婚姻および離婚の際には
父母の同意を必要とした。なお、女性（妻）は、婚姻により行為無能力者になるため、夫の許
可がなければ重要な法律行為をすることができなかった。

16)　日本国憲法は、イギリス（連合王国）の不文憲法とアメリカ合衆国憲法とを母法として起草
されたといわれる。木下毅「日本法と外国法：法継受論（2）」北大法学論集46巻4号（1995
年）379頁。

17)　現行民法2条は、同法の解釈の原理として、「個人の尊厳と両性の本質的平等を旨として、
解釈しなければならない」と定める。

は、その量と質の点においても、日本法制の基幹的な部分に触れるものであり、このような傾向は、憲法、経済法、労働法、刑事訴訟法をはじめとするアメリカ公法の分野において著しいとの指摘がなされている[18]。

(3)　外国の法制度および裁判例等の調べ方—日本語の資料を探す

　外国の法制度および裁判例の概要等について、日本語で書かれた文献がある場合には、予備知識として目を通しておくとよい。外国の法制度等に関する日本語の文献を探す方法としては、以下のものがある[19]。

【外国法に関する文献を包括的に検索する場合】

（ⅰ）『外国の立法』（国立国会図書館調査及び立法考査局）

　外国の法令の翻訳紹介、制定経緯の解説、外国の立法情報が収録されている。諸外国の立法動向の解説、関係法令の翻訳等を内容とする季刊版と、諸外国の立法動向を簡潔にまとめた月刊版がある[20]。また、国立国会図書館のウェブサイト「調査及び立法考査局刊行物—分野・国・地域別一覧」[21]からは「憲法」、「政治」、「行政」、「司法・法務」等のカテゴリーや「日本」、「ヨーロッパ」、「EU」等の国および地域から関連情報を簡便に入手することができる。

（ⅱ）『法務資料』（法務省大臣官房司法法制部司法法制課）

　諸外国における法典の邦訳資料を中心とする。刑事法に関するものが多い。「国立国会図書館オンライン」[22]にアクセスして「詳細検索」を選択、「タイトル」に「法務資料」および調べたい国の国名または法令名を入力する。

（ⅲ）『比較法研究』（有斐閣）

　比較法学会の学会誌（年刊機関誌）。私法、公法、比較法総論的テーマについて扱う。

（ⅳ）『法律判例文献情報』（第一法規）

　冊子体で刊行されているものには外国法に関する論文にマークが付されており、ウェブ版（D1-Law.com）では外国法に関する文献等に限定して検索するこ

---

18)　木下・前掲注(16)論文379頁。

19)　詳細は、弥永真生『法律学習マニュアル〔第4版〕』（有斐閣、2016年）132-133頁参照。

20)　https://www.ndl.go.jp/jp/diet/publication/legis/index.html 参照（2020年10月8日最終閲覧）。

21)　https://www.ndl.go.jp/jp/diet/field_index.html（2020年10月8日最終閲覧）。

22)　https://ndlonline.ndl.go.jp/#!/（2020年10月8日最終閲覧）。

とが可能である。

【国を限定して探す場合】

(i)　英米法

田中英夫＝堀部政男編『英米法研究文献目録　1867-1975年』（東京大学出版会、1977年）とその続編誌である日米法学会編『英米法研究文献目録　1976-1995年』（同、1998年）がある。また、アメリカ法については、日米法学会の雑誌『アメリカ法』（日米法学会、年2回刊行）がある。

(ii)　ドイツ法およびフランス法

日独法学会の学会誌である『日独法学』（日独法学会、年1回刊行）および日仏法学会の学会誌である『日仏法学』（有斐閣、隔年で刊行）がある。

(iii)　『学界回顧』（日本評論社）

『法律時報』（日本評論社）の特集。英米法、ドイツ法、フランス法、アジア法等の特集が組まれている。

【家族法に関する法律を探す場合】

(i)　木村三男監修、篠崎哲夫＝竹澤雅二郎＝野崎昌利編著『〔全訂新版〕渉外戸籍のための各国法律と要件（Ⅰ～Ⅵ）』（日本加除出版、2015年～2017年）

全192か国の身分法等に関する諸規定[23]、婚姻、離婚、出生、認知（準正）、養子縁組、離縁の成立要件の概要等を解説するもの。

(ii)　『戸籍時報』（日本加除出版）

国際会議の概要、外国法解説および邦訳、渉外家事事件判例評釈、外国法制事例研究、外国法改正情報等が収録されている。

(4)　外国の法制度および裁判例等の調べ方─外国語の資料を探す

日本語の資料で予備知識を得た後は、最新の情報を原文で確認することが望ましい。そこで、以下では外国語資料の調べ方について紹介する[24]。

---

23)　身分法とは、一般に、日本民法の親族に該当する法領域をいう。親族法と相続法をまとめて家族法と称するのは、日本独自のものである。

24)　弥永・前掲注(19)書134-144頁参照。より詳細な外国法情報の調べ方については、中網栄美子「研究・実務に役立つ！リーガル・リサーチ入門　第14回　英米法情報」情報管理56巻8号（2013年）536-544頁、宍戸伴久「研究・実務に役立つ！リーガル・リサーチ入門　第15回　ドイツ・フランス・ヨーロッパ連合（EU）法情報」情報管理56巻9号（2013年）622-635頁参照。

【入門書】

　必要な情報に適切にたどり着くためには、調査対象とする国の統治機構、法体系、法運用の概要を正確に把握しておく必要がある。そこで、日本語で書かれた入門書をいくつか紹介する。

　（i）　英米法

　伝統的な入門書としては、田中和夫『英米法概説〔再訂版〕』（有斐閣、1981年）、田中英夫『英米法総論　上・下』（東京大学出版会、1980年）がある。

　アメリカ法に関する近時の入門書としては、伊藤正己＝木下毅『アメリカ法入門〔第 5 版〕』（日本評論社、2012年）のほか、岩田太＝会沢恒＝髙橋脩一＝板持研吾『基礎から学べるアメリカ法』（弘文堂、2020年）がある。いずれの書もアメリカの法制度、法文化の大系と司法手続について概説するとともに、文献案内が付されている。特に後者は、司法制度と主要な法分野（憲法、刑事法、民事訴訟手続、契約法、物権法・財産法、信託法、会社法）の基本について、重要判例を交えながら学ぶことができるよう配慮されている。

　イギリス法に関する近時の入門書としては、田島裕『イギリス法入門〔第 2 版〕』（信山社、2009年）のほか、戒能通弘＝竹村和也『イギリス法入門―歴史、社会、法思想から見る』（法律文化社、2018年）がある。前者は、イギリス法の特徴について概説するほか、不法行為法、契約法、財産法、家族法・相続法、商事法、労働法・社会保障法、刑事法についても詳しい。後者は、判例法主義、法律家制度、陪審制、法の支配といったイギリス法の特徴に焦点を当てた入門書であり、スコットランド法についても紹介されている。

　（ii）　ドイツ法およびフランス法

　ドイツ法の入門書としては、村上淳一＝守矢健一＝ハンス・ペーター・マルチュケ『ドイツ法入門〔改訂第 9 版〕』（有斐閣、2018年）がある。同書は、ドイツ法の歴史、憲法およびその他の法領域（行政法、民法、商法、経済法、労働法、刑法）、司法制度に至るまで幅広く扱うものである。

　フランス法に関する詳細な概説書としては、山口俊夫『概説フランス法（上）（下）』（東京大学出版会、1978年・2004年）がある。また、近時の入門書としては、滝沢正『フランス法〔第 5 版〕』（三省堂、2018年）がある。同書は、フランス法の歴史および現行フランス法の基本構造（国家体制、裁判制度、法源）

に関する概説書であるが、民法典その他主要な実定法の法状況についても解説
されている。

【ガイドブック】

外国語文献の探し方に関する主なガイドブックをいくつか紹介する。

（i）田中英夫＝野田良之＝村上淳一＝藤田勇＝浅井敦『外国法の調べ方—法
令集・判例集を中心に』（東京大学出版会、1974年）

アメリカ、イギリス、フランス、ドイツ、中国等の各法体系に関する基礎知
識、および、法令・判例の読み方、各種文献の所在や利用法を詳述する。

（ii）板寺一太郎『外国法文献の調べ方』（信山社、2002年）

アメリカ、イギリス、フランス、ドイツの法律研究に必要な文献およびその
使用方法について、法令、立法過程や判例の調査に分けて解説する。判例集
や、略語辞典、日本における文庫・蔵書に関するリスト等が掲載されている。

（iii）北村一郎編『アクセスガイド外国法』（東京大学出版会、2004年）

アメリカ、イギリス、フランス、ドイツ、ヨーロッパ、ロシア、中国、韓
国、東南アジア、イスラム、オーストラリア等の各国または各地域の法律に関
する基本的な文献の調べ方、電子媒体資料による検索方法を紹介する。

（iv）指宿信＝米丸恒治編『インターネット法情報ガイド』（日本評論社、2004
年）

日本、アジア、ヨーロッパ、ロシア、アメリカ、オセアニア、アフリカ等の
地域別にインターネット上の法情報源および各種ツールの利用法、関連情報の
収集とその留意点等が紹介されている。

（v）京都大学大学院法学研究科附属国際法政文献資料センター（ウェブサイ
ト）

「インターネットの利用を軸にした外国の法律・政治行政資料の調べ方・文
書の入手方法」[25]一覧がある。国連文書、EU 資料、国際裁判例、条約、国際法
に関する論文の調べ方のほか、日本をはじめ、アメリカ、イギリス、ドイツ、
フランス、ヨーロッパ諸国、イギリス連邦、中南米および太平洋諸国、アフリ
カ、中国、韓国、東アジア・東南アジア諸国に関する法律文献および政府文
書、判例の調べ方、アメリカ、イギリス、ドイツ、フランスの雑誌論文、学術

25）http://ilpdc.law.kyoto-u.ac.jp/frameset-mokuji.htm（2020年10月10日最終閲覧）。

論文の検索方法等について詳細な説明がなされている。

　(vi)　国立国会図書館リサーチ・ナビ（ウェブサイト）

　リサーチ・ナビ（国立国会図書館)[26]にアクセスして「調べ方案内」から「社会科学 政治・法律・行政」を選択すると、アメリカ法および議会資料の調べ方のほか、諸外国の議会情報の調べ方等が紹介されている。さらに、下位カテゴリーを選択すると、「外国の政治・法律・行政」からアメリカ・EU・イギリス・アジア諸国の国および地域別の資料の探し方が紹介されている。

【外国語文献およびウェブサイト等】

　先に紹介した入門書やガイドブック等に目を通す余裕がない場合には、基本的な書誌あるいはオンラインで検索するのが簡便である。以下では、外国語文献を探す際に参考となる主な書誌と法令・判例に関するサイトおよびリンク集をいくつか紹介する[27]。

　(i)　英米法

〔書誌〕

　英米法に関する雑誌論文については、米国法律図書館協会が作成した Index to Legal Periodicals がある。アメリカ、イギリス、カナダ、オーストラリア以外の国の法制度に関する雑誌論文については、同協会が作成した Index to Foreign Legal Periodicals がある。その他、イギリスおよびヨーロッパの雑誌論文等については Legal Journals Index、アメリカ、イギリス、カナダ、アイルランド、オーストラリア、ニュージーランドの法律雑誌および新聞記事等に関する書誌として Current Law Index がある。

〔ウェブサイト〕

　アメリカについては、コーネル大学ロースクールのサイト Legal Information Institute（http://www.law.cornell.edu/）や民間の Find Law（http://www.findlaw.com/）が法令等の情報を無料で提供している。イギリスについては、British and Irish Legal Information Institute（https://www.bailii.org/）がイギリスとアイルランドの法情報を無料で提供しており、議会制定法だけでなく委任立法・判

---

26)　https://rnavi.ndl.go.jp/rnavi/（2020年10月10日最終閲覧）。

27)　詳細は、弥永・前掲注(19)書136-144頁、中網・前掲注(24)論文536-544頁、宍戸・前掲注(26)論文622-635頁参照。

例も検索することができる。その他、商用のデータベースである LexisNexis[28]
や Westlaw[29] を利用するのが一般的である。

(ii)　ドイツ法およびフランス法

〔書誌〕

　ドイツ語圏の法律雑誌に関するものとして、Karlsruher juristishe Bibliographie
がある。フランスについては、加除式の総合法律事典である Encyclopédie
juridique Dalloz：Repertoir de droits（Editions Dalloz）がある。

〔ウェブサイト〕

　ドイツについては、Gesetzesweb（https://www.gesetzesweb.de/）のほか、連邦
司法省のポータルサイト Gesetze im Internet（http://www.gesetze-im-internet.
de/）で法令の閲覧等ができる。その他、商用のデータベースである Juris（https://
www.juris.de/jportal/index.jsp）や beck-online（https://beck-online.beck.de/Home）で
は、連邦とラント（州）の法令全文、裁判例、論文抄録および EU 法判例等を
検索することができる。

　フランスについては、法律・行政情報局（La direction de l'information légale et
administrative -DILA）　の「Legifrance」（Legifrance, le service publique de l'accès au
droit）（http://www.legifrance.gouv.fr/）で法令・判例等を検索することができる。
その他、商用のデータベースである LexisNexis（https://www.lexisnexis.fr/）が
ある。

3.　設問に関する日本の法制度と外国の法制度や裁判例等を比較して、その違いをまとめてみよう

(1)　同性婚をめぐる日本の法制度等の問題点について整理しよう

　同性カップルの関係性を法的に保障する方法としては、内縁法理による保護
のほか、パートナーシップ制度および同性婚の承認・導入が考えられる。

---

28)　詳細は、アメリカ（http://www.lexisnexis.com/en-us/home.page）、イギリス（http://www.
　　lexisnexis.co.uk/en-uk/home.page）を参照。

29)　詳細は、アメリカ（http://www.westlaw.com/）、イギリス（http://www.westlaw.co.uk/）を
　　参照。その他、アメリカおよびイギリスの法律情報を収録したものとして、Westlaw Interna-
　　tional（http://www.westlawinternational.com/）がある。

　異性カップルの婚姻と同様の保障を同性カップルに認めるためには、同性婚の承認・導入が必要である。それでは、現時点（2020年10月10日現在）において、同性婚は認められているのであろうか。戸籍実務においては、同性カップルが婚姻届を提出しても受理しないとされる。これは、法務省が民法は男女の婚姻を前提とするという見解を採用しているからである[30]。

　それでは、同性婚に関する憲法上の議論はどうであろうか。同性婚の承認・導入に関しては、憲法13条、14条、24条に関する議論の状況を検討する必要がある。紙幅の都合上、ここでは24条の議論状況について見る。同条 1 項は「婚姻は、両性の合意のみに基いて……」と規定していることから、(ⅰ)「両性」を「男女」と捉える見解と(ⅱ)同性でもよいとする見解が対立している。(ⅰ)は文理解釈により、同性婚は禁止されているとする立場である。これに対して、(ⅱ)は同項が「婚姻を異性婚に限る（禁止する）」と規定していない以上、同性婚の禁止を読み取ることは文理解釈の限界を超えているとする立場である[31]。また、同項の趣旨は、婚姻を家制度から解放して（同制度の下では、婚姻は戸主の同意が必要とされた）、婚姻当事者の意思を尊重するところにあり、このような理解に立つと、同項が同性婚を禁止する趣旨だとは言えず、現行憲法において同性婚を承認・導入したとしても憲法違反とはならないとする。さらに、同条 2 項に定める「個人の尊厳や両性の本質的平等」という文言を根拠に、同性婚の権利を導くことが可能であるとする。

　裁判例においては、同性カップルの関係を内縁関係または内縁に準ずる関係と見るもの、養子縁組制度を代替的に用いることを認めるものがあること、近時では同性パートナーシップ制度を導入する自治体が増加傾向にあることは既に確認した通りである。同性カップルの関係を内縁関係に準ずるとして保護する場合であっても、そもそも日本においては異性カップルの内縁・事実婚の保護をめぐって議論が展開されている状況にあり、必ずしも十分な保護が期待できるとは限らない。また、自治体が導入したパートナーシップ制度は、あくまでも行政による承認であり、後述する諸外国におけるパートナーシップ制度のように、婚姻と同様の効果（同氏・相続・扶養等）を認めるものではないことに

30）　山崎耕史「戸籍行政をめぐる現下の諸問題について」戸籍時報739号（2016年）43頁。
31）　三輪・前掲注（ 6 ）論文18頁。

留意する必要がある。

(2)　同性婚をめぐる外国の法制度等について整理しよう

　同性カップルの法的保護が、ヨーロッパ諸国を中心に展開されてきたこと
は、先に確認した通りである。これらの国においては、一般的に、(i)同性愛行
為の非犯罪化→(ii)同性カップルの法的保護（パートナーシップ制度→同性婚の承
認・導入）→(iii)生殖補助医療や養子縁組を用いた家族形成という展開をみせて
いる（同性愛行為を犯罪としない国や(iii)→(ii)という経緯をたどった国もある）。

　(ii)のパートナーシップ制度は、婚姻とは異なる制度ではあるものの、婚姻に
類似した権利義務を保障するものである。同性カップルのみに利用を認める国
もあれば（デンマーク、ノルウェー、スイス、イギリスなど）、同性カップルのみな
らず異性カップルにもその利用を認める国もある（フランス、オランダ、アメリ
カの一部の州、ニュージーランドなど）。同性カップルと異性カップルを同様に扱
うのであれば、後者の制度が望ましいであろう。

　パートナーシップ制度が導入された国においては、同制度がいわゆる「セカ
ンドクラス」の婚姻であるとされ、同性婚の導入が求められていったとされ
る[32]。それでは、同性婚はどのようにして承認・導入されたのであろうか。同
性婚導入の方法としては、(i)立法、(ii)司法、(iii)国民投票の三つの方法があり、
(i)によるものが多いようである（オランダ、フランス、ニュージーランドなど）。(ii)
による場合には、最高裁判所で同性カップルに婚姻を認めないことが憲法違反
であるとするものが多く（南アフリカ、アメリカ〈連邦〉、ブラジル）、同性婚を否
定しないことで立法化を後押しする事例もある（カナダ）。(iii)については、同制
度を有する国においてのみ可能である（アイルランド）。

(3)　まとめ

　日本においては、2015年7月に、同性婚人権救済弁護団が日本弁護士連合会
に対して、内閣総理大臣・法務大臣に同性婚法案を国会に提出するよう勧告す
ることを求めて、人権救済を申し立てた。これを受けて、日本弁護士連合会は

---

32)　以下の記述については、渡邉泰彦「同性カップルによる婚姻から家族形成へ」法律時報88巻
　　5号（2016年）74頁。

「同性の当事者による婚姻に関する意見書」をまとめ、2019年7月に法務大臣・内閣総理大臣・衆議院議長および参議院議長宛てに提出している[33]。

　また、2017年9月には、日本学術会議法学委員会「社会と教育におけるLGBTIの権利保障分科会」が「提言　性的マイノリティの権利保障を目指して―婚姻・教育・労働を中心に」を公表し、その中で婚姻の性中立化を実現するための民法改正提言を明記している[34]。

　先述の通り、現在、同性婚訴訟が係属中である。同性婚を正面から認めないとしても、上記(ii)のカナダの事例のように、同性婚を否定しないことで立法化を後押しする可能性もある。また、同性婚が否定された場合には、(i)の手法により、同性（または同性および異性）カップルに婚姻と同様の法的保護を与えるパートナーシップ制度、または同性婚の立法化を検討することになろう。その際には、(i)の手法により同性婚を実現した国の経験をより深く調査研究するとともに、上記の人権救済申立てや意見書、提言がもたらすインパクトについても検討していく必要がある。

---

33)　意見書の全文は、日本弁護士連合会のウェブサイト（https://www.nichibenren.or.jp/document/opinion/year/2019/190718_2.html）から入手することができる（2020年10月14日最終閲覧）。

34)　提言の全文は、日本学術会議のウェブサイト（http://www.scj.go.jp/ja/info/kohyo/kohyo-24-t297-4-abstract.html）から入手することができる（2020年10月14日最終閲覧）。

第8章

法律・制度の運用実態に基づいて考えてみよう！

設問

70歳の女性Xは、スーパーマーケットに陳列されていた時価2,000円相当のカップ麺などを、レジにおいて代金を支払うことなく、持ち去った。

窃盗罪として起訴された後の刑事裁判において、このXには、以下のような事情があることが明らかとなった。

・Xは夫に先立たれた上、子どもはおらず、親類等との交流が途絶している。

・窃盗で検挙されたのは4回目でいずれも今回と同額程度の被害を与えており、前回の事件について起訴され、懲役1年6月執行猶予4年（保護観察なし）の有罪判決を受けて、現在は執行猶予期間中である。

・年金を受給しながら家賃の安いアパートで暮らしてはいるものの、周囲からは孤立し、生活に不安がある。

・認知症の症状が見られ、最近の出来事なども覚えていないことがよくある。

以上のような事情があるXによるカップ麺などの持ち去り行為について、窃盗の罪が成立するとして、どのような刑罰を科すことが妥当かについて、窃盗犯に対する科刑のデータ、刑事施設に収容されている高齢受刑者の割合などを調べた上で、論じてください。

◆本章のステップ
●第1ステップ

・設問に関する日本の法律・制度の運用実態について調べることができるようになる。

●第2ステップ

・設問に関する日本の法律・制度の運用実態を的確に分析し、適切に評価できるようになる。

●第3ステップ

・設問に関する日本の法律・制度の運用実態に関する適切な評価に基づき、その法律・制度の課題を文章にして示すことができるようになる。

●基礎パート〰〰〰〰〰〰〰〰〰〰〰〰〰〰〰〰〰〰〰〰〰〰〰〰〰〰〰〰〰〰〰〰〰〰

1.　窃盗罪の確認

　窃盗とは、刑法235条に定められている、他人の財物を窃取する行為であり、これは、他人の財物を、その意思に反して、自己または第三者の占有に移す行為と解されている（第2章参照）。

　本章の設問では、「Xは、スーパーマーケットに陳列されていた時価2,000円相当のカップ麺などを、レジにおいて代金を支払うことなく、持ち去った」という事実が前提とされている。通常、スーパーマーケットに陳列されている商品は購入希望者がレジでその代金を支払うことによって、その者への商品の所有の移転が認められるのであるから、代金を支払わずに商品を店外に持ち去る行為は、スーパーマーケットの店主の意思に反するものと言える。

　したがって、Xが、当該スーパーマーケットで商品の代金を支払う場所であるレジを、代金を支払わずに通過した時点で基本的には窃盗罪が成立することになる[1]。

2.　刑罰を決める順序

(1)　出発点となる法定刑

　しかし、設問で問われていることは、Xの行為に窃盗罪が成立することを前提として、どのような科刑が妥当かという点である。

　刑事裁判では、「犯罪の証明があったときは、…判決で刑の言渡をしなければならない」（刑事訴訟法333条）ので、刑事裁判においてXの行為が窃盗罪に当たると証明されたならば、それにふさわしい刑罰が言い渡されねばならない。

　この刑罰を決める出発点になるものが、個別の刑罰法令に定められている刑

---

1)　ただし、レジで支払いをするつもりが、財布を忘れたことを思い出して、うっかり商品を棚に返さないままレジでの支払いも忘れて通過した場合には、窃盗の故意があるとは言えず、窃盗罪は成立しない。窃盗罪は故意犯であって、過失犯処罰の規定は置かれていないからである。

罰、すなわち、法定刑である。刑法235条が定める窃盗罪の法定刑は、10年以下の懲役または50万円以下の罰金とされている。この場合、懲役の下限は1月（刑法12条）で、罰金のそれは1万円（刑法15条）となる。

(2)　法定刑から導かれる処断刑

　この法定刑を見て、その幅広さに驚くかもしれない。懲役ならば最高10年から1月まで。罰金ならば最高50万円から1万円まで言い渡すことが許されるのだから。

　この法定刑を出発点として、さらに刑の加重事由ないし減軽事由に当てはまるときは、再犯加重、法律上の減軽、併合罪加重、酌量減軽の順で法定刑の加重減軽がなされなければならない（刑法72条）。再犯加重とは、懲役刑の執行を終わった日から5年以内にさらに罪を犯した者に対して懲役の長期を2倍に加重するものである（刑法56条、57条）。法律上の減軽とは、心神耗弱（刑法39条2項）などに該当する場合に、窃盗罪のような有期懲役の長期および短期を2分の1とするものである（刑法68条3号）。併合罪加重とは、確定判決を経ていない2個以上の罪があり、有期懲役に処するときにその最も重い罪について定められた刑の長期を1.5倍にするものである（刑法45条、47条）。酌量減軽とは、犯罪の情状に酌量すべきものがあるときに、法律上の減軽がなされた場合でもなされるものであり（刑法66条、67条）、減軽の方法は法律上の減軽と同じである（刑法71条）。

　法定刑にこれらの加重・減軽を施して導かれるものを処断刑と言う。

(3)　処断刑から選ばれる宣告刑

　例えば、窃盗罪を犯した者が、刑事施設を出所して1年経過したばかりで、行為時に窃盗を思い留まることが著しく困難な精神状況にあって心神耗弱が認められた上、確定判決を経ていない重過失致傷の罪も別の機会に犯していたが、窃盗について情状に酌量すべきものがあるとすると、法定刑から次のような処断刑が導き出される。

　まず、刑事施設を出所して1年経過した時点での窃盗罪なので、再犯加重に該当し、懲役刑の長期は20年が上限となる。次に心神耗弱に該当するので、刑

は必ず減軽されねばならず、長期は10年、短期は15日となる。さらに併合罪加
重に該当するので、重い窃盗罪の刑の長期が15年となる。最後に、酌量減軽が
なされて、長期が7年6月、短期は7日となる[2]。こうして、懲役刑の長期が
7年6月、短期が7日という処断刑が導かれる。

　なお、刑の加重・減軽事由がなければ、処断刑は法定刑と等しいものとな
る。この処断刑の幅の中から、裁判官が言い渡した刑罰を宣告刑と言う。つま
り、裁判官は、窃盗罪を取ってみても、幅の広い法定刑[3]・処断刑の中から、
その被告人が犯した罪にふさわしい唯一の刑を決めているのである。

3.　どのような刑罰が妥当か？

(1)　量刑とその方法

　裁判官が処断刑から宣告刑を決めるプロセスを一般に量刑と言う。ところ
が、量刑の方法については刑法には定めがない。つまり、刑法は処断刑の中か
ら宣告刑を決めねばならないことを要求するだけで、処断刑の幅の中で、裁判
官に刑罰を決める大きな裁量を与えていると言うこともできる。

　それでは、裁判官が処断刑の幅の中で好き勝手に刑罰を決めてよいのであろ
うか？　量刑不当は、判決への不服申立てである控訴理由として挙げられてお
り（刑事訴訟法381条）、量刑が甚だしく不当であり、かつ、原判決を破棄しなけ
れば著しく正義に反すると最高裁判所が認めるときは高等裁判所の判決すら破
棄することができる（刑事訴訟法411条）。つまり、裁判官が処断刑の幅の中で
あっても、好き勝手に刑罰を決めていいわけではないのである。

---

2)　刑法70条によれば、懲役刑を減軽することによって端数が生じると端数は切り捨てられるの
　　で、15日を半減させた端数が切り捨てられ、7日となる。

3)　ボアソナードの影響下、フランス1810年刑法を模範にして1880年に立法された旧刑法では、
　　人の所有物を窃取した単純は2月以上4年以下の重禁錮に処せられる（旧刑法366条）ほか、
　　災害に乗じての窃盗（旧刑法367条）や住居侵入窃盗（旧刑法368条）は6月以上5年以下の重
　　禁錮に処せられ、田野における穀類等の窃盗（旧刑法372条）は1月以上1年以下の重懲役に
　　処せられる等窃盗の行為類型ごとに細かく法定刑が分かれていた。1907年に立法された現行刑
　　法は、この細分化された旧刑法の窃盗に関する諸規定をたったの1条にまとめ、しかも法定刑
　　の上限を一気に引き上げたため、広範な法定刑が定められているのである。

(2)　妥当な量刑とは？

　それでは、刑法の教科書において、量刑はどのようになされるべきと説かれているのだろうか？

　例えば、刑法総論の教科書で説明される、責任なければ刑罰なしという意味での責任原理ないし責任主義は、同時に、刑罰を画するものでもある。そうすると、量刑は犯罪についての行為者の責任に応じてなされねばならないというルールが導かれる。

　この行為者の責任とは、通説的な見解によれば、行為者が刑法に反する違法行為を避けることが可能であった場合に認められる。この見解からすれば、違法行為を避けることが、より容易であったにもかかわらずあえて違法行為を行った場合には責任は重くなり、逆に、違法行為を避けることがより困難であった場合には、責任は軽くなるはずである。

　ところが、一般の刑法総論の教科書にはこれ以上の記述はない。そこで、さらに量刑について専門的な記述がある、刑事政策という学問領域の教科書を開くと、刑事責任の重さに対応する刑罰は一定の幅を形成し、その内部で犯罪予防の必要性を勘案して、宣告刑が決まるという見解が通説である旨、説かれている[4]。もっとも、「責任にしても予防にしても、そこからある犯罪に懲役何年かが相当かを一義的に明らかにすることはできない。そこで、実務上は、量刑の妥当性を確保するための工夫として、量刑相場が用いられてきた」[5]。最高裁判所は、「刑の量定は、事実審裁判所において、犯人の性格、年齢及び境遇並びに犯罪の情状及び犯罪後の情況を考察し、特に犯人の経歴、習慣その他の事項をも参酌して適当に決定するところ」に委ねられていると判示してもいる[6]。それでは、本章の設問のような事例について、裁判所は現実にどのような量刑をしているのであろうか？

4）　武内謙治＝本庄武『刑事政策学』（日本評論社、2019年）188頁参照。なお、犯罪予防は、罪を犯していない一般人の犯罪を予防しようとする一般予防と、既に罪を犯した特別な者による再犯を予防しようとする特別予防とに大別される。

5）　武内＝本庄・同上書189頁。

6）　最判昭和25・5・4刑集4巻5号756頁。

4.　統計から処罰の現実に迫る

　まず、窃盗事件についての裁判所の量刑傾向を知るには、毎年年末に発行される『犯罪白書』で調べるのが、最も簡単である。熊本大学法学部図書室の奥の書架に収められている『令和元年版犯罪白書』を手に取ってみよう。その第3編第1章第3節の3で2018年に通常第一審で言い渡された判決における科刑状況が罪名別にまとめられている。

　それによると、地方裁判所が窃盗で有罪となった者が1万619人おり、そのうち1万232人に懲役刑が言い渡されており（罰金はわずかに過ぎない）[7]、その圧倒的多数である9,562人が3年以下の懲役となっていることがわかる。3年を超える懲役となった者は670人しかおらず、しかもそのうち641人が3年を超え5年以下のカテゴリーにあるので、実は、窃盗罪で5年を超える懲役刑を受ける者は稀なのである[8]。

　なお、3年以下の懲役の場合、情状により刑の執行猶予が可能になる（刑法25条）[9]。そこで、窃盗罪について刑の全部執行猶予を受けた者を見ると、4,736人であり、懲役刑が言い渡された者の46.3％を占めている[10]。

　『犯罪白書』は毎年このデータを公表しているので、過去に遡って、この2018年のデータが特異なものでないかを確認することもできる。そこで2014年から2018年の毎年の窃盗罪の科刑状況を見ても、毎年1万人程度が懲役刑を言い渡されていて、そのうち3年を超える懲役刑の言渡しを受けた者は1,000人未満であることがわかる。つまり、2018年のデータは決して特異なものではなく、通常第1審で窃盗罪で有罪となった者のほとんどが3年以下の懲役で処罰されているという、量刑相場ができあがっていることが窺える[11]。

---

7)　窃盗罪に対する罰金刑は、そのほとんどが、正式な刑事裁判ではなく、略式手続で言い渡されている。法務省法務総合研究所『令和元年版犯罪白書』（昭和情報プロセス、2019年）125頁参照。

8)　法務省法務総合研究所・同上書123頁参照。

9)　2013年の刑法改正で刑の一部執行猶予制度が導入されたため、厳密に言えばこの執行猶予は刑の全部執行猶予のことであるが、本章では刑の全部執行猶予のことを単に刑の執行猶予と表記する。

10)　法務省法務総合研究所・前掲注(7)書119頁参照。

このように『犯罪白書』を閲覧して、窃盗罪で有罪判決を受けた者の科刑状況を調べることができれば、まずは本章の**第1ステップ**は見事クリアしたと言える。

5.　日本の刑事施設の現状

⑴　実刑を当然とする前に

以上で明らかになった通り、窃盗罪で有罪判決の言渡しを受けた者のほとんどが3年以下の懲役に処されており、本章の設問においてXが犯した窃盗は決して特異な態様のものではないので、Xに対しても3年以下の懲役が妥当ではないかと考えられる。しかも、Xは既に同様な窃盗を犯して、懲役1年6月執行猶予4年の有罪判決を受けて、保護観察が付いていないとはいえ執行猶予中の身であった[12]。したがって、皆さんの感覚からしたら、当然懲役1年6月より重い懲役刑で、今度は執行猶予なしの実刑が当然だという結論をとりたくなるのも無理はない。

しかし、執行猶予期間中に罪を犯したとしても、絶対に実刑判決でなければならないわけではない。刑法25条2項が、保護観察付の執行猶予ではない、単純執行猶予中に罪を犯した者であっても、1年以下の懲役の言渡しを受け、情状に特に酌量すべきものがあるときには再度の刑の執行猶予を可能にしているからである。そうすると、Xに対しては、刑法25条2項の要件が満たされる限りで刑の執行を猶予することもできる。

そこで、直感的に選びたくなる、実刑判決がXに妥当なのかをまず考えてみよう。

---

11)　『犯罪白書』にはCD―ROMが付録としてついており、これを読み込むと、過去のデータがExcelの表で出てくるので、過去のデータを比較検討するのには便利である。また、毎年の『犯罪白書』は法務省のウェブサイトでも閲覧可能である。http://www.moj.go.jp/housouken/houso_hakusho2.html（2020年10月14日最終閲覧）

12)　保護観察付の執行猶予の場合、定められた遵守事項に違反したことを理由に執行猶予が取り消されることがあり得る（刑法26条の2）。執行猶予が取り消されれば、刑事施設に収容されることになるので、この保護観察付執行猶予は保護観察なしの単純執行猶予より重いものと解されている。

(2)　データからわかる日本の刑事施設の現状

　Xが実刑判決を受けるとなると、前の判決で受けた執行猶予は取り消される（刑法26条1号）。そして、刑事施設での収容期間は、前の判決での懲役刑の期間がプラスされたものとなる。例えば、Xに対して懲役3年の実刑判決が妥当だということになれば、4年6月の間、Xは刑事施設に収容されることになるのである。

　この期間、Xが刑事施設に収容されることによって、少なくとも、Xによる窃盗被害を社会にいる私たちは受けずに済む。しかし、70歳で孤独な生活をしている上に、周囲から孤立していて、認知症の症状が見られるXを刑事施設に4年半も収容することが、釈放後のXが窃盗を犯さなくなることにつながるのであろうか？

　実は、この点を検討してもらうために、設問では、刑事施設に収容されている高齢受刑者の割合を調べることも求められているのである。そこで、『令和元年版犯罪白書』を探すと、第4編第8章第2節の2で、1989年から2018年までの間に、刑事施設に入所した者に占める65歳以上の高齢者の割合は一貫して増加していることがわかる[13]。その結果、1989年と比べて高齢の入所受刑者の数は約7.1倍と増加し、70歳以上の入所受刑者だと13.3倍の増加になる[14]。しかも、2018年の女性の高齢入所受刑者297名の罪名を見ると、その89.2％が窃盗で占められていることもわかる[15]。つまり、この設問のXのような女性が窃盗を犯して刑事施設に収容されることは、高齢の女性の受刑者に圧倒的に多いパターンなのである。

6.　刑事施設出所後の社会復帰の困難さ

(1)　刑事施設に収容されると

　既に窃盗罪を3度犯して、執行猶予期間中であったXがさらに窃盗罪を犯したとすれば、実刑が妥当であるという見解は極めて説得的である。読者の皆

---

13)　法務省法務総合研究所・前掲注（7）書332頁参照。
14)　法務省法務総合研究所・同上書331頁参照。
15)　法務省法務総合研究所・同上書333頁参照。

さんも、「実刑が当たり前でしょ」と思うに違いない。

　ところで、実刑判決が確定したXが刑事施設に収容されると、Xと社会との関係はどうなるであろうか？　Xはアパートに住んでいるが、刑事施設に収容されてしまえば、親類との交流は途絶し、周囲からも孤立しているXの代わりにアパートの家賃を払ってくれる者はいない。そうすると、アパートの部屋の貸主からすれば、Xとの契約を続ける理由はなく、Xは住居を失ってしまう。こうして刑事施設に収容されることで、ただでさえ乏しいXと社会とのつながりは断ち切られてしまうのである。

(2)　刑事施設から出た後は？

　懲役刑が確定し刑事施設に収容された受刑者は、刑事施設において刑務作業を行う義務がある。これによって作業報奨金を得ることができる。しかし、『令和元年版犯罪白書』第3編第1章第4節の3によれば、その平均額は1か月あたり4,360円に過ぎず、この作業報奨金は、刑事施設から許された品物を外部から購入した額が差し引かれて刑事施設からの出所時に本人に支給されるものの、2018年の出所者を、支給された作業報奨金の額で、その割合を見ると、5万円を超える者が37.0％である一方、1万円以下の者が13.7％であった[16]。

　また、もともと受給していた年金は、刑事施設に収容された後に手続をすることで、引き続き受給できる。しかし、70歳を超え、しかも前科者の烙印をおされた女性に、不動産業者が賃貸物件を紹介してくれるだろうか？　『令和元年版犯罪白書』第4編第7章第2節の2によれば、2018年に出所した女性受刑者の70％は、親族・配偶者・知人が帰住先となっている[17]。親族や頼るべき知人もいないXは、この70％には入れないのは確実なのである。

　つまり、Xが刑事施設で懲役刑の執行を終えて、出所したとしても、当座の行き場にさえ困ってしまうのは明らかである。確かに、刑事施設の出所者に当座の帰住先がない場合に、更生保護施設を利用し、当座の帰住先とすることも可能ではある。しかし、『令和元年版犯罪白書』第3編第1章第5節の5によ

---

16)　法務省法務総合研究所・同上書157頁参照。
17)　法務省法務総合研究所・同上書322頁参照。

れば、2019年4月1日時点で全国に103ある更生保護施設のうち、女性を受け入れる施設は15に過ぎず、Xが必ず利用できるとは限らないのである[18]。

　加えて、たとえ当座の居場所がXに見つかったとしても、Xには人とのつながりなどがない以上、仕事ややるべきことを見つけることは、さらに困難と言わざるを得ない。『令和元年版犯罪白書』第5編第2章第3節の1によれば、刑事施設に収容される者が無職である割合はそもそも高いが、その中で、女性の再入者（再び刑事施設に入所した者）の場合、85.2％を無職者が占めているのである[19]。

　以上の状況に照らすと、Xを刑事施設に収容する実刑は、Xの社会での居場所を見つけにくくするだけでなく、刑事施設を出所した後のXによる再犯の危険性を高めるものであるとも言うことができる。

7.　実刑が他の者の犯罪を防止していないにしても…

(1)　実刑が犯罪予防などにつながっているのか？

　このように考えると、Xに対して実刑を選択することは、犯罪者という特別な者による再犯を防止するという特別予防目的に合致せず、むしろ、特別予防という観点からは、Xに再度の執行猶予を付けることが妥当であると言えそうである。

　しかし、こうした見解に対して、その選択は甘過ぎて、他の犯罪をせずに生きている高齢者に対して示しがつかないという反論は容易に考えつく。やはり、執行猶予付きの有罪判決を受けた者が、執行猶予中にさらに前回と同じような罪を犯した以上、一般人を犯罪から遠ざけるという一般予防目的から、実刑に処すべきだとの主張にも一定の根拠はあるようにも思われる。

　それでは、一般予防目的に照らしてXに実刑を科すことが妥当だと言い切れるのであろうか？　『令和元年版犯罪白書』によれば、既に見たように、刑

---

18)　法務省法務総合研究所・同上書195頁参照。なお、更生保護施設を利用できる者は、更生保護施設側が受け入れてくれた者に限られる。したがって、たとえ行き場がなく更生保護施設側を利用したい元受刑者がいても、その受け入れを更生保護施設が拒否する場合、利用できないのである。

19)　法務省法務総合研究所・同上書375頁参照。

事施設に収容される高齢の女性には窃盗犯が圧倒的に多い。さらに、高齢者の刑法犯検挙人員を1989年から2018年までで見た場合、とりわけ女性の刑法犯検挙人員の高齢者率は伸び続け、2018年で33.9％となっている[20]。しかも、同年の刑法犯検挙人員のうち女性高齢者１万4,613人の77.5％が、いわゆる万引きで、万引き以外の窃盗を含めると90％を超えていることがわかる[21]。そうすると、Xに実刑を科すことが、Xと同じ属性を持つ高齢の女性に対する一般予防目的に照らして妥当だと言い切れるのかには疑問が残る。

　こうした疑問に対しては、この検挙人員における再犯者の割合である、再犯者率は近年上昇を続けており、『令和元年版犯罪白書』第5編第2章第1節の1によれば、48.6％であり[22]、逆に初犯者が検挙人員に占める割合は減少しているわけであるから、一般予防目的に照らしてXへの実刑は妥当ではないかとの反論もあり得よう。

　しかし、この初犯者の減少は、他の年代、他の刑法犯も含むものである。これを根拠に、Xを実刑にすることで、高齢の女性に対して、窃盗を犯せば、刑事施設に入れられるから、犯罪をやめようという意味での一般予防効果が高まるとは言えない。現に、Xですら、執行猶予付きの有罪判決を受けるまでに2度窃盗の罪を犯しているのだ。

　ちなみに、刑罰はなぜ科されるべきかという、古くから議論されている難題においては、犯した罪が引き起こした被害と同じだけの害を犯罪者が悪行の報いとして受けるべきだという応報刑論にも根強い支持がある[23]。しかし、この応報刑論に基づいて考えてみても、Xの窃盗による被害に、はたして前刑の1年6月も加えられる実刑判決を新たに言い渡すことがふさわしいのかには、やはり疑問が残る。

　以上、『令和元年版犯罪白書』で示されている統計を中心に、Xに実刑を科すことの妥当性を検討してみた。その過程で皆さんの目には何が見えてきただ

20）　法務省法務総合研究所・同上書326頁参照。
21）　法務省法務総合研究所・同上書328頁参照。
22）　法務省法務総合研究所・同上書365頁参照。
23）　ただし、現在、犯した罪が引き起こした被害と全く同じ害を犯罪者が受けるべきという意味での絶対的応報刑論を支持する論者はいない。この立場では、過失致死罪であっても、その法定刑は死刑しかあり得ないからである。

ろうか？　少なくとも、犯罪統計からは、Ｘのような高齢の女性が窃盗を犯したことによって実刑判決を受けている事例が多く存在するという事実が浮かび上がってくる。

　それでは、こうした刑法における窃盗罪処罰の運用実態は、刑法が果たすべき役割に照らして妥当なものなのであろうか？　既に見たように、Ｘのような高齢の女性を、窃盗を理由に刑事施設に収容することは、その者の出所後の居場所を失わせ、その者が再び罪を犯す危険性を高める。しかも、その者への実刑判決が同種の窃盗犯の発生を防止しているのかにも疑問が残る。つまり、窃盗を犯した高齢の女性に実刑判決を言い渡し、刑事施設に収容することは、犯罪予防という刑法が果たすべき役割の一つに照らして、必ずしも妥当とは言い難いという評価に行き着く。こうした評価にまでたどり着ければ、設問に関する日本の法律・制度の運用実態を的確に分析し、適切に評価できるようになる、という本章の**第２ステップ**をクリアしたことになる。

⑵　執行猶予を付けようとしても…

　そこで、量刑相場の範囲内とはいえ、Ｘに実刑判決を言い渡すことが、必ずしも妥当ではないので、Ｘに対して懲役刑の有罪判決を言い渡すにしても、再度の執行猶予を付けるべきだという見解ももちろんとり得る。

　しかし、その結論を採るには、刑法25条２項に挙げられた二つの要件が満たされる必要がある。１年以下の懲役であることと、情状に特に酌量すべきものがあることである。前者は、前回の執行猶予付きの懲役の期間よりも短いので、これを妥当だとする事情を挙げる必要がある。そして、何より難しいのは、情状に特に酌量すべきものがあることを裏付ける事情を挙げることである。

　「情状に特に酌量すべきものがある」とは、具体的にはどのような場合を言うのかを、最高裁判所が明示しているわけではない。そこで、具体的な裁判例を判例検索のデータベースを使い、「情状に特に酌量すべきもの」というキーワードで調べてみると（判例検索の詳しい方法については資料編①参照）、高齢者による窃盗事件につき地方裁判所で言い渡された実刑判決を高等裁判所が破棄して、懲役の期間は変更しないものの、執行猶予を付けたという事案が散見され

る。それらを通して、「情状に特に酌量すべきもの」として挙げられている事実を見てみると、家族が被告人を支援することによって「再犯防止に向けた実効的な環境整備がかなりの程度整い、実際に効果を発揮しつつあること」[24]、あるいは、事件当時の被告人には軽度とはいえ認知障害があり、万引きの衝動抑制に関して一定の影響があった上、その認知機能の低下がさらに進行していること[25]などが挙げられている。

このほか、専門書を調べると、やはり第1審では執行猶予中に窃盗を犯したことを理由に実刑判決を受けた認知症のある高齢の被告人に、控訴審から選任された弁護人がついて、認知症への治療や家族による監督の強化などを実現させたことなどが、「情状に特に酌量すべきもの」に当たると高等裁判所から評価され、第1審の実刑判決が破棄され、執行猶予を付けた判決が言い渡された事例も報告されている[26]。

このような高等裁判所による「情状に特に酌量すべきもの」の理解を見る限り、被告人に認知症があり、それが進行していることが取り上げられている場合もあるものの、やはり、再度の執行猶予を付けるに当たり、家族による再犯防止の取組みに重きを置いているようにも見受けられる。

これを前提にする限り、親族や頼るべき知人もいないXに、たとえ認知症の症状があろうとも、再度の執行猶予を付けることはできず、やはり実刑が妥当だという結論に至らざるを得ない。

そうすると、Xの社会における居場所を失わせ、みすみす再犯の可能性を高めることがわかっていながら、前に言い渡された懲役の期間も加わる形で懲役刑の執行が直ちになされる状態にXは置かれることになる。これが日本の実務運用を前提とした、Xに対する妥当な量刑とすれば、逆に、それは犯罪予防という刑法が果たすべき役割の一つに照らして、必ずしも妥当とは言い難い結論となる。ここに、日本におけるXのような高齢の女性が窃盗を繰り返し犯した場合の量刑の現実が直面している矛盾がある。こうした矛盾という形で日本の法制度が直面している課題を示すことができれば、本章における**第3ス**

---

24)　東京高判平成30・5・11 LEX/DB25561085。
25)　札幌高判平成30・5・31 LEX/DB25560718。
26)　治療的司法研究会編『治療的司法の実践』（第一法規、2018年）133-135、138頁参照。

テップはクリアされたことになる。

8.　ここまでのまとめ

　それでは、本章で踏んでもらいたい三つのステップを確認する。

　第1ステップは、設問に関する日本の法律・制度の運用実態について調べることができるようになること。本章の設問に引き付けると、例えば、『犯罪白書』などの統計を用いて、窃盗罪の量刑の傾向を調べることができるようになること。

　第2ステップは、設問に関する日本の法律・制度の運用実態を的確に分析し、適切に評価できるようになること。本章の場合、刑法の目的に照らして、高齢の女性窃盗犯に実刑を科すことが必ずしも妥当なものではないと評価できるようになることがその一つである。

　第3ステップは、設問に関する日本の法律・制度の運用実態に関する適切な評価に基づき、その法律・制度の課題を文章にして示すことができるようになること。本章の設問において、刑法の目的に照らして必ずしも妥当でない実刑を避けるためにXに再度の執行猶予を付けようとしても、実務上は極めて困難であるところに、日本の刑法が直面している矛盾があることを示せるようになることがそれである。

●さらに考えるための展開パート〰〰〰〰〰〰〰〰〰〰〰〰〰〰〰〰〰〰〰〰〰〰〰〰〰〰〰〰〰

9.　現場に行って実態に迫る

　本章では、もっぱら統計を用いて、高齢の窃盗犯処罰の実態に迫った。しかし、処罰の実態に迫る方法は統計を用いることには限られない（統計によらずに実態に迫る方法については、コラム①参照）。

　例えば、刑事施設に参観を願い出て、施設長から許可をもらい、参観することで、高齢受刑者が刑事施設の中でどのように受刑しているのかを目の当たりにすることも、一つの方法である（施設参観の意義については資料編⑦参照）。

　本章の設問の X は起訴されてしまえば、実刑となるほかないのが実務運用
であるならば、その起訴を控えさせる取組み、あるいは、裁判を通して、X が
直面している窃盗を繰り返さざるを得ないという問題を解決していく新たな制
度を導入する取組みがなされる必要もある。現に前者については、入口支援と
いう呼び名で実務に定着しつつあり[27]、その実現に向けて様々な福祉施設など
と連携を模索する弁護人もいらっしゃる（弁護人の役割については、コラム②参
照）。そうした弁護人を務める弁護士をお訪ねして、お話をお伺いに行くこと
を通しても、日本の高齢者犯罪問題の現実を知ることができる。ぜひ、ゼミの
教員を通すなどして、弁護士事務所を訪問し、現場のお話を拝聴させていただ
くことも、実態を把握する重要な手段の一つである。

10.　社会に関わる当事者として問題を考える

　ただ、このような方法で、実態を知るだけでいいのだろうか？
　私たちは、今の社会を生きている。今まで知らなかった法律や制度が生み出
す問題を、様々な方法を通して知ってしまったとすれば、熊本大学法学部生と
してその問題を他人事として放置してよいはずはない。本章で取り上げた、高
齢者の窃盗犯の処罰をめぐる問題についても、法を学ぶ皆さんには、当事者と
して関わるという意識を持ってもらいたい。

応用問題
・いわゆる入口支援や治療的司法には、日本国憲法に照らして、どのような意
義と問題があるのかについて論じなさい。

---

27)　入口支援とその問題点については、池原毅和「再犯防止と弁護人の役割」法律時報89巻 4 号
　　（2017年）42頁以下参照。

第 9 章

法律・制度の歴史に基づいて考えてみよう！

設問

　大日本帝国憲法を改正した日本国憲法であるが、再び、日本国憲法を改正し、例えば、天皇主権としたり、爵位を復活させたり、仇討ち制度とするなど日本の伝統的で文化的な法制度を復活させる憲法改正は可能なのであろうか？

◆**本章のステップ**
●**第 1 ステップ**
・設問に関する日本の法律・制度の歴史的背景について調べることができるようになる。

●**第 2 ステップ**
・設問に関する日本の法律・制度の歴史的背景について思考をたどることができるようになる。

●**第 3 ステップ**
・設問に関する日本の法律・制度の歴史的背景について整理し的確に示すことができるようになる。

1.　設問に関する日本の法律・制度の歴史的背景について

　本章では、法的思考の実践において、法律や制度の歴史的背景を調べることが問題解決の糸口となることを理解してもらいたいと考えている。その上で、条文を解釈する際に発生する歴史的な制約について、それを分析できるようになることを最終的な目標としたい。

　今回の設問は憲法改正に関する問いである。関連して古い制度を調べるのも面白かろう。早速、設問に従い実践してみよう。さて、種々の制度も気になるが憲法改正に注目し、日本国憲法に形式的に定められている改正制度について検討する。既に確認したように、まずは条文の確認から始まる。

　憲法は前文で、国民主権と個人の尊厳を「人類普遍の原理」とし、「これに反する一切の憲法、法令及び詔勅を排除する」と宣言し、その上で改正手続（憲法96条）を定めている。となれば、憲法の原理に反するような改正手続を行うことははたして可能なのであろうかという疑問が浮かぶ。そこで、憲法改正の限界を探ろう。

2.　設問に関する日本の法律・制度を確認する

(1)　日本国憲法の改正

　日本の最高法規である憲法は、その98条1項で「この憲法は、国の最高法規であつて、その条規に反する法律、命令、詔勅及び国務に関するその他の行為の全部又は一部は、その効力を有しない」と定め、憲法に反する手続は当然に無効となることを強調している。

　憲法は、最高法規としての確固たる地位にあり、憲法を逸脱する一切の公権力の行使を拘束する立憲的意味の憲法となるわけであるから、憲法を制定する権限（憲法制定権力）を国民が手にしていると宣言した日本国憲法が硬性であることは確かである。とはいえ、公権力を縛る立憲体制は、一切の憲法改正を拒絶するという性格をもつものではない。

　憲法は96条において、「この憲法の改正は、各議院の総議員の三分の二以上
の賛成で、国会が、これを発議し、国民に提案してその承認を経なければなら
ない。この承認には、特別の国民投票又は国会の定める選挙の際行はれる投票
において、その過半数の賛成を必要とする」と、憲法改正が行われることを想
定している。つまり、適正な手続によれば、憲法の文言を書き換えることは可
能なのである[1]。

　96条に「この憲法の改正」とあるのは現行憲法の改正を意味する。「改正」
の語には形式における二つの側面が含まれている。一つは全部改正であり、も
う一つは部分改正である。

　全部改正は、現行法典をはじめから全部書き換えるという体裁をとる。いわ
ゆる新憲法の制定といった場面が全部改正の例となる。一部改正は、条項の特
定の個所またはいくつかの条項を同時に変えるといった体裁をとる。また、一
部改正によく似た増補という体裁もある。これは、改正した旧条文を削るとい
う体裁をとらないという点で一部改正と区別され、いわゆる修正条項の追加
が、一部改正の増補となる。とはいえ、いずれも形式上の区別であり、本条に
いう改正はこのどちらの方式によることも自由と解される。

(2)　憲法改正の限界

　憲法改正の限界を論じる際に、全部改正と一部改正の形式上の区別を強調
し、現行憲法の全部を書き換えることは改正の限界を超え許されないとの見解
がある。しかし、憲法改正権に限界があるとする説（通説的見解）をとれば、
そうした限界は全部改正だろうと、一部改正だろうと同じように問題となる。
むしろ、いったい、何を限界と位置付けているのか？　実質的な意味での限界
があるとして、改正してはならない憲法の基本原則とは何であるのかを丁寧に
検討することが限界を探る上で重要となってくると言える。

---

1)　芦部信喜＝高橋和之補訂『憲法〔第 7 版〕』（岩波書店、2019年）404頁。

3. 歴史をたどり問題解決の糸口を探す

(1) 歴史に学ぶ

　論理的に考えれば、改正制度を定めた憲法（前文、98条）の枠組みにおいてのみ、その改正手続が実現するわけであるから、その手続が憲法に定められた範囲に留められるべきものとなることは明らかである。そして、手続に則り改正を行ったとしても、その対象となる憲法が掲げている三大原則（国民主権・平和主義・基本的人権の尊重）を後退させるといった改正が示されたとしても、そのような改正条項は無効とされるべきものとして排除の対象となるであろう。そのように考えれば、そもそも、人類普遍の原理に反する改正は存在し得るのであろうかという疑問さえ浮かぶのである。現行憲法の前文を素直に読めば、憲法改正における限界は人類普遍の原理（国民主権・平和主義・基本的人権の尊重）となり、限界の有無を争う余地はなく、議論することに意義を見出しにくいと感じられるほどである。「限界はある」で論争は終わる。確かにそのように思われる。しかし、だからこそ、歴史をたどる必要があるのである。

(2) 日本国憲法の位置付け

　憲法改正に限界があるのか否か、あったとして、限界を超えた憲法は無効となるのか？　この点に関し、日本国憲法がどのように誕生したのかを確認し、憲法改正論議についての検討を試みよう。その上で、なぜ？　限界の有無を論じる必要があったのかを探る。

　日本国憲法は、新日本建設の礎が日本国民の総意に基づき定まった昭和21(1946) 年11月3日、大日本帝国憲法73条による帝国議会の議決を経た帝国憲法の改正が裁可され、新憲法として誕生した（憲法上論）。それは、大日本帝国憲法（明治憲法）の全部改正による新憲法の制定であった。ところで、立憲体制を掲げた最初の成文憲法であった明治憲法は発布の勅語にもあったように「不磨の大典」とされ、その制憲者（主権者）が、いかに強力な実権を握ろうとも最高法規である憲法は軽々しく改正できるものではないと論じられていた[2]。そのように位置付けられていた明治憲法の全部を、形式的にも実質的に

も改正した新憲法が現在の日本国憲法なのである。

(3)　大日本帝国憲法の位置付け

　明治憲法は、皇宗である明治大帝が定めた欽定憲法であり、長い年月をかけ受け継がれてきた皇祖皇宗の遺訓、天孫降臨の神話における天照大神の大詔（神勅）に基づくもので[3]、この神話を根拠に告文や上諭（明治憲法発布の勅語）の「国家統治ノ大権ハ朕カ之ヲ祖宗ニ承ケテ之ヲ子孫ニ伝フル所ナリ」とする条文や、「大日本帝国ハ万世一系ノ天皇之ヲ統治ス」（1条）、「天皇ハ国ノ元首ニシテ統治権ヲ総攬シ……」（4条）とする条文を定めていた。

　神勅を表した条文が、国の行く末を最終的に決定する最高意思決定権としての主権が天皇に存すること基礎付けていた。これにより、統治権の総攬者である天皇の地位は天壌無窮とされ、「天皇ハ神聖ニシテ侵スヘカラス」（3条）と天皇無答責を定めた規定も天皇が神聖なる現人神（現御神）であることを述べた規定であるという理解を導くほどであった。

　このような明治憲法に対する神勅主義的憲法理解は、当時の解説書などを手にすることで確認することができる[4]。近年、多くの書籍が復刻されているので図書館などで調べてほしい。便利なツールとしては帝国議会の会議録や憲政資料が閲覧できる国立国会図書館の電子資料をお勧めする（第7章・第10章参照）[5]。

2）　伊藤博文＝宮沢俊義校註『憲法義解』（岩波書店、2019年）145頁。明治憲法の解説書である『帝国憲法義解』において、伊藤は憲法改正を定めた明治憲法73条について、「以て不磨の大典となす所なり。故に憲法は紛更を容さず。……故に国体の大綱は萬世に亘り永遠恒久にして移動すべからずといえども、……将来に向けてこの憲法の条項を改定する事あるを禁ぜず」と、むやみに改正を掲げ社会をかき乱すことは許されず、国体を変更しない限りは、条項の改正の余地があることを示しており、改正における限界が存在することを示していた。

3）　神勅とは日本神話に出てくる神の言葉（勅・みことのり）のことである。それは、天照大神の孫であり天忍穂耳尊の子である瓊瓊杵尊が高天原から日向国の高千穂峰に降りたときに八咫鏡とともに授けられた言葉のことで、『日本書紀』第二巻の一節には、「豊葦原の千五百秋の瑞穂の国は、是れ吾が子孫の皇たるべき地なり。宜しく爾皇孫就きて治せ。行矣。宝祚の隆えまさむこと、当に天壌と窮りなかるべし」とある。この天照大神が授けたとされるみことのりが神勅である。

4）　例えば、金森徳次郎『帝国憲法要綱』（巌松堂書店、1928年）、美濃部達吉『憲法撮要〔改訂5版〕』（有斐閣、1935年）、上杉慎吉『帝国憲法逐条講義』（日本評論社、1943年）などの解説書を手に入れれば当時の解釈を確認することができる。

4.　古い文献から、同時代の感覚を探れるようになろう！

(1)　「不磨の大典」と国民主権

　日本国憲法は、その第1条で国民主権を宣言し、天皇の地位の根拠が神勅から主権者である国民の総意に転換したことと、立憲主義的憲法（立憲的意味の憲法）に基づく、自由なる国民主権国家が誕生したことを宣言している。これは、「不磨の大典（明治憲法）」に掲げられていた基本原理（「天皇主権国体」）と衝突する法原理に立つことを意味していた。

　神代の時代から続く現人神を奉じ戴くという神話を国家存立の礎とすることはできなくなるのである。この革命と呼ぶべき政治的大転換を引き起こした近代憲法の基本原理が国民主権であった。

　明治憲法の改正手続の結果、国民主権を掲げる日本国憲法が誕生し、革命的な価値の転換の下に建設された現在の日本の下で、明治憲法が掲げていた「国体」が変更したことは明らかであった。さて、事実上の「国体」の変更について、それまで、本土決戦・一億総玉砕に至るまでと大東亜戦争を主導してきた政府としては、結果として全面降伏を受け入れ、新憲法の制定を実現しなければならなくなった局面において、終戦の勅語で天皇が宣言した「国体」の護持という物語と、全く新しい国家原理に基づく新憲法との整合性の物語（史的連続性）をいかにして紡ぐのかという大きな課題に直面していた[6]。

(2)　「国体」という観念

　明治憲法時代の政治的価値大系を理解する上で、最も重要な位置を占めてい

---

　5)　文献検索について、第10章を参照、とりわけ、国立国会図書館はインターネットを利用して帝国議会の議事録を検索するシステムや古い文献を電子化したデジタルコレクションや電子展示会など便利な機能が充実している。例えば、電子展示会「日本国憲法の誕生」などが導入には便利である。

　6)　1945年8月15日正午、日本政府は、ポツダム宣言の受諾と降伏決定を国民に発表（玉音放送）した。これが、昭和天皇による終戦の詔書（大東亜戦争終結ノ詔書、戦争終結ニ関スル詔書）である。その際に、天皇が「……朕ハ時運ノ趨ク所堪ヘ難キヲ堪ヘ忍ヒ難キヲ忍ヒ以テ萬世ノ爲ニ太平ヲ開カムト欲ス　朕ハ茲ニ國體ヲ護持シ得テ忠良ナル爾臣民ノ赤誠ニ信倚シ……」と述べ「国体を護持し得た」との言葉を残している。無答責とされてきた現人神が発したこの一言が、人間宣言が発せられたその後も強く影響し、国体論争へと発展するのである。

る価値観がある。それが、先にも触れた「国体」という観念である。天皇主権から国民主権へと改正された日本国憲法が誕生したとき、「国体」が変更したのか否かが激しい議論の的となった。これは、新しく改正された日本国憲法が、改正の限界を超えたものとなるのか否か、もし、超えたのであれば、その改正は無効とすべきではないのか否か、という問いを含んでいた。

　まず「国体」という観念についてであるが、明治憲法時代の国法学・憲法学者（穂積八束・上杉慎吉）らは、神代の時代から続く皇祖皇宗の遺訓を明徴することにより天照大神の子孫である現人神を戴き、臣民の翼賛により皇国をお支えするという神話こそが「国体」であり、その「国体」を明徴するものが明治憲法であったと論じていた[7]。そして、外国法との比較において、主権の所在によって明らかとなる国家体制の区別を「国体」と呼び、主権の行使の態様によって明らかとなる国家体制の区別を「政体」と呼び講学上の分類を行っていた。当時の通説に従えば、「国体」は、主権が君主にあるのか国民にあるのかによって、君主国体と共和国体に区別され、「政体」は、主権が権力分立によって行使されるのか、独占的・集中的に行使されるのかによって立憲政体と専制政体に区別されるとされていた。この分類に基づき、国家の本質は主権の所在にあると主張し、「政体」が変更することは法律上許容されるかもしれないが、主権の所在、すなわち「国体」が変更することは何があっても決して許されないとの説が強調されていた。天皇主権原理を支える神勅の天壌無窮性を絶対の法理論と位置付けていたのである[8]。

(3)　「国体」の変更と憲法改正限界

　明治憲法の下では、臣民の翼賛は当然の義務とされ（明治憲法19条、20条、21条）[9]、神代より続く理想の帝国を実現するために立憲政体が天皇大権によって組織されたとし（明治憲法１条）、そして、日本の歴史をたどることで見えて

---

7)　大日本帝国憲法　告文「皇朕レ謹ミ畏ミ　皇祖　皇宗ノ神霊ニ誥ケ白サク皇朕レ天壌無窮ノ宏謨ニ循ヒ惟神ノ宝祚ヲ承継シ旧図ヲ保持シテ敢テ失墜スルコト無シ顧ミルニ世局ノ進運ニ膺リ人文ノ発達ニ随ヒ宜ク　皇祖　皇宗ノ遺訓ヲ明徴ニシ典憲ヲ成立シ条章ヲ昭示シ内ハ以テ子孫ノ率由スル所ト為シ外ハ以テ臣民翼賛ノ道ヲ広メ永遠ニ遵行セシメ益々国家ノ丕基ヲ鞏固ニシ八州民生ノ慶福ヲ増進スヘシ茲ニ皇室典範及憲法ヲ制定ス……」
8)　上杉慎吉『憲法読本〔第16版〕』（日本評論社、1940年）22頁。上杉・前掲注（4）書参照。

くる国家が実現すべき理想とは「萬世一系の天皇を仰ぐこと」と考えられていた[10]。そして、立憲君主制に基づき、ときの天皇によってでも決して揺らぐことのない神勅を受け継ぎ子々孫々へと皇国をつないでゆくことが、「国体」護持の思想と密接に結び付いていたのである[11]。

　さて、明治憲法を改正し、日本国憲法が誕生したことにより、主権の所在は天皇から国民へと変更した。この明らかな「国体」の変更によって浮上した議論が、憲法改正における限界論争であった。

　すなわち、「国体」の変更を意味する国民主権を掲げた改正憲法は、改正の限界を超えた無効となる憲法であるのではという主張がなされたのである。この現行憲法を無効と主張する当時の観点（国体思想）は、実は現代における憲法改正論議にも通じているのである[12]。また、「押付け憲法論」も同様の観点に基づく[13]。この点に知的探求の意義が見えてくる。

　天孫降臨の神勅を原理とする天皇主権に基づく国家体制を「国体」と呼ぶならば、いきさつはどうであれ、新たに宣言することとなった国民主権の原理は、「国体」の変更を意味するもの以外の何ものでもなかった。この点は、改正を論議した国会でも「国体」の変更となるのか、変更したとして限界を逸脱する新憲法は無効となるのではとの議論が繰り返されていた。そのような中、

9）　上杉・前掲注（8）書54頁。「臣民は天皇に対して絶対無制限なる服従の義務を負うことを、その本質とする。……民主国に於いても、国家の一員であると云うことは、即ち主権に絶対無制限に服従することである。然らざれば、国家は多人数の団体として成立せぬ。」と述べ、国の行く末を最終的に決定する主権者の強力な権限を強調するのである。

10）　上杉・前掲注（8）書31頁。「歴史を回顧すれば、……日本国家が、天壌無窮幾千年に亙りて、一国を以て終始一貫し居るは、……日本国家は建国の精神に本づき、……理想国家を実現し得る素質を有するに依るのである。その素質とは、萬世一系の天皇を仰ぐこと即ちこれ。」と述べ、アジア諸国が植民地化されていく中で、唯一、独立を保つことのできた理由を、歴史的な精神性に見出し、それこそを「国体」と呼ぶのである。

11）　白鳥庫吉『昭和天皇の教科書　国史　原本五巻縮写合冊』（勉誠出版、2015年）、この本は、昭和天皇が皇太子時代（1914年から1921年まで）に学んだ東宮御学問の国史の教科書で、神代の神話、神武天皇から明治天皇に至る皇位継承の歴史を記述している。

12）　現代においても日本国憲法を改正すべきとする政治発言は存在している。一般に知られているものとして、自由民主党憲法改正推進本部起草委員会『日本国憲法改正草案Q＆A〔増補版〕』（2013年）があるので紹介する。Q＆Aは、その2頁で、憲法の改正を必要とする根拠について、「現行憲法は、連合国軍の占領下において、同司令部が指示した草案を基に、その了解の範囲において制定されたもので……日本国の主権が制限された中で制定された憲法には、国民の自由な意思が反映されていない」と論じている。https://jimin.jp-east-2.storage.api.nifcloud.com/pdf/pamphlet/kenpou_qa.pdf（2020年10月10日最終閲覧）

政府は、大々的には「国体」の変更を表明せずに、「国体」の語の解釈を拡張的に変更することで、無効性が疑われている新憲法が誕生するという論理的矛盾を回避しようと試みたのである。そして、伝統的理解とは異なる新時代に向けた「国体」の観念を論じ始めるのである。

　すなわち、神代の時代より続く、天皇を頂点とする国家体制（皇室の存在）そのものを「国体」であると拡大的に解釈し、そこから、一般論として、天皇を存置するお国柄や風土といった日本に対する印象（伝統・文化）をも含めて「国体」であると読み替えるのである。そして、天皇を「憧れの的」とする国家体制は存続し得たのだと論じ、「国体」護持のスローガンを国民に発し、新憲法の改正を適正なものと印象づけ国内の安定を図ろうとしたのである。

　なお、明治憲法につき、そもそも「国体」変更を禁じる条項を有していないではないかという不備を指摘し、理論上は憲法が定めた改正手続に則りさえすれば「国体」の変更も不可能ではないとした説（憲法改正無限界論）は早い段階から議論されていた[14]。しかし、新憲法の制定期には、憲法改正に限界がないとする主張は立憲主義的な論理からは導かれないとして、「国体」を護持し得たと論じる意見も、「国体」は変更したと論じる意見も、一様に憲法の改正に

---

13)　憲法の改正当初から語られてきた「押付け憲法無効論」は定期的に論じられている。例えば、日本国憲法の制定過程から諸問題を調査審議する憲法調査会を内閣に設置すると規定した法律、憲法調査会法が公布・施行された1956年には、法学の分野でも「憲法改正是か非か」が広く論じられ、その年の『自由と正義』では、改憲問題の特集が組まれるなど、現行憲法の無効を主張する説なども積極的に論じられた。神川彦松「自主憲法の必要と方向」自由と正義7巻8号（1956年）49頁、井上孚麿「無効・復元・改正」自由と正義7巻8号（1956年）57頁。もっとも、現代においては、「国体」の変更という論理的矛盾に対する最も適切な学説、宮沢俊儀の八月革命説（1945年）が定着しており無効論を主張する余地は乏しい。八月革命説に対する唯一と言える異論は、改正限界がないとする説か、金森徳次郎の憧れの中心としての天皇像を「国体」と読み替えた「国体」護持論しかなく、いずれにせよ現行憲法の無効を主張する余地は論理的にないと言ってよい。この点でも、歴史に学ぶことで、神勅主義に基づく「国体」を観念している場合の政治的発言と、憲法論に基づく発言とが衝突した場合において、主権者における論理的な思考による判断が、現代では強く期待されているということが理解できるであろう。

14)　佐々木惣一「憲法ノ改正」京都法学会雑誌10巻11号（1915年）168-171頁、憲法改正無限界論の最初の論者といわれる佐々木は、世界で初となる登極令に基づく即位の礼と大嘗祭が行われた1915年の記念特集号で、新時代の到来を見据えて明治憲法の改正の可能性について、「指摘セントスル一点トハ何ソヤ、曰ク国体ニ関スル規定ノ不備ナリ、何ヲ不備ト云ウ、曰ク我憲法ニ依レハ法上ニ於テハ国体ヲモ変更シ得ルコトト為レルナリ、（168頁）」と論じ不備の解消の改正を説いた。

は限界があるとの法的立場に立っていた。この点で、いずれも限界論に立ち新
憲法を承認していたことは非常に興味深い[15]。

5.　歴史的な背景を整理し、歴史的制約について分析
できるようになろう！

(1)　国家の誕生と消滅における法的視座の獲得

　憲法改正における限界があるとして、その限界はいかなる実質的な価値に基
づくものであり、それを超える憲法は無効となるのか？　という問いの下、歴
史的背景を確認した。そして、そもそもの改正限界論議が、大日本帝国憲法か
ら日本国憲法へと改正が行われた中で論じられていたことを確認した。そし
て、歴史的事実からいくつかの帰結が導かれた。いつの世も、立憲的憲法には
憲法改正の限界が存在するという厳然たる法理があることと、その限界が何で
あるのかを解釈する必要があることと、限界を超えた改正によって誕生した憲
法が存在するということである。そして、そこには自由のために限界を超えた

---

15)　第90回帝国議会衆議院帝国憲法改正案委員会第9号（1946年7月9日）の議事録において、
　1946年2月、新聞で突如発表されたマッカーサー草案（後掲注）を受け、国民主権を盛り込ん
　だ新憲法案に対し、「国体」の変更を認めるのかとの竹谷源太郎氏の「從來の國民の持つて居
　る感じはどうであつたかと云ふと、多くの學者が申して居つたやうに、天皇が統治權の總攬者
　であると云ふことが日本の國體である、斯様に法律の學生ばかりでなく、殊に戰時中隣組常會
　なり或は小學校等に於ても、それが徹底をされて居つた、斯うした關係から今此の憲法を見
　て、國體が變らないと云ふ政府の答辨を詭辨のやうな感じを持つて居るのであります」との質
　問に対し、国務大臣金森徳次郎は、「過去の歴史、現在の國民意思を中心と致しまして、天皇
　を憧れの中心として心の繋りを持つて結合して居る國家であると云ふことは、私に取つては絶
　對に否定の出來ない觀念でありまして、是が即ち國家の一番根源であらうと思ふ譯でありま
　す、故に私は國體と云ふものは、さう云ふ風に國民諸君が意識して居るのであらう、偶々法律
　學者の自らの智慧負けに依つて誤り傳へたと云ふことが、今日として見れば遺憾である」と答
　弁し、従来の法学的「国体」は誤りとまで述べている。尚、金森が論じる「憧れとしての国体
　論」の淵源は、天皇機関説の美濃部達吉が、神勅天皇制主義に基づく神話による憲法解釈（穂
　積・上杉）に対抗するために展開した実証主義的解釈にある。実証主義に基づく憲法解釈にお
　いて、憲法や他の法律に規定されているわけではない「国体」という用語に法的意義を付与す
　る解釈を導くことを困難と考えた美濃部は、のちに、「国体」とは「国の歴史的成果としての
　国家の理論的特質を意味する」とし「……国民が万世一系の天皇を国家の中心として奉戴し他
　国には類をみないほど尊崇忠誠の念を致し天皇は国民を子のごとくに慈しみたまい君民一致挙
　国なお一家のごとくなることの事実を指す意味……」（美濃部達吉＝宮沢俊義増補『新憲法逐
　条解説［増補版］』〈日本評論社、1956年〉6頁）とし厳密な法律的用語としてではなく「国
　風」「国柄」といった意味で用いるとする論を述べている。ノモスとの関係も考察してほしい。

という理論上の矛盾が存在するのである。

「国体」を変更し改正の限界を突破した日本国憲法が誕生したという理論上の矛盾を適切に論じた学説が宮沢俊義の八月革命説である。

(2) 八月革命説

これは、「国体」の変更を余儀なくさせた国民主権の採用は、全面降伏文書となるポツダム宣言に基づく要求なのであって、それを受託した段階で、一種の法的な革命が発現したと考える点に特徴がある。すなわち、かつて、フランス王政が共和制へと移行したように、長く翼賛の義務を負う存在として絶対服従の関係にあった被支配階級の臣民が、統治権の総覧者である天皇から、国家権力そのものとしての主権を奪い取り、社会組織の根本を急激に改変する現象を引き起こしたと考えるのである。つまり、日本国憲法は、実質的には明治憲法の改正によるものではなく、主権を手にした国民による新たな社会契約として、新たな主権者が制定した新たな民定憲法であると理解するのである。この実質的な断絶性を強調した理解こそ日本国憲法の本質を知る上で重要と説く。したがって、明治憲法73条による改正は便宜上の手続となり、手続上の適正性が確保されていればどのような原理に基づく改正であったとしても問題はなかったということである。歴史をたどることで、新国家建設における法的断絶性と、立憲主義における憲法が誕生すると同時に国家も誕生し、憲法が書き換えられるたびに国家は消滅するという法的理解に到達するのである。そして、日本国憲法は、革命的な経緯をたどれば、改正の限界を超えた新憲法を誕生させることができるという経験をもったのである。それゆえに、現行憲法は、安易な改正を許容すれば実質的な自由国家の消滅もあり得ると強く警戒し、新国家の存続が危ぶまれるような改正を防ぐため、理論上の改正限界を強く求める見解を述べてきたのである。ここに歴史をたどる意義が見出された。

さて、設問に立ち返り限界を探るとすれば、便宜上とはいえ明治憲法の改正を経た点で、一定の連続性が演出された日本国憲法であるが、明治憲法からの「法的連続性」は認められないという原理に注意しなければならない。となれば、議論の糸口も見えてくる。

6.　歴史から読み取る時代感覚と論理的な法思考

(1)　法理論としての「断絶性」と感情論としての懐古主義

　日本国憲法が「法的連続性」を有するものではなく、法的に断絶した存在であったがゆえに明治憲法の枠を超えたとしても、その矛盾は解消されるとの説明（八月革命説）を聞けば、今日の主権者はなるほどと理解を示すであろう。しかし、日本国憲法が誕生して間もないころの人々にとってみれば、昨日まで信じて命を預けていた神話が打ち消されたわけで、それは、あまりにも酷な相談であった。そのような中、法的に断絶した新国家が建設されたとすることを基本とする八月革命説に対する反発は根強く、それを緩和する文脈で登場し、世間の懐古主義に好印象を持って受け入れられた言説が「国体」護持論であり、その先にある「押付け憲法」論であった。

　通俗的とは言わないまでも、一般に広がった「押付け憲法」無効論とは、明治憲法体制の変更は、ポツダム宣言という降伏文書による要請であり、それは結局、占領軍の武力に基づく要請であり、日本の「国体」を支えてきた臣民の真意に反する外圧であったという言説である。確かに、日本は敗北を突き付けられたわけであるから、そういう側面も実際には強かったと思われる[16]。それゆえの終戦の玉音放送であり、元旦の人間宣言であった。だからこそその便宜上の改正手続であった。欽定と民定の中間となる協約憲法とは呼ばないまでも、平和的禅譲による民定憲法の誕生という物語が求められたのである。この点で、天皇を憧れの的とした「国体」護持論は大きな役割を果たした。しかし、実際は「国体」は変更したのであり、その変更を受け入れられない神勅主義者にとってみれば、革命的な禅譲の物語を押し付けることは耐え難い欺瞞と映ったであろう。そのような感情を思えば、今日もなお押し付けられた原理（国民主権・基本的人権の尊重・平和主義）を拒絶しようとする感情が存在することも否定はできない。法理と感情の矛盾が議論を生むのである。

---

　16)　ジョン・ダワー著、三浦陽一＝高杉忠明訳『敗北を抱きしめて（上）』（岩波書店、2001年）28頁。

(2) 「法的断絶」を緩和する国体護持論

　新憲法制定過程において国務大臣金森徳次郎が主張したように、国民主権を国家の礎としたことによる「国体」の変更に対し、「国体」護持という言説を貫くためには、「国体」観念の拡大的理解しか道はなかった。それは、日本の朝廷史を強調する中で立ち上がる、伝統・文化・風土・お国柄を想起させる天皇を憧れ中心に戴く臣民の忠義に基づく精神性であった。そして、国民となって主権を手にし、新憲法を制定した新たな主権者・国民の心の中にも「国体」という精神性は引き継がれていくという美談による説得であった[17]。

　学問的な「法的断絶」を説くよりも、感情に響く「国体」護持論は、実際に誕生した新憲法とともに当時の国民に受け入れられることとなり、その影響は今日にも及んでいる[18]。

(3) ポツダム宣言と「国体」の変更

　「国体」の変更を余儀なくさせた要因の一つにポツダム宣言の存在がある。ポツダム宣言とは、昭和20（1945）年7月26日にアメリカ合衆国大統領、イギ

---

17) 高柳賢三＝大友一郎＝田中英夫編著『日本国憲法制定の過程Ⅰ　原文と翻訳』（有斐閣、1972年）参照。同書「序にかえて」x頁では、「押し付け憲法」論争の発端が占領軍主導での全面改正で純粋な国民の総意とは言い難いとする論理的な論争ではなく、当時の感情によるところが大きかったと指摘されており、具体的には、1954年7月7日の自由党の憲法調査会で国務大臣松本烝治が、いわゆる松本案が否定されマッカーサー案が出された1946年2月13日を振り返り、この案を日本が呑まなければ天皇が戦争裁判にかけられてしまうと感じた旨が述べられたことに起因する。そして、それをミシガン大学政治学教授ロバート・ウォード博士が、米ソ冷戦の最中に、米に有利となるよう日本を改造するために行われた新憲法制定に向けた交渉は「脅迫（threat）」的であったと批判的に論じた論文を「American Political Science Review」に掲載し、マッカーサーら当時の司令部を批判したことがニュースに流れたことが大きく影響したとされる。Robert E. Ward, The Origins of the Present Japanese Constitution, 50（4）Am Polit Sci Rev, 980, at, 999 (1956). 当然、当事者からは事実無根との反論がなされ、その場に同席した吉田も1957年の回想録で、徹頭徹尾「強圧的」もしくは「強制的」というものではなかったと「押付け」論を完全に否定している。吉田茂『回想十年　第2巻』（新潮社、1957年）49頁。

18) 相原良一「現行憲法の効力について」公法研究16号（1957年）25頁において、八月革命説の革命民定憲法との説明が史実とは相いれないと批判し、改正限界を超えた無効の憲法とし、占領期の「押付け憲法」を無効と解する議論が展開されている。全面降伏の後の占領期に、連合軍によって大日本帝国憲法の改正限界を超えた国民主権を押し付けた結果、改正を経て制定された日本国憲法は、その内容（「国体」の変更）に鑑み「無効」とすべきで、大日本帝国憲法を「復活」させ、大日本帝国憲法の原理に従った73条改正をやり直し、ひいては日本国憲法の全部改正を要求する論が主張されている。

リス首相、中華民国主席蒋介石の名において、大日本帝国に対して発された「全日本軍の無条件降伏」を求めた全13か条からなる宣言のことである[19]。正式には「日本への降伏要求の最終宣言（Proclamation Defining Terms for Japanese Surrender)」というもので、英語の原文、当時の外務省の翻訳を確認することができる。ここでは外務省訳をもとにした筆者の現代語訳を参考までに示している。具体的な史料を目にしたからこそ気付く制定に向けた歴史的制約の一端をとらえてほしい。

1945年7月26日

米、英、支三国宣言　　　　　　　　（1945年7月26日「ポツダム」に於いて）

　1　我ら、合衆国大統領、中華民国政府主席およびイギリス総理大臣は、我らの数億人の人民を代表して協議した結果、日本国に対して、今回の戦争を終結させる、その機会を与えるということで意見の一致をみた。

　2　合衆国、英帝国および中華民国の並はずれた陸・海・空軍は、西方からの陸軍と空軍による数倍の増強を受け、日本国に対して最終的な打撃を加える態勢を整えた。この軍事力は日本国が抵抗を終止するまで、同国に対して戦争を遂行する一切の連合国の決意によって支持され、かつ、鼓舞されているものである。

　3　決意を固めて立ち上がった（決起した）世界の自由なる人民の力に対するドイツの無益で無意義な抵抗の結果は、日本の国民に対する先例を極めて明白に示している。現在、日本国に対して結集しつつある力は、抵抗するナチスに対し適用された場合における、全ドイツ国人民の土地、産業および、生活様式を必然的に荒廃させた力に比べ、計り知れないほどにさらに強大なものになる。我らの決意に支持される我らの軍事力を最高度に使用するということは、日本国の軍隊（皇軍）の不可避かつ完全な壊滅

---

19)　1945年7月26日のポツダム宣言を受け日本政府は翌7月27日に、宣言の存在を論評なしに公表した。翌28日の新聞報道では、読売新聞に「笑止、対日降伏条件」とする見出し、毎日新聞では「笑止！　米英蔣共同宣言、自惚れを撃破せん、聖戦飽くまで完遂」との見出しなど新聞社による論評が加えられた。陸軍からは政府が宣言を無視することを公式に表明するべきであるという強硬な要求が行われたことから、同日、首相鈴木貫太郎は記者会見で「共同声明はカイロ会談の焼直しと思う、政府としては重大な価値あるものとは認めず『黙殺』し断固戦争完遂に邁進する」（毎日新聞1945年7月29日）との声明を発表した。

を意味するのである。それは同様に、必然的に日本という祖国の完全なる破滅を意味するのである。

（※昭和20〈1945〉年7月16日アメリカで初の原爆実験が成功、実用実験段階に入る。）

　4　無分別な打算によって日本帝国を滅亡の淵に陥れた、わがままな軍国主義的な助言者達によって、引き続き日本国が統制されるべきか、あるいは理性の道を日本国が進むべきかを日本国が決定すべき時が到来した。

　5　我らの条件を左（以下）に述べる。我らが右（上述）条件から離脱することは絶対にない。これに変わる条件は存在せず、我らはその遅延を認めない。

　6　我らは、無責任な軍国主義が、世界から駆逐されるまでは、平和・安全および正義の新秩序が生じることはないと主張する。従って、日本国国民を欺き騙して（欺瞞）、世界征服の暴挙に出る過ちを犯させた者達の権力と勢力は永久に除去されなければならない。（※原文は、There must be eliminated で外務省訳だと「永久ニ除去セラレサルヘカラス」。）

　7　右（上述）のような新秩序が建設され、かつ、日本国の戦争遂行能力が破壊・解体されたことの確証が得られるまでは、連合国の指定する日本国領内の諸地域は、我ら（連合国）の指示する基本的な目的の達成を確保するために占領されるべきだと宣言する。

　8　カイロ宣言（第二次世界大戦中の1943年に開かれたカイロ会談を経て示された宣言で、日本の侵略を非難し、日清戦争の結果に手に入れた満州地方・台湾地方などの領地を返還せよとする内容などが宣言されていた）の条項は履行されるべきで、また、日本国の主権は、本州、北海道、九州および四国と、我らの決定した島々に限定されるべきである。

　9　日本国の軍隊は完全に武装を解除された後、各自の家庭に復帰し平和的かつ生産的な生活を営む機会を与えるべきだと考えている。

　10　我らは日本人を民族として奴隷化しようとしたり、また、国民として滅亡させようとしたりする意図を有しているわけではない。しかし、我らの捕虜を虐待した者達を含む一切の戦争犯罪人に対しては厳重な処罰を加えるつもりである。

　日本国政府は、日本国の国民の間における民主主義的傾向の復活強化に

対する一切の障害を除去しなければならない。言論、宗教、思想の自由ならびに基本的人権の尊重は確立されなければならない。

11 日本国は、その経済を維持し、かつ公正な損害賠償の取り立てを可能にする上で必要となる産業を維持することは許される。ただし、日本国に、戦争のための再軍備をさせるような産業の維持はこの限りではない。この目的のための原料の入手（原料の支配は含まない）は許可される。日本国は将来世界の貿易関係への参加を許されている。

12 上記の諸目的が達成され、かつ、日本国の国民が自由に表明した意思によって、平和的な傾向を有し、かつ、責任ある政府が樹立された場合には、連合国の占領軍はただちに日本国より撤収することとする。

13 我らは日本国の政府が、ただちに日本国の軍隊（皇軍）の無条件降伏を宣言し、かつ、行動における政府の誠意によって適正かつ十分な損害賠償の責任を負う保証を提供することを日本の政府に対して要求する。右（上記）以外の選択を日本国がした場合には、迅速かつ完全なる壊滅があるだけである。

(4) 終戦の詔書から憲法制定に向けて、衝撃のマッカーサー三原則

昭和20（1945）年8月6日の広島、8月9日の長崎に対する原子力爆弾の投下を受け、8月14日に御前会議が開かれ、宣言受諾が決定され、同日付で終戦の詔勅が発せられた。8月15日正午、日本政府は宣言の受諾と降伏決定を国民に発表（玉音放送）した[20]。玉音放送はラジオで行われ、天皇が詔書を述べた

20) 昭和天皇による終戦の詔書（大東亜戦争終結ノ詔書、戦争終結ニ関スル詔書）には、「……朕が陸海将兵の勇戦、朕が百僚有司の励精、朕が一億衆庶の奉公、おのおの最善を尽せるにかかわらず戦局必ずしも好転せず。世界の大勢また我に利あらず。これにくわえ、敵は新に残虐なる爆弾を使用し、しきりに無こを殺傷し、惨害の及ぶ所、まことに測るべからざるに至る。而も尚、交戦を継続せむか、終に我が民族の滅亡を招来するのみならず、延て人類の文明をも破却すべし。斯くの如くむば、朕何を以てか億兆の赤子を保し、皇祖皇宗の神霊に謝せむや。是れ朕が帝国政府をして共同宣言に応ぜしむるに至れる所以なり……然れども朕は時運のおもむくところ、堪へ難きを堪え、忍び難きを忍び、以て万世の為に太平を開かむと欲す。朕は茲に国体を護持し得て、忠良なる爾臣民の赤誠に信倚し、常に爾臣民と共に在り。……宜しく挙国一家子孫相伝へ、かたく神州の不滅を信じ、任重くして道遠きをおもい、総力を将来の建設に傾け、道義を篤くし、志操をかたくし、誓って国体の精華を発揚し、世界の進運に後れざらむことを期すべし。爾臣民其れ克く朕が意を体せよ」とある（ここでは、読みやすくするために筆者が原文に句読点を加え、旧字を常用漢字とひらがなに変換した現代語訳を示している）。

後に、アナウンサーがアメリカの原爆投下と、ソ連の参戦を非難し、難解な言い回しによる天皇の詔書の解説を行った。解説では、大要、次のように述べられていた[21]。

「大御心に副い奉る事もなし得ず、自ら鉾を納むるの止む無きに至らしめた民草を御叱りもあらせられず、かえって、『朕の一身は如何にあろうとも、これ以上国民が戦火に斃れるのを見るのは忍びない』と宣われ、国民への大慈大愛を垂れさせ給う大御心の有難さ、かたじけなさに、誰か自己の不忠を省みないものがありましょうか。……事ここに至った以上、挙国一致、相倶に神州の不滅を信じ、将来の建設と言う任重くして道遠きこの重大使命のため総力を振って邁進し、誓って国体の精華を発揚し、世界の進運に後れざらんことを期せよと、深く今後の国民を御激励遊ばされたのでございます。」

　詔書の玉音と、その解説が終わると、次は、ポツダム宣言についての解説が行われた。宣言の受託により、日本政府は、戦争犯罪の問題を追及することが義務付けられ、国民相互による民主主義的傾向の復活強化（第10項）と、責任ある新政府の樹立（第 7 項、12項）が義務付けられた。しかし、このいずれもが、「国体」の変更を余儀なくするものであったことは明らかであった。「終戦の詔書」に「朕は茲に国体を護持し得て」と謳っていただけに、終戦直後は、明治憲法の改正（国体変更）を伴わない新体制が構想されていた。

　当初は、明治憲法の一部を改正するだけで、十分、民主主義的傾向を復活し得ると論じ、わずかな改正で、ポツダム宣言の精神を実現していくことが可能だとの見解（美濃部・宮沢・佐々木など）が示されていた。しかし、真に自由主義を実現し得る民主国家を建設するためには、新憲法の制定が必要であるとして示された原則がマッカーサー三原則である。正式な名称は、「最高司令官から憲法改正の『必須要件』として示された 3 つの基本的な点」で、大要は、1 が、天皇制度（世襲制）の存続と憲法に基づく権能制限、国民意思を憲法に示しそれに応えるものとすること、2 が、国権の発動たる戦争の放棄、さらに防衛戦争の放棄、陸海空軍をもつ機能の放棄、そして交戦権を放棄すること、3 が、封建制度の廃止と、貴族制の解体、イギリス型財政の導入となっていた。これらの枠組みの中で新憲法の制定が進められた。

21）　竹山昭子『玉音放送』（晩聲社、1989年）128頁。

　さて、さらなる史料を求め歴史探訪を楽しみたいところではあるが、ここまでで確認した重要な点について整理する。すなわち、憲法の基本原理とされる改正の限界についてである。しかし、それは、限界を超える改正憲法を制定することが理論上可能となるという経験を含むのである。

　日本国憲法が明治憲法の掲げた価値基準を完全に否定したように、憲法を改正する場合には、一部であれ全部であれ限界を超えた改正が行われる可能性があるということである。そして、改正の結果、限界を超えた無効と呼ぶべき内容が文言化されたとしても、論理的な説明がつけば有効に機能し得るということである。また、今日の憲法が、そうであったように新たな価値が時間の経過とともに国民に受領されることにより、名実ともに現実の憲法として承認されるのである[22]。したがって、過去と同じ現象が、将来において起きないとは限らないとの推論が立てられるのである。つまり、現行の国民投票法を通じて[23]、現在憲法の基本原理（国民主権、基本的人権の尊重、平和主義、自由主義、平等主義など）を減退させる改正を行うこともあり得るということなのである。ここに、歴史をたどることにより「あり得ないとは言い切れない」将来を予見することが可能となったのである。それでは、日本国憲法の改正限界を検討し、それを超えた改正案について想像してみよう。

7.　ここまでのまとめ

(1)　3ステップの再確認
　それでは、本章の3ステップを確認する。

●**第1ステップ**

　設問に関する日本の法律・制度の歴史的背景について調べることができるようになる。ここでは、まず、関連する条文を確認し、それに関する国会の議事録や解説書を探し出し、手に入れることができるようになる文献収集技術が必要となる（文献収集は資料編③を参照）。

---

22)　吉田・前掲注(17)書51頁。

23)　憲法改正国民投票法103条参照。公務員等および教育者である立場を利用した投票運動は禁止されている。この教育者の中には、大学の教員も含まれている。したがって、講義などでの解説を大学教員が行う際には細心の注意が必要となるであろう。

●**第2ステップ**

　設問に関する日本の法律・制度の歴史的背景について思考をたどることができるようになる。ここでは、収集した文献を考察し、当時の歴史的背景から、社会的・文化的諸条件を読み解く技術が求められる。この場合、歴史資料を単に文法書のように読むのではなく、自身の生活と不可分となる現実に引き付け歴史の中での意味を問い、それを知っていくことで、現実政治における民主的過程に積極的に参加するという実践的な読みが期待される[24]。

●**第3ステップ**

　設問に関する日本の法律・制度の歴史的背景について整理し的確に示すことができるようになる。資料を整理し、根拠となる資料を的確に示すことが求められる。証拠をそろえる作業である。特に、歴史的背景から推論を組み立て、論理的な帰結を得るという手順では、その帰結を補強する資料の提示が求められる。歴史をたどる場合には、決定的な証拠の発見は難しい、しかし、情況証拠であっても収集することで見えてくるものは大きいと言える。

(2)　さらに考えるための発展問題

　憲法改正における限界が存在するとして絶対に改正できないと考えられる基本原理とは何かを議論せよ。その上で、第9条を改正するとした場合、2項の「戦力」をどのように評価するのか議論せよ。ステップを踏まえて歴史をたどった場合、いかなる憲法上の議論が導かれるのだろうか、資料に基づく検討に挑戦してもらいたい[25]。この問いと関連し、国家や憲法に対する国民の義務を文言化する場合における課題についても検討してほしい。

---

24)　小林直樹『憲法を読む』（岩波新書、1971年）参照。

25)　坂田雅裕編著『政府の憲法解釈』（有斐閣、2013年）、浦田一郎編著『政府の憲法九条解釈』（信山社、2013年）、渡辺治『日本国憲法「改正」史』（日本評論社、1987年）、同編著『憲法改正問題資料　上下』（旬報社、2015年）、佐藤達夫＝佐藤功補訂『日本国憲法成立史（3）（4）』（有斐閣、1994年）、宮内庁編『昭和天皇実録』（東京書籍）の第9巻（2016年）と第10巻（2017年）などが資料として便利である。

╭─── **コラム③** ───────────────────────────╮

西洋法制史について─同性婚の問題を西洋法制史の視点から考えてみる

╰─────────────────────────────────────╯

　西洋法制史は、日本近代法の形成に影響を与えたヨーロッパやアメリカといった西洋における法の歴史を考察することにより、様々な法制度や法理論の歴史的意義を解明しようとする学問である。そこで、このコラムでは、同性婚の問題を西洋法制史の視点から考えてみたい。

　わが国では、同性カップルが婚姻届を役所に提出しても受理されないという現状がある。同性カップルは、わが国の婚姻制度を利用することができない、言い換えるなら、わが国の同性カップルは、国家が法律によって承認する婚姻（法律婚）をすることができない、という状況にある。この状況は、中世以降のヨーロッパにおいては、どうだったのだろうか。

　中世のヨーロッパにおける婚姻は、キリスト教と密接に関わっている。中世ヨーロッパでは、婚姻は、国家が法律によって承認するものではなく、教会がカノン法によって承認するものだった。

　カノン法とは、カトリック教会の法のことを言う（プロテスタントの法をも含む意味では、教会法という語が用いられる）。カトリック教会は、ローマ教皇を頂点とする組織であり、とりわけ12世紀以降、独自の法であるカノン法を整備し、ヨーロッパに網の目のように広がる裁判組織を整えていった。婚姻に関する裁判管轄権は、カノン法を用いる教会裁判所に属することになった。

　それでは、教会がカノン法によって承認する婚姻とは、どのようなものだったのか。この問題を、教会婚姻法が大きく進展し始める12世紀以降に焦点を当てて見てみよう。だが、その前に、教会婚姻法の基礎となったキリスト教的婚姻観を確認しておきたい。

　キリスト教の聖書には、「こういうわけで、男は父母を離れて女と結ばれ、二人は一体となる」（創世記 2：24）、「それゆえ、人は父母を離れてその妻と結ばれ、二人は一体となる。だから、二人はもはや別々ではなく、一体である。従って、神が結び合わせてくださったものを、人は離してはならない」（マタイによる福音書19：5－6）等とある（引用は日本聖書協会『聖書　新共同訳』による）。ここから、一組の男女による婚姻と、婚姻の不解消性とが、導き出されることになった。

　したがって、教会が承認した婚姻とは、一組の男女によるものだった。しからば、その男女は、カノン法上有効な婚姻を成立させるために、どのような要件を満たさねばならなかったのか。わが国では、現在、上述のように婚姻の届出をすることや、婚姻の当事者間に婚姻をする合意（婚姻意思の合致）があること等が、婚姻成立要件とされているが、中世以降のヨーロッパではどうだったのか。以下では、カノン法上の婚姻成立要件を、その全部ではないが重要な要素に注目して、概観したい。

　12世紀中葉以降のヨーロッパでは、婚姻の成立には、当事者の合意で十分だとするパリ学派と、合意に加えて同衾（肉体の結合）も必要だと説くボローニャ学派との間で、論争があった。カノン法の法源の一つとなる『グレゴリウス9世教皇令集』（1234年公布の教皇庁公認の教皇令集）では、詳細は割愛するが、ボローニャ学派の主張が考慮されつつも、パリ学派の見解が採用され、婚姻の当事者間の合意が婚姻成立要件として重視された。その後、トリエント公会議（1540-1563年）で、合意主義が確認されるとともに、司祭および証人の立会いの下での挙式が婚姻成立要件に加えられた。これは、教会での挙式を行わない無方式婚によって生じる問題（内密婚とそれに伴う離婚や重婚等）への対応であったとされる。そして、現行の『カノン法典』（1983年）でも、「婚姻は……当事者の合意によって成立する」とされるとともに、教会での挙式という方式主義が踏襲されている。

　今日から見れば、教会が、中世以来、男への女の引渡しでもなく、親の同意でもなく、当事者の合意を要件として重視してきたことは、注目すべき点かもしれない。しかし、教会が、婚姻を一組の男女に限ってきたという点について言えば、教会はずっと、同性婚を認めてこなかったのである。

　それでは、ヨーロッパにおいて、教会ではなく国家は、同性カップルに婚姻を認めているのか。いや、その問題を考察する前提として、そもそも婚姻は、いつ、なぜ、いかにして、国家が承認するものとなったのか。また、そのようになった国では、国家の婚姻法と教会の婚姻法とが抵触する場合はどうなるのか。残念ながら、紙幅の都合上、それらの問題に答える余裕がなくなってしまった。のみならず、次のような問題についても検討する余裕がない。

　ヨーロッパの婚姻制度は、西洋法の影響を受けた日本の婚姻制度と、どのように関係するのか。現在の日本の憲法や法律は、婚姻についてどのように規定しているのか。国家が承認する婚姻と、そうではない結合とでは、何が違うのか。同性婚を認める法または裁判例をもつ国はあるのか。婚姻という制度ではない別の制度を選択できる国はあるのか。等々。

　以上のような問題については、西洋法制史だけでなく、日本法制史、憲法、民法、外国法、比較法等の様々な法学分野における学びとも連携させて考察してもらえたら幸いである。西洋法制史は、わが国や他の国の現行法を踏まえつつ、他の法学分野とも連携しながら、西洋法の歴史を考察することにより、様々な法制度や法理論の歴史的意義を解明しようとする学問なのである。

《参考文献》
福地陽子「カトリック教婚姻非解消主義の生成と発展」法と政治7巻4号（1956年）444-499頁。
直江眞一「アレクサンデル三世期における婚姻法―1177年6月30日付ファウンテン修道院長およびマギステル・ヴァカリウス宛教令をてがかりとして」法政研究81巻3号（2014年）283-314頁。

第4部
レポートや論文を書けるようになろう！

第10章

従来の学説や判例を整理して位置付ける
ことができるようになろう！

設問
公害問題の一つである騒音について調べてみよう。

◆**本章のステップ**
●**第１ステップ**
・設問に関連する従来の学説や判例、判例評釈などを収集することができるようになる。

●**第２ステップ**
・設問に関連する従来の学説や判例、判例評釈などの概要をまとめることができるようになる。

●**第３ステップ**
・設問に関連する従来の学説や判例、判例評釈などを整理して、どの点で相違や対立があるのかを文章で示すことができるようになる。

1.　法律学のレポートを書くために―騒音問題を素材として

(1)　騒音が問題となる場面

　毎週日曜の午後、自宅の庭でお茶を飲みながら、スピーカーから流れる音楽を楽しむ。疲れた心が癒される、のんびりしたお気に入りの時間である。でもそれは、音楽を聴いて楽しんでいる本人の話。隣人にとってはどうだろう。

　強制的に聞きたくもない音楽を聞かされる。勉強に集中したいのに、音楽がうるさくて気が散ってしまう。さて、迷惑している隣人は、庭で音楽をかけている人に対して音楽を流さないよう強制することは可能だろうか。

　一般的に、自ら所有する家屋の庭で音楽をかけることは犯罪ではない[1]。民法的観点から見ても、所有権に基づく所有物の自由な利用の範囲内であるということができる（所有権絶対の原則）。しかし一方で、毎週末に屋外で音楽をかけるという行為により、周辺住民に迷惑をかけることがあってはならないとも考えられる（民法1条1項公共の福祉）。

　さて、上記のような場合に対し、より広範囲に影響を与える騒音問題も存在する。有名なものとして、大阪国際空港公害訴訟[2]や国道43号線訴訟[3]などがあり、全国的に、空港や米軍基地の航空機の騒音、主要道路の沿道や新幹線の沿線の騒音などが社会問題となっている。これらの問題は、騒音によって健康被害や精神的苦痛を被った周辺住民と、空港や主要道路を利用することで社会

1)　隣人との騒音問題においては、騒音を出す側が無自覚な場合と、隣人への嫌がらせのために自覚的に行うものなど、様々なパターンが存在する。後者の場合は、傷害罪などで逮捕・起訴されることもあり得るが、一般的な範囲での行為であれば犯罪とは評価されない。また、犯罪と目される場合であっても、被害者の権利救済を目的とした不法行為制度と、あくまで罪を犯した者に対して国家が刑罰を科す刑法の適用領域は異なることに注意する必要がある。

2)　最大判昭和56・12・16民集35巻10号1369頁。大阪国際空港での夜間の航空機の離着陸による騒音・振動等によって周辺住民に生じた損害が問題となった事案。なお、本判決も含め、騒音が問題となる公害事件では、そのほかにも排気ガスや悪臭、墜落の危険性等複数の原因による損害が生じており、騒音のみが問題になるわけではないことに注意が必要である。

3)　最判平成7・7・7民集49巻7号1870頁。国道43号線等の一般国道等の道路の周辺住民が、道路を走行する自動車による騒音等により損害を被ったとして国や県道の設置管理者を提訴した事案。

経済が活発化することにより利益が生じる企業や国家、社会全体との利害調整等に関係している。そこで争われる騒音問題は、隣人とのそれよりも、より多くの訴訟当事者や法的論点を含むものである。このように一口に騒音問題と言っても、その規模や状況にはいくつかの違いがある。

(2)　騒音問題の難しさ

では、騒音問題を解決するにはどのような方法があるのか。その一つとして、「他人の行為または他人の物により権利を侵害された者（被害者）が、その他人または他人とかかわりのある人に対して、侵害からの救済を求めることができる制度」[4] である、民法上の不法行為制度を利用する方法が考えられる。

そこで、不法行為の一般原則を定めた民法709条に騒音問題を当てはめてみよう。この場合騒音によって、被害者に身体的・精神的苦痛という損害が生じていることが一般的であり、その損害賠償請求は認められ得る。しかし、単に隣人の流す音楽が不快だといった場合に、具体的な健康被害は生じていないけれども、平穏に生活することができなくなったと主張することは可能か。その場合に侵害された「権利又は法律上保護される利益」とは何だろうか。また、一般不法行為は、既に発生した損害を金銭で補うものであるが、騒音の被害者は、それに加えて今後騒音を出さないという約束が欲しいはずだ。では、そのような請求、すなわち差止請求は認められるのか。

いずれの請求についても、条文の文言からは非常に難しそうである。しかし特に、騒音問題の場合は、一般不法行為が予定している「生じた損害の填補」に加えて、「損害発生の予防」も重要である。この場合、どのように考えると、より被害者救済を実現することが可能か。今回の事案に法律の条文を当てはめられるか、それだけを考えていたのでは問題解決を図ることができない。

(3)　レポートを書くために

上述のように、条文の当てはめのみを検討しても問題が解決できないとき、どうするか。既に学びを進めてきた皆さんであれば自明のことだが、学説・判例を調べ、取り組んでいる問題と同種の問題について深く掘り下げるのであ

---

4 ）　潮見佳男『基本講義債権各論Ⅱ　不法行為法〔第 3 版〕』（新世社、2017年） 1 頁。

る。すなわち、ある特定の法律問題の解決を考えるとき、同種の問題について従来はどのように扱われてきたのか、どのような理由付けでどのような処理が提案されてきたのか、そしてその考え方は今回の問題にも活用することができるのかについて調査・検討を行う。本章の問題であれば、隣人との騒音問題を考えるに当たり、大阪国際空港の事例などを調べて、その議論状況や下された判決を確認する。そうすれば、そこで得られた知見により、隣人との騒音問題に立ち向かうことができると考えられる。

　このように、先行研究を学ぶことで、現在検討している問題の解決方法を探ることができる。このため法律学の学びにおいては、従来の学説や判例を整理して位置付けることが必要だとされる[5]。そこで本章では、第4部の最終到達点であるレポートを書くためのスキルを身につけるため、騒音問題を題材として、学説・判例を調べる手法およびまとめる際の視点について、説明を進める。

2.　従来の学説や判例、判例評釈の収集方法―第1ステップ

(1)　どこから手をつけるか

　本章の第1ステップとして、どのようにして従来の学説や判例、判例評釈を収集するのか、その収集方法を確認する。

　そもそも、学説や判例評釈を収集するためには、これらが掲載されている資料を見つける必要がある。これには大きく分けて、必要な文献の情報が手元にある状態で特定の資料を探す場合と、興味のあるテーマについて全く手探りで資料を探す場合がある。検索方法の詳細な違いについては、資料編③を確認してほしい。

5）　学説や判例を学ぶことは、法源という概念とも強く関係する。法源とは、多義的ではあるものの、「通常は、法の解釈あるいは適用に際して援用できる規範を意味する」とされている。成文法主義を採る日本においては、制定法が第一の法源だということができ、加えて、慣習や判例といった不文法も制定法の解釈運用の場面で利用される。また、学説・条理について法源ととらえるか否かについては議論があるが、学説が事実上裁判に対して影響を与えていることは否定できないとされる。野村豊弘『民事法入門〔第8版〕』（有斐閣、2019年）5-7頁。

(2)　学説の調べ方―法律文献の収集

　学説とは、意見対立の余地があるテーマについて説かれる学問的見解を言う。レポートを書く際には、今回選んだテーマについてこれまでどのように考えられてきたのかという議論状況を確認するために、学説を整理する必要がある。そこで、ある特定の論点について深く掘り下げて著者の見解を記した論文に当たって、その内容を理解しなければならない。

　しかし、最初から専門的な論文を読むことは、そもそも当該テーマについての基礎知識が少ない場合もあり、学部生である皆さんにとって読み進めるのが難しいこともあろう。そのほか、主張されている学説の把握や、学説が掲載されている論文の収集方法など、いろいろな面で手探りの状態かもしれない。

　そこで、まずは、教科書や注釈書[6]を探すところから始めてみよう。例えば今回であれば、騒音問題について不法行為法の視点からアプローチするため、「不法行為 or 不法行為法」といった、かなり広いキーワードで文献検索することから始めるとよい。この検索結果から不法行為法の教科書を探し、その内容を確認して、騒音問題について扱った部分を参考に学説を整理する。その際、各学説を主張する研究者の氏名が本文中に書かれていたり、脚注に出典が記載されていることがある。そのため、教科書の記述をもとに当該テーマに関する学説状況の大枠をとらえるとともに、そこで紹介されている研究者の氏名を著者検索項目に入力することでその研究者による専門的な論文にたどり着いたり、脚注に挙げられている文献情報によって新たな論文の情報を入手することができる。このように、広い枠組みで文献を検索したのちに、だんだんと情報を絞り込み、上記(1)に従って文献の収集を行うことから始めるとよいだろう。また、教科書は通常簡潔に書かれているため、注釈書を利用して、そこで紹介されている学説を整理し、文献を収集することも有用である。

　さて、このようにして、調べたい学説やその提唱者、さらに詳しく論証している論文や文献の名称について見当がついたら、お目当ての論文を見つけよう。ところで、法律関係の文献には様々なものが存在するところ（資料編②参

---

　6)　法令の条文について、1条ずつ解説しているものであり、コンメンタールともいう。複数の出版社から出版されているが、学部生であれば、『新基本法コンメンタール（別冊法学セミナー)』シリーズ（日本評論社）がお勧めである。法律文献の詳細については、資料編②参照。

照）、論文の多くは、大学紀要、モノグラフ、記念論文集、法律専門誌におい
て公表される。したがって、論文を見つけたら、当該論文が掲載されているこ
れらの文献を収集することとなる。

　さて、論文の検索方法の一つとして、インターネット上の論文検索システム
を利用する方法がある。代表的なウェブサイトとしては、「CiNii Articles（サ
イニィ・アーティクルス）」や、「Magazine Plus」、「法律文献総合 INDEX」など
がある。前2者は、大学紀要や学協会刊行雑誌（学会で報告された内容について
まとめられた雑誌）、国立国会図書館の雑誌記事索引データベースなどを検索の
対象とする論文検索システムであり、後者は、特に法律文献に特化した検索シ
ステムである。また、本やデジタルコンテンツを含めた網羅的な検索サイトと
して、「国立国会図書館サーチ」がある。いずれも、論文に関する詳細な情
報、例えば論文タイトルや著者などが明らかな場合は各情報を入力すること
で、論文が掲載されている文献を検索することが可能であるとともに、キー
ワードによる論文検索も可能である。したがって、これらの論文検索システム
を利用することで、学説に関わる文献を収集することができる[7]。

　試しに、法律総合文献 INDEX を利用して「騒音」というキーワードで検索
すると、568件ヒットし、サイト側からさらに絞り込みを行うよう指示が出
た。このような場合は、さらにキーワードを増やす（またはキーワードの not 条
件を付ける）ことで絞り込みを行うことが必要であるし、発行年を指定して古
いもの・新しいものを順に調べてもよいと思われる。

(3)　判例や判例評釈・判例解説の調べ方

　次に、判例や判例評釈・判例解説の収集方法にはどのようなものがあるか。
ここで収集すべき判例とは、裁判の判決文を指し、判例評釈・判例解説は、簡
単にいうと、取り上げた判例を整理・分析したものである（後述）。

(i)　判例

　まずは、判例を調べよう。こちらも論文等の法律文献と同様に、具体的に調
べたい判例の情報が明らかな場合と、キーワードで検索する場合があるとこ

　7）　近年は、インターネット上で論文自体が公開されていることがある。その場合、本文中の検
　　索システム上でリンクがはられた論文にたどり着き、論文の本文を読むことが可能である。

ろ、前者の場合は既に入手している論文で取り上げられたものの場合が多い。日本の判例は、既に紹介されている通り、その判断を下した裁判所名と判決年月日で表記されるため、これを手がかりとして検索を行う。

　判例に関してもインターネット上に判例検索システムが存在しており、よく利用されているサイトとして、「TKC 法律情報データベース LEX/DB インターネット（レックス・データベース）」がある。これは、一般的な判例検索のみならず、交通事故判例や行政判例など、分野に特化した検索も行うことができる。自らが調べたい分野に関する検索コーナーがある場合はそれを、そうでない場合は判例総合検索を利用して、判例の具体的な情報かキーワードを入力することで、判例を検索することができる。このサイト上で判決文を確認することも可能だが、できる限り、検索によって判明した当該判例の掲載されている刑集・民集に当たって判決文を確認してほしい（資料編①参照）。

(ii)　**判例評釈・判例解説**

　判例評釈等は、判例検索システムから検索する方法と、既に入手している論文等から見つける方法が存在する。上記(i)で紹介した LEX/DB の場合、判例を検索すると、当該判例に関する情報として「書誌」と「（判決）全文」という項目が表示される。「全文」を選択すると判決文を確認することができるが、一方の「書誌」を選択すると、当該判例の審級関係、事件番号、裁判結果などのほか、評釈等所在情報を見ることができる。したがって、判例検索システム上で判例評釈等を見つけることができる。また、既に入手している論文等から見つけた判例評釈等については、脚注などに具体的な掲載文献が記載されていることから、その文献を探すことになる。

　判例評釈等の掲載文献としては、その公表時期や対象によって、扱う内容が少々異なる。重要論点について網羅的にまとめたものとして『判例百選』（別冊ジュリスト、有斐閣）シリーズが存在し、これは学習用としても利用されることが多い。これに対し、当該年（ないし年度）に公表された最新判例を扱い、1 年に 1、2 回程度刊行されるものとして、『重要判例解説』（ジュリスト臨時増刊号、有斐閣）、『私法判例リマークス』（法律時報別冊、日本評論社）などがある。また、研究者向けに公表される媒体として、『法学協会雑誌』や『民商法雑誌』などがある。それ以外に、論文同様、大学紀要において公表される場合

も存在しており、こちらも研究者向けのものとなっている。また、最高裁判所調査官が解説したものとして、『最高裁判所判例解説（最判解）』がある（第11章参照）。これは、『法曹時報』という雑誌に公表されたのち、判決年ごとに書籍の形で出版されている。

　したがって、学部生のレポート作成においては、まずは『判例百選』あたりから判例評釈を読み始め、その後、その中に挙げられている論文や判例評釈を確認することをお勧めする。

(iii)　収集の実践

　では、上記(i)・(ii)を実践してみる。今回は、一般的な不法行為法の教科書であれば、騒音問題に関わる重要判例として必ず掲載されている大阪国際空港公害訴訟（最高裁判所昭和56年12月16日大法廷判決、一般に最大判昭和56・12・16と表記される）について調査を進める。

　まずは判決文を入手するため、LEX/DB の判例総合検索画面を利用して検索する。フリーキーワードや裁判年月日、法令条文など様々な入力項目があるが、裁判日を指定して検索してみると、昭和56年12月16日に下された判決として14件ヒットした。その中で、最高裁判所で下された判決は1件であることから、これが大阪国際空港公害訴訟に関する情報だと確定することができる。仮に、同日付の最高裁判決が複数ある場合には、適用条文や事件番号、掲載文献などを確認して、自分が読みたい判例を絞り込むこととなる。

　次に、この判例の書誌情報を確認すると、最高裁判所民事判例集（民集）35巻10号1369頁に判決原文が掲載されているとの記載があり、そのほか複数の法律雑誌にも紹介されていることがわかる。また同時に、59件もの判例評釈等が公表されていることも明らかとなった。今回のように評釈が多数ある場合は、さしあたり5本ほど選んで収集しよう。その際、様々な見解に立つ資料を収集するため、執筆者・掲載雑誌の異なるものを選ぶよう意識してほしい。

(4)　第1ステップの確認

　このように、様々な検索システムを利用することで、学説をまとめるための論文や、当該問題に関する判例の発展を概観するための判例群を収集することができる。これが、**第1ステップ**である。論文を読んで学説をまとめる過程

で、その根拠となる判例が紹介されていることもあれば、判例の分析・評価を行う判例評釈等を読み込むことで学説の理解につながることがあり、これらは密接につながっている。レポートのテーマとして取り上げた問題や論点に関する先行研究を学ぶために、十分な資料収集に努めることが肝心である。

3.　概要をまとめよう―第2ステップ

では、**第2ステップ**として、収集した資料の概要をまとめることとする。

(1)　それぞれの学説[8]をまとめる

まずは、学説をまとめよう。学説の内容をまとめる際は、その問題に対する当該学説の処理の仕方のみならず、その理由付けを理解する必要がある。例えば、詐欺における善意無過失の第三者が保護されるためには登記が必要か否かという論点について、必要だ、不要だといった結論ないし処理の仕方のみを列挙しても意味がない。それぞれの学説は、なぜそのように主張するのか、という理由付けが必要である。また、その補強材料となるのが、当該学説による他説への批判や、他説からの批判に対する反論としてどのような説明を展開しているのか、ということである。その場合の理由付けは、筋道の通ったものか否かということに意識してまとめてほしい。

(2)　判例の整理

次に、判例を読む、すなわち判決文を読んでまとめていく。

そもそも判例とは、個別具体的な事件に対する裁判所の判断である（第5章参照）。したがって、判決文を読んで概要をまとめる際、その事件の具体的事案から離れて、抽象的な判断基準のみを抽出しようとしてはならない。ともすれば、最高裁判所判例委員会が編集時につけた判決要旨や下線部のみを読む、ということが生じ得るが、自身で判決原文をじっくりと読んで、正確にまとめ

---

8)　学説は、通説・多数説・有力説・少数説などと紹介されることが多い。広く一般に支持されている学説が通説と呼ばれるが、社会の変化によって支持される学説も変遷をたどることがあり、時代が変われば通説も変わる可能性がある。詳しくは、田髙寛貴ほか『リーガル・リサーチ＆リポート〔第2版〕』（有斐閣、2019年）35頁参照。

ることが必要である。

　では、判例を整理する際、どこに注意してまとめることが必要なのか。大きく分けて、しっかり事案を読み込むことと、裁判所の示した判断基準とその理由を整理することの二つに分けられる。

　判例が個々の事件に対する裁判所の判断である以上、裁判所がその判断を下すに至った事実と切り離して、安易に一般化・抽象化した結論ないし判断基準のみをまとめても意味がない。民事事件・刑事事件ともに重要なのは、裁判所が、その問題に関する判断基準を導くに当たって、どのような事実を重要視したかである。したがって、事実関係をしっかりと把握した上で、裁判所の示した判断基準とその理由をまとめることが重要である。

　そこで判例を読む際には、次の事柄に意識して、読み込んでほしい（民事事件の用語で記載しているので、刑事事件の場合は、原告を検察官に、被告を被告人と読み替えること）。すなわち、i)訴訟の当事者は誰か、ii)原告の請求内容とその法律上の根拠、iii)被告の抗弁内容とその法律上の根拠、iv)裁判所によって認定された事実、v)裁判所の判断とその理由付けの五つである。

　なお、その際、判決文の構造に意識して読み進める必要がある。すなわち、下級審は事実審であることから、下級審の判決文では、法律論としての争点のみならず、事実認定に関する訴訟当事者による主張立証の後に、裁判所の判断が記載されている。それに対し法律審である最高裁の判決文は、争点に関する判断基準を理由とともに記載した上で、第2審で認定された事実にその基準を当てはめて、結論を述べるという構造になっている。裁判所の判断としてまとめるべき箇所を見誤ることがないよう、まずは複数の判決文を読んでその構造に慣れてほしい[9]。

(3)　判例評釈や判例解説のまとめ

　一方、判例を分析したものとして、判例評釈や判例解説が存する。判例評釈は、詳述すれば、取り上げた判例の内容を整理した上で、当該判例の中心論点

9）「平成27年度法学部研究教育振興会主催刑事法系講演会　刑法判例に登場する事実の形成過程と刑法的処理」熊本法学137号（2016年）115頁において、判決の構造を判決文に即して解説した資料（講演資料）が提示されているので、参照すること。

について、従来の判例の立場およびその中での当該判例の位置付け、法的意義などについて分析・評価を行ったものであり、特定の判例を対象としたものや、一定の論点に関する判例群を対象としたもの（総合判例研究などと呼ばれる）などがあるとされる。それに対し、判例解説とは、取り上げた判例に関わる従来の学説や関連する判例を提示して解説するに留まり、著者による評価の色合いは薄いことが多い。両者に明確な定義や違いがあるわけではないが、いずれにしてもこれらの文献は、対象とする判例そのものをまとめるとともに、著者による分析や意見が付されたものだと言える。この意味で判例評釈等は、上記(2)判例を素材としつつ上記(1)学説を展開したものだとも言うことができる。したがって、判例評釈や判例解説をまとめる際には、上記(1)(2)で紹介した視点を踏まえることが必要である。

　また、その際には常に、「なぜ」を意識してもらいたい。「なぜ」このような処理を提案するのか、「なぜ」それが説得的なのか、「なぜ」他説は採用すべきでないと主張するのか。このように、著者の主張内容の根拠に着目して、概要をまとめることが重要である。これができれば、第2ステップは完了である。

4.　相違点や対立を文章で示す―第3ステップ

　さて、**第3ステップ**は、先にまとめたものを分析し、その相違点や対立を示すことである。第2ステップとして資料をまとめたが、それを列挙しただけでは、今取り上げている法律問題の解決にはつながらない。レポートのテーマについて自らの見解を論証する前段階として、収集した先行研究や判例を分析し、どのような違いがあるのか、丁寧に整理・分析する必要がある。

　学説や判例評釈の分析を行う場合は、単にその主張内容をまとめるだけではなく、どのような適用場面で差が生じるかに注目する。また、その学説が主張された時代背景に留意して、分析する必要がある。なぜならば、法律が社会のルールである以上、その運用と社会状況は切り離すことができず、当時の社会情勢および法制度の状況等を踏まえて法律が適用されることが一般的だからである[10]。さらに、学説をまとめるときに悩むのは、どのような対立軸でまとめるかという視点の設定だろう。ある特定の論点に関する学説の関係は、肯定説

と否定説のように全く逆の立場で対立するものばかりではない。その論点の種類によって、そもそも問題のとらえ方が異なるもの、特定の解決方法が認められるのはどこまでかといったような限界付けの範囲に差があるものなど、様々な違いがある。どのような視点で比較するかは難しい問題だが、最初は教科書を参考に、既になされた分類に従うとよい。ただし、同じ立場だと分類されている学説でも、細かな違いがあることが往々にしてあるため、相違点に着目して分析することが大切である。

　一方、判例を分析する場合は、上記 **3.**(2)に従ってまとめた各判例を比較する必要がある。例えば、同一の判断基準を採用したとされる判例群であっても、結論が異なる場合が存在する。同じ判断基準を採用していながら結論が違うとすれば、なぜ違うのか。それぞれの判例において、重要視された事実は何かに着目し、分析を進める。逆に、同種の事件とされているにもかかわらず、異なる理論構成を採用している場合は、なぜ裁判所は違う判断基準を採用したのか。これらの点に着目して、収集した複数の判例の分析を行うことになる。

　このように、学説・判例いずれの場合も内容を比較した上で、どのように分類することが妥当だと考えられるかという点を意識して、それぞれの相違点や対立についてしっかりと言葉で説明し、文章で示すようにしよう。その際、学説・判例ともに、時間の流れという縦の軸で整理すると、当該問題に関する歴史的発展を見ることができるし、同時期において主張・公表されたものの比較という横の軸での対比は、その当時の議論状況を確認することができる。例えば、学説であれば、全ての学説を並列してまとめるのではなく、提唱された順に整理することも必要である。したがって、両方の視点からそれぞれ内容を確認・分析してほしい。

5.　3ステップの再確認

　ではここで、改めて、本章で身につけてほしいステップを確認する。第1ステップは、設問に関連する従来の学説や判例、判例評釈などを収集することが

---

10)　例えば、バブル崩壊以前と以後の、抵当権をはじめとする担保法における判例変更の流れを確認すること。

できるようになることである。複数の検索システムを利用したり、脚注などにも注意を払って、選んだテーマを検討するための資料を幅広く収集することが必要である。第2ステップは、設問に関連する従来の学説や判例、判例評釈などの概要をまとめることができるようになることである。学説・判例ともに、最終結論のみを見るのではなく、その主張された理由付けに着目することが大切である。第3ステップは、設問に関連する従来の学説や判例、判例評釈などを整理して、どの点で相違や対立があるのかを文章で示すことができるようになることである。調べた情報を単に列挙するのではなく、評価するための基礎として、まずは比較してみよう。

6.　さらに学びたい人向けに—個人間の騒音問題を考える素材として[11]

　さて、上記**1.** の騒音問題である。**1.** で見たように、騒音問題の解決について民法709条の文言から導こうとすると、特に差止請求の可否の点で困難である。しかし、騒音問題のように継続的に侵害行為が生じている場合、損害賠償のような事後の金銭による救済のみならず、将来発生が予想される侵害行為に対する対処を検討しなければ被害者の権利保護を十分に図ることができないことから、差止請求を認めることが有用だと考えられている。

　しかし一方で、行為者の行為の差止めが認められるということは、「行為者の行動の自由を事前かつ直接に制約すること」[12]になる。したがって、差止請求の可否を検討する際には、被害者の権利保護の必要性と、行為者の権利保護の必要性および、当該行為が社会的にどのような価値を有するかを比較衡量し、行為者の行為の自由への過剰な介入とならないように考える必要がある。

　差止請求の法律構成について、現在学説上では大きく分けて、権利的構成をとるものと不法行為法構成をとるものがあるとされる[13]。すなわち、権利的構

---

11)　潮見・前掲注（4）書191頁以下、窪田充見『不法行為法—民法を学ぶ〔第2版〕』（有斐閣、2018年）454頁以下、吉村良一『不法行為法〔第5版〕』（有斐閣、2017年）124頁以下、同「不法行為の差止訴訟」内田貴＝大村敦志編『新・法律学の争点シリーズ1　民法の争点』（有斐閣、2007年）296-297頁を参考にした。

12)　潮見・前掲注（4）書192頁。

13)　窪田・前掲注(11)書455頁。

成とは、差止請求権を、排他的支配権を伴う権利の効果として認める立場である。財産権にすぎない物権に物権的請求権が認められるならば、生命・身体という重大な法益についても、それに相当する差止めを認めることが当然だと考えるのが前者の立場である。この立場によれば、差止めの問題は、権利の属性の問題として位置付けられる。これに対し、不法行為法構成とは、差止めの問題を不法行為法の問題として位置付ける見解である。損害賠償という事後の救済が認められるのであれば、差止めというかたちで損害の発生を阻止することも不法行為法の役割として認められると考えるのが後者の立場である。この立場によれば、故意過失のような加害行為の態様についての視点が、差止めの判断に取り込まれることになる。

　しかし、前述した通り差止請求の行為者への影響の大きさから、いずれの立場についても単純に貫徹させることはできず、今日では権利的構成を採用しつつも、被害者の権利と行為者による侵害行為の態様や行為の社会的影響を比較衡量して、差止請求の可否を決定すべきとの立場が有力となっている。

　この点につき、学説にも大きな影響を与えた裁判例として、先に紹介した大阪国際空港公害訴訟の第2審判決がある。一般に、本判決が人格権に基づく妨害排除・妨害予防請求権を肯定したことで、権利的構成の一つである人格権説が確立したといわれている（ただし、最高裁は差止請求を否定）。しかし一方で、上述した比較衡量の必要性から、判例は、侵害行為の態様と侵害の程度、侵害行為の公共性などを比較考量するという立場（受忍限度論という）を採用している（例えば、前述国道43号線訴訟）。ぜひこれらの判決文を各自で読んでほしい。

　さて、これまで概観してきた騒音問題の学説および判例は、多くの利害関係者の関与と法的争点を含むものである。これらの理論構成を手がかりに、個人間の騒音問題である冒頭の事例に取り組んでほしい。

第11章

従来の学説や判例を評価できるようになろう！

設問

窃盗罪（刑法235条）の「窃取」を、「意思に反する財物の移転」と解するのが、学説や判例における一般的な見解である。

このような見解に問題はないのか、あるとすれば、どこか。

◆本章のステップ
●第1ステップ
・設問に関する従来の学説や判例の理論的根拠を示すことができるようになる。

●第2ステップ
・設問に関する従来の学説や判例の内容を踏まえて、それらの理論的ないし実践的問題点を口頭で指摘するだけでなく、文章で示すことができるようになる。

●第3ステップ
・設問に関する従来の学説や判例の理論的根拠、さらに理論的と実践的な問題点を踏まえ、それらの当否を文章で示すことができるようになる。

1.　はじめに―「当たり前」を疑うことから学びは始まる

⑴　本章における目標―三つのステップの確認

　本章は、以下のように三つのステップを踏んで、法律学におけるレポート課題や論文において従来の見解に対する評価を表現できるようにするためのものである。

　すなわち、**第1ステップ**として、従来の学説や判例の理論的な根拠を指摘できるようになること、**第2ステップ**として、これらの理論的あるいは実践的な問題点を指摘できるようになり、そして最後に**第3ステップ**として、以上のことを文章で記すことができるようになることである。要するに、この章の最終的な目標は、レポートや定期試験の設問において問われることについて、従来の学説・判例を的確に評価できるようになり、かつ、それを口頭のみならず、文書においても説明できるようになることである。

　このような三つのステップを踏みながらも、本章を通じて、お伝えしたいことも三つある。すなわち、第一に、上記副題のように「『当たり前』を疑うことから学びは始まる」ということ、それゆえに、「問題はありません」とは簡単には言わないということ、第二に、「問われたことに素直に答える」ということ、そして第三として、「素朴な疑問から始めよう」ということである。これらのことも大学のみならず、それ以降で学ぶときに必要なことと考える。

⑵　お伝えしたいこと―疑うこと、問いに素直に答えること

　まずは、「1. はじめに」の副題である「『当たり前』を疑うことから学びは始まる」である。このことは、大学のみならず、それ以降の学びにおいて、とても大切な考えである。例えば、設問のような問題が、課題レポートとして出たとしよう。その場合のレポートにもいくつかの種類があり、それに応じた回答が、高い評価を得るために必要ではある[1]。

　高い評価を得るためのレポートなどの課題や設問への答え方とは、「問われ

　1）　レポートの種類、レポートに書くべき内容と順序、表現などについては第12章に詳しい。

たことに答える」という単純なことに尽きる。とはいえ、「単純なことほど難しい」。言われれば簡単なことかもしれないが、実際に自分で解こうとすると、意外と難しい。なぜなら、人間というものは、「自分の答えたいこと、自分が答えられること」を優先させるからだろう。例えば、設問に、以下のように答えたとしよう。もちろん、ずいぶん極端な例ではある。

　　　窃盗罪（235条）の「窃取」を、「意思に反する財物の移転」と解するのが、判例など一般的な見解である。一般的なものであるならば、このような見解に問題はない。以上である。

　極端過ぎるかもしれないが、しかし、ないではない。しかし、これでは、「問いに答えた」ことにはならず、高い評価は得られない。なぜか。設問には、「問題はないか」と聞いているのだが、実は、それは単純に「問題はない／問題はある」のどちらかを尋ねてはいない。その含む意味（含意）は、「この見解には問題があるはずなので、その問題点を指摘し、その理由を述べよ」ということである。ややこしくて申し訳ない。しかし、わざわざ、設問に出したということは、設問を出した者（本章なら筆者）が、「設問について、説明するべき問題点がある」と考えたという意味であると考えなければならない。
　ここに、「問題はない」とする人は、おそらく大学教員が、「ここに問題がある」と指摘しないと「問題は存在しない」のだろう。このような人は、残念ながら実際はどうであれ、「与えられたものを受け取るだけの受け身的な学生」と評価されてしまう。大学以降で求められているのは、それとは、全く正反対の姿勢である。すなわち、自分から物事を考え、疑問を持つ主体的な学生像が求められている。それを前提として大学以降の社会は制度設計がなされている。「はじめに」の副題には、「『当たり前』を疑うことから学びは始まる」とした。要するに、第1部第2章にあるように、何の理由もなく、「分かりません」と答えるのはやめようというのと同じくらい、大学以降では、何の理由もなく、「問題はありません」「疑問はありません」という答えも、できる限り避けたほうがよいということになる。
　「当たり前を疑うことから始める」。これが学問の基本である。何の疑問も持

たないならば、未来の社会も、世界の発展も望めない。もし、既に存在している物事が全て正しいのであれば、物事を考える必要はなくなるからだ。ずいぶんと停滞した社会ではある。確かに、窃盗罪における「窃取」の意義としては、「意思に反する占有移転」という見解は一般的で多くの論者がそれに従っている。だからといって、それが一般的なのは、2020年の現在までかもしれない。明日には、最高裁の新たな判断が出され、それに従って、教科書の全ての記述が書き換えられるかもしれない。極端な例かもしれない。たぶんそうだろう。

　しかし、現時点における「当たり前」つまり、「現実」というものは、どんどん変わり得るし、現在における「当たり前」つまり、「現実」への新たな可能性を見出すのが、大学という高等教育機関の存在理由でもある（学校教育法〈昭和22年法律26号〉83条）。そのためには、現在の当たり前、つまり「現実」を批判的に考察し、新たな価値を生むという作業が大学以降では求められる。深く考えるとは、当たり前を疑うことから始まる。

⑶　今存在する法律や判例が、直ちに「正しいこと」を意味しないということ

　また、法律などの法令があるからと言って、その内容が常に正しく、永遠に変わらないということはない。法令の存在だけでは、憲法上正しいわけではないということは、憲法そのものが予定している。憲法81条に定める、いわゆる違憲立法審査権である。

> 憲法81条　最高裁判所は、一切の法律、命令、規則又は処分が憲法に適合するかしないかを決定する権限を有する終審裁判所である。

　要するに、司法権を有する裁判所が、国会が作った法律などについて憲法に適合するか否かを審査する権限が憲法上予定されている。これが意味するところは、つまり、「法律などの存在も、常に正しさを保証しない」ということである[2]。また、憲法41条以下の国会による立法する権限の存在は、法律が時代の状況に合わせて、常に変化していく、つまり、改正されていく場合もまた既に憲法に予定されていると言ってよい[3]。

　また、既に第５章で触れたように、刑法の条文解釈においても、「判例」の役割は非常に重要ではあるのだが、しかし、この「判例」ですら、永遠に固定的なものではないということである。法律などの法令も年月を経るたびに変更の可能性があるのならば、それよりも法的効力として下位にある「判例」もまた変わり得るものである。それは例えば、中学生の頃の公民などで学んだであろう、司法制度のいわゆる三審制においても体現されていると言っていいであろう。

　すなわち、現在の（刑事）司法制度は、「どんなに優秀な裁判官、裁判所であっても間違えるかもしれない」という正しい認識、正しい前提に立っている。もし、個々の裁判官、個々の裁判所の判断が常に正しいというならば、なぜ、貴重な税金と時間と労力を使って、３回も裁判所を分けて、裁判をする必要があるのだろう。１回でいいじゃないかとすら思う。

　しかし、司法制度は、より賢くできている。「より賢い」とは、「各裁判所の判断が間違っているかもしれないので、それを是正する機会を事前に設けておく」という選択肢を用意しているということである。例えば、熊本ならば京町台地に赤煉瓦の建物として建っている熊本地方裁判所で第１審の判決があったとしても、その判決に不服があれば控訴（刑事訴訟法372条以下を参照）でき、通常は福岡高等裁判所が第２審となる。そこでの第２審判決に不服があれば、さらに東京赤坂にある最高裁判所に上告（同法405条以下）することができる。通常であれば、以上の三つの裁判所の判断で裁判は確定するのだが、さらに不服がある場合には、裁判のやり直しである再審（435条）も認められる場合もあ

　2）　刑法で定める犯罪について過去に最高裁が憲法に違反するとした希少なものとして、法定刑が死刑か無期刑しかなかった尊属殺人罪（旧200条）が、法の下の平等を定める憲法14条１項違反とされた尊属殺違憲大法廷判決（最大判昭48・４・４刑集27巻３号265頁）がある。第１審の宇都宮地判昭和44・５・39刑集27巻３号312頁、第２審の東京高判昭45・５・12刑集27巻３号327頁にその詳細があり、覚悟して読む必要がある。が、その価値はある。読み進めれば、被害者である実父が実の娘に長年してきた性暴力という非人間性と、被告人がなした実父殺しの背景にある深い人間ドラマを知るだろう。その時に、「事実は小説よりも奇なり」という諺の意味が深まるだろう。なお、判例検索は、「熊大ポータル」→「熊本大学附属図書館」→「文献データベースを探す」→「LEX/DB インターネット」から「判例総合検索」から（2020年９月29日最終閲覧）。

　3）　なお、法律などの改正が、憲法が定める基本的人権などの観点から「正しいことなのか否か」は、ここでは触れない。とはいえ、「法律の改悪」という言葉もある。このような言葉の存在は、法律の改正が、必ずしも良い方向ばかりではない場合もあることを示している。

る。以上のように、刑事訴訟法そのものが、「三審制の各裁判所の判断にも間違いはあるかもしれない」ということを前提にしている。このような法の智慧についても気付いてもらいたい。

　以上、今ある法律などの法令、判例を題材にして、二つのことを指摘してきた。要するに、第一に、「『当たり前』を疑うことから学びは始まる」ということ、それゆえに、何の理由もなしに「問題ありません」とは簡単に言わないこと、そして第二に、「なぜ、このような問題を問うのだろう」という「問われたこと」の意味を考えながら、「問われたことに答える」ということである。このことは、大学以降の学びにおいて役に立つことと思う。

2.　第1ステップについて─設問に関する従来の学説や判例の理論的根拠を探る

(1)　設問に答えるための出発点を探そう─設問そのものから考える

　まずは、**第1ステップ**である。ここでは、設問に関する従来の学説や判例の理論的根拠を探るというのだが、さて、どこから始めようか。よくわからない場合は、やはり、「問いに素直に答える」ことが出発点である。ということで、設問を再び確認する。

　この設問によれば、窃盗罪（刑法235条）における「窃取」が、「意思に反する占有移転」であるというのが、学説や判例における一般的な見解である、ということである。これは、昔から、本当のことなのか、まずはそこから確認しよう[4]。

(2)　設問における窃盗罪における「窃取」について─学説における記述

　窃盗罪（刑法235条）における「窃取」の意義について学説（理論）において

---

[4]　なお、そもそも、「『当たり前』を疑うことから学びは始まる」ならば、歴史と外国法研究は必須となる。刑法ならば、1907（明治40）年に制定されたときから今日までの歴史、さらに現行刑法が模範としたドイツ・プロイセン（現在のドイツ北部）の窃盗罪への考察などである。それゆえに、大学1・2年生には日本語以外の語学が必要とされるし、歴史学の知識も必要なのだろう。これは、芦部信喜ほか『憲法をどう学ぶか』（有斐閣、1984年）153-154頁の樋口陽一の教えなのだが、これは憲法学のみならず、刑法学など法学全般に通じる考え方と言える。

は、どのくらい古くまで遡れるのだろうか。実際に探してみることにしよう。筆者が調べた範囲で、最も古い文献としては、牧野英一の1908年の文献があり、その当時でも窃盗罪における「窃取」は、「意思に反する占有（所持）の移転」とされている（当時は旧字体にカタカナだが、現代かな遣いに直した）[5]。

　現在でも、多くの教科書（テキスト）における記述では、窃盗罪における「窃取」の意義について、例えば、被害者の意思に反する占有移転、などと表現するものは多い[6]。

　いずれにしても、1908年から、現在まで、どうやら窃盗罪における「窃取」の意義については特に変更されることなく、被害者の意思に反する占有移転といった表現がなされていることは確実のようである。

(3)　設問における窃盗罪における「窃取」について—判例となり得る裁判例

　次は、窃盗罪（刑法235条）における「窃取」について、裁判所の判断のうち、先例となるべきもの、つまり、「判例」と呼べるものはあるか、しかも最も古いものにはどんな裁判例があるのか。例によって、TKCの判例データベースで探してみよう。

　すると、一つの裁判例が見つかる。大判大正4・3・18大審院刑事判決録21輯309頁である。判決原文を読むと、被告人が放牧されていた赤牛を窃取した事案なのだが、どうやら赤牛の権利関係がいろいろと複雑であり、赤牛の占有が誰にあるのかによって、窃盗罪、横領罪（刑法252条）のいずれなのかが問題となる事案であった。理論的には興味深いが、ここでは省略する。いずれにしても、この事案で、大審院は、窃盗罪（刑法235条）における「窃取」につい

5)　牧野英一『刑法各論：講義案』（法政大学、1908年）117-118頁、国立国会図書館デジタルコレクション（https://dl.ndl.go.jp/info:ndljp/pid/793623）（2020年9月30日最終閲覧）。現行刑法制定以降のテキストを網羅的に調べたい人はどうぞ。

6)　松原芳博『刑法概説』（成文堂、2018年）132頁。なお、この被害者とは、財物の所有者なのか、占有者なのかといった問題については、刑法242条における窃盗罪の客体への占有と権利とが分離した場合に問題になるが、これも刑法各論で学ぶところである。浅田和茂ほか『現代刑法入門〔第4版〕』（有斐閣、2020年）201頁（上田寛執筆部分）も参照。なお、このように、各テキストでの窃盗罪における「窃取」の意義について調べたいときには、各テキストの最後に50音順の「事項索引」があるので、そこで「窃取」を探し、該当頁を確認してほしい。まるで辞書のような使い方であり、テキストを最初から読み進める「王道」な読み方ではないが、これも書籍を使った学修方法の一つではある。

て、「物ニ対スル他人ノ所持ヲ侵シ其意ニ反シテ窃〔ひそか〕ニ之ヲ自己ノ所持ニ移スコトヲ云」うとしていた[7]。このような1915年の大審院判決での表現は、上記の1908年の牧野英一の記述とよく似ている。

　さらに、本来ならば、この後現在までの100年の間にあった数多くの裁判例を取り上げるべきであろうが、字数の関係上、それはできない。非常に残念なことではあるが。

　なので、最近の裁判例として、第5章で紹介した、最決平成19・4・13刑集61巻3号340頁（LEX/DB28135170）という2017年の裁判例を取り上げる（以下、平成19年決定事件）。この裁判例は、被告人が、体感器という、パチンコ店設置のパチスロ機の大当たりを不正に連発させ、メダルを取得する特殊器具を、店に隠して装着し、パチスロ機で遊び、大当たりをして約3万円分のメダルを得たことが窃盗罪に当たるとされた事例である。そして、ここでも事案の特殊性を前提としても、やはり、窃盗罪における「窃取」の意義としては、第1審、第2審そして最高裁までいずれの裁判所も、「意思に反する占有を侵害して、自己の占有に移転したもの」との立場をとっていた。

　以上のように、窃盗罪における「窃取」の意義について、学説（理論）においては、1908年の刑法学のテキストから現在まで、さらに、裁判例においては、1915年から2017年までも特に変化することなく、設問が言うように、被害者の意思に反する占有移転というのが、これまでも一般的な見解として展開されてきた。このことまでが確認できた。

3.　第2ステップについて―設問に関する従来の学説や判例とその問題点について

(1)　設問に関する従来の学説や判例の内容について―判例評釈を探す

　第2ステップにおいては、上記設問のような窃盗罪における「窃取」を、（被害者の）意思に反する占有移転という一般的な理解に対する理論的、実践的問題点を指摘することが求められている。では、どんな文献を参考にすればい

---

7)　なお、刑事訴訟法405条3号によって、戦前の大審院の判断であっても「判例」となり得ることは、第5章でも触れられている。

いのか。ここでは、具体例として、平成19年決定事件における調査官解説という「判例評釈」の一つを取り上げて、少し考えてみることとする。「判例評釈」とは、確定した定義はないのだが、特定の裁判例を題材にして、類似のテーマについて従来の判例における位置付けや法的な意義付けなどを解説する文章と言えようか[8]。

(2)　平成19年決定事件の調査官解説の内容について

　何はともあれ、平成19年決定事件についての調査官解説を要約することとしよう。132〜151頁という計20頁という長い分量があるので、読むのも大変である。

　とはいえ、内容とすると大きく二つに分けることができる。第一に、第1審から最高裁まで何が起こったのかという事実の経過の要約部分である。詳しく言えば、「第1　事案の概要と訴訟経過」から、最高裁判所の判断までという裁判所が認定した事実の要約と各裁判所の法的判断の要約部分である（132-136頁）。

　そして第二に、それ以降は、「第4　説明」として、主に、平成19年決定事件における体感器を密かに装着したままのパチスロ機の遊戯とメダルの獲得が、窃盗罪における「窃取」に当たるかを、従来の学説や判例の流れを分析しながら、解説している。特に、事案の特殊性を大切にする実務家らしい視点から、あくまでパチンコ機やパチスロ遊技機における不正行為と、窃盗罪の成否が問題となった事例を紹介、分類しつつ、それらが、窃盗罪における「窃取」に当たるかを検討している。その上で、第5章にあるように、平成19年決定事

8）　平成19年決定事件についての判例評釈については、LEX/DB28135170に掲載の【評釈等所在情報】によれば、以下の16の判例評釈が存在する（2020年9月30日現在）。以下、筆者・掲載雑誌の号数・頁数だけを記す。ⅰ本田稔・法学セミナー632号119頁、ⅱ江口和伸・研修709号23頁、ⅲ法律時報80巻1号123頁、ⅳ内田幸隆・刑事法ジャーナル10号122頁、ⅴ岡本昌子・判例セレクト別冊附録330号32頁、ⅵ清水晴生・白鴎法学15巻1号150頁、ⅶ森住信人・専修法学論集103号77頁、ⅷ内田幸隆・平成19年度　重要判例解説（ジュリスト臨時増刊1354号）177頁、ⅸ谷直之・受験新報677号22頁、ⅹ本田稔・判例時報2030号192頁、ⅺ関根徹・速報判例解説（法学セミナー増刊）2号191頁、ⅻ林幹人・ジュリスト1402号147頁、ⅹⅲ入江猛・ジュリスト1403号156頁、ⅹⅳ入江猛・法曹時報62巻7号316頁、ⅹⅴ入江猛・ジュリスト増刊〔最高裁時の判例6平成18〜20年〕313頁、ⅹⅵ入江猛・最高裁判所判例解説刑事篇平成19年度132頁。このうちⅹⅵが、いわゆる「調査官解説」である。

件における最高裁の立場、つまり、本件被告人の遊戯方法が、店が認めている「通常の遊戯方法の範囲を逸脱するものであり」、それゆえに、そのような遊戯方法で獲得されたメダルは、「パチスロ機の管理権者である店舗の意思に反する占有移転」に当たり、したがって、窃盗罪における「窃取」であると結論付ける（141-142頁）。

　また、さらに最高裁判所以外の下級審（地方裁判所や高等裁判所）の裁判例や学説なども併せて考慮し、特に体感器そのものが、パチスロ機の不正な遊戯方法にしか用いられないことにも注目して、上記のような最高裁の判断を支持している。

　以上のような調査官解説の判例評釈のスタイルというのは、研究者が執筆したものであってもあまり変わらない。すなわち、その多くが、第一に、裁判所が認定した事実の要約と各裁判所の法的判断の要約部分があり、第二に、その裁判例が、これまでの裁判例の傾向、学説の動向などにおいてどのような位置付けがなされるべきなのかといった分類分けなどの分析があり、そして自分の見解を（少し）述べて終わるといったものである。

　では、このような内容の調査官解説や判例評釈に対して、皆さんは何をすればいいのか。

　少なくとも、以下の三つのことだけでもメモしよう。すなわち、(ｱ)裁判例のどの部分に違和感を抱いたか、(ｲ)それはなぜなのか、さらには、(ｳ)自分ならどう考えるかである。その違和感は、批判的考察という学問的な姿勢にとってとても大切な姿勢であり、いわば法学部生、あるいはモノを学び、研究する人にとって最も大切な姿勢と言えよう。

(3) 最高裁判所調査官について、調査官解説の（過度な）重要性について

　なお、ここで最高裁調査官がいかに裁判官の中でエリートであり、それが執筆する調査官解説が、いささか過度に高い評価を受けている（そこには問題も多い）かについても触れておく。第一に、最高裁調査官というのは、要するに、現役の裁判官が、最高裁判所の15名の裁判官を補助する役職であり、裁判所法（昭和22年法律59号）57条に定める。とはいえ、全国で3,000人足らずの裁判官の中から選抜された約30人である。その実力は指折りであり、その後、最高裁判

所裁判官となる者も出るなど、日本の裁判所の出世コースと言える[9]。

　第二に、最高裁調査官による調査官解説についての過度に高い評価とその弊害についてである。元最高裁の裁判官に指摘されるまでもなく、調査官解説は、最高裁の裁判を理解する上で有益なものとして、裁判官、検察官そして弁護士などの法律家、研究者はもちろん、法科大学院生や司法試験受験生、さらには法学部生までも広く読まれている。

　それはもちろん、最高裁調査官の個々人の能力はもちろん、長い最高裁調査官制度の蓄積にもよる。しかも、最高裁裁判官における負担が、膨大なものであるがゆえに、最高裁調査官の役割が増し、その重要性も高まっている。しかし、既に指摘されているように、調査官解説とは、あくまで最高裁調査官の個人的な見解であり、その作成には、組織としての最高裁調査官室はもちろん、最高裁裁判官の関与もない。にもかかわらず、それが独り歩きし、あたかも最高裁の意図であるかのように受け取られ、しかも膨大で詳細な調査官解説が、新たな法解釈（判例変更）の途を塞ぐ弊害もあると指摘されている[10]。

(4)　調査官解説における理論的問題点と実践的問題点について

　さて、上記(3)のようなことを書かれて、皆さんはすっかり萎縮してしまっただろうか。すなわち、「平成19年決定事件における入江猛調査官解説の問題点を探して、指摘するなんてとてもじゃないけど、ムリに決まっている」と。すなわち、調査官解説が、法曹界や司法試験受験業界などで、実力以上の権威をもっていること、そしてそのことについても批判はあるが、しかし年々、調査

---

9)　詳しくは西川伸一『裁判官幹部人事の研究』（五月書房、2010年）36-37頁。藤田宙靖『最高裁回想録―学者判事の七年半』（有斐閣、2012年）3、74、224頁。同「裁判官と学者の間で」『青山法務研究論集』3号（2011年）119-120頁、川村百合「特集2　鬼丸かおる最高裁判事に聴く」『日本女性法曹協会会報』52号（2014年）60、63頁も参照。なお、本章で取り上げた最高裁判所調査官（当時）の経歴は、新日本法規の「裁判官検索」（https://www.sn-hoki.co.jp/judge_list/）に「入江猛」と入れれば出てくる。彼は、平成18（2006）年4月1日から平成23（2011）年3月31日まで最高裁調査官であった。なお、裁判官の数は、日本弁護士連合会のホームページの資料を参照した。https://www.nichibenren.or.jp/library/pdf/document/statistics/2019/1-3-4_2019.pdf（2020年9月30日最終閲覧）

10)　滝井繁男『最高裁判所は変わったか』（岩波書店、2009年）20-21、34-36頁、同趣旨のものとして、同「わが国最高裁判所の役割をどう考えるか」法律時報82巻4号（2010年）56頁も参照。

官解説における裁判例への権威が高まっていることについて。

　とはいえ、こういうときこそ、私たちは、基本にかえるべきである。すなわち、本章の最初に、私はお伝えしたいことを三つ示した。そのうちの二つが役立つときが来た。すなわち、「『当たり前』を疑うことから学びは始まる」ということ、「素朴な疑問から始めよう」ということである。調査官解説という「権威」は、まさに法学界などでは「当たり前」のことだが、それをあえて疑うところに学問が始まるし、そのためには、「素朴な疑問から始めることである」と。このことは、心ある法律家ならば、むしろ歓迎すべきことであろう。

　そこで、どう考えるかである。こういう場合も、設問から始めよう、学説も判例も、窃盗罪における「窃取」を、被害者の意思に反する占有移転としている。確かに、その通りで既に確認した通りだ。ならば、その「意思」とは、やはり被害者の主観面のことなのだろうか。それは問題なのではなかろうか。というのも、平成19年決定事件の店舗Ａの店員Ｂや店員Ｃがそれぞれ、「体感器は使ってよい／使ってはいけない」と個別に判断するのだろうか。それは、刑罰を行使するための条件である犯罪成立の判断としては、あまりに法的な安定性を欠いているのではないか、と。ここまで気が付くと、注（6）の松原先生もおっしゃっている。「意思侵害のひとり歩き」には歯止めが必要であり、そのためには客観化された「通常の遊戯方法からの逸脱」が必要であると[11]。

　だからこそ、平成19年決定事件についての最高裁も、調査官解説でも、被告人が用いた体感器が、もっぱらパチスロ機での不正な大当たりをするためだけの特殊機器であることや、被害店舗における体感器禁止の掲示といった客観的な事情を重視していたことがわかる。問題なのは、やはり、窃盗罪における「窃取」を、被害者の意思に反する占有移転として、「被害者の意思」だけで認めることが主観的に過ぎて、危険であること、そのような理論的な弱点（問題点）に、最高裁も、調査官も気が付いていたということであるのだと。だからこその、用いられた体感器の客観的機能と、被害店舗の客観的対応（掲示）を求めていたことなのだということ、である。以上、ここまで、ようやくたどり着いた。

11）　松原・前掲注（6）書133頁参照。

4.　第3ステップ

　第3ステップでは、設問に関する従来の学説や判例の理論的根拠と理論的ないし実践的問題点を踏まえ、それらの当否を文章で示すことができるようになる、とある。ここでは、ここまでの記述をもとにして、【答案例】として具体的に表現してみよう。

　【答案例】
　　1.　設問においては、学説や判例における一般的な見解として、窃盗罪（刑法235条）の「窃取」を、「意思に反する財物の移転」と解していた。確かに、このような記述は、刑法が制定された1908年の教科書にも、また大正時代の裁判例においても、確認することができた。確かに、このような窃盗罪における「窃取」の定義が一般的である。
　　2.　とはいえ、このように「窃取」を、被害者の意思に反する占有移転とすることには理論的な問題がある。というのも、窃盗罪の成否について、被害者の意思に委ねるだけでは、個々の被害者によってもバラつきが出ることもあり得る。これは、犯罪処罰という刑罰権の発動条件においてあまりに法的安定性を欠いている。このような主観的に偏った「意思侵害のひとり歩き」には、客観的な歯止めが必要であると言える。
　　3.　平成19年決定事件において指摘されたように、それは、「通常の遊戯方法からの逸脱」という意思侵害をある程度客観化した事情の存在が必要となる。例えば、平成19年決定事件においては、被告人が用いた体感器は、パチスロ機での不正な大当たりをするためだけの特殊機器であることや、被害店舗における体感器禁止の掲示といった客観的な事情である。窃盗罪の成否を、意思侵害だけという被害者の主観面に頼るのではなく、より合理的に、客観的な事情も併せて判断されるべきと考える。

　以上の【答案例】は、窃盗罪における「窃取」の意義を、被害者の意思侵害という純粋な主観面からではなく、それを客観的な方向へと修正させたものと

言える。いわば修正主観説とも言えようか。歴史的考察や比較法的考察ができない中では、これが限界であろう。

5.　本章における3ステップの再確認─ここまでの文章を踏まえて

　まず、前提として、本章では三つのこと、つまり、第一に、学びの始まりとして、「当たり前」を疑おうということ、第二に、「問われたことに答えよう」、第三に、「素朴な疑問から始めよう」ということを再度お伝えする。

　そしてその上で、第1ステップとして、設問に関する刑法制定当時からの現在までの学説と裁判例を確認し、第2ステップとして、平成19年決定事件を題材として、特に調査官解説の内容をまとめて紹介し、その重要性と弊害とをお伝えした。そして第3ステップとして、調査官解説が、「法学界の権威である」という「当たり前」を疑うこと、そして窃盗罪における「窃取」の意思に反する占有移転という定義について「素朴な疑問を持つ」ということから、その【答案例】にまで至った。もちろん、【答案例】は一つの例に過ぎない。また、別の方法もあるはずである。それは皆さん自身で考えて、文章で表現してほしい。

6.　さらなる学びを求めて─発展問題

　最後に【発展問題】として、第2部第5章での設問Aに、下線部を付け加えてみた。すなわち、これはまさに窃盗罪における「窃取」の意義である、被害者の意思に反する占有移転の「被害者」とは誰のことなのか、店長Aと、副店長BというZとの個人的な関係があるかないか、Zの年齢についての承諾があるのかないのかによって、窃盗罪における「窃取」の成否は左右されるのか。いろいろ考えてみてほしい。

【発展問題】
設問A
　「当店における18歳未満の方の遊戯をお断りします」との掲示があるパチン

コ店に、17歳のＺはこの掲示を確認しつつ、自分が、同店で遊戯し、いわゆるパチスロのメダルを獲得することは許されていないことを知りつつも入店し、パチスロを通常の遊戯方法で行い、450枚のメダルを獲得した。この入店の際に、パチンコ店店長Ａは、Ｚと仲良くなったので、Ｚが17歳であることを知りつつも黙認していたが、副店長Ｂは、Ｚのことは知らなかったので、Ｚがあまりに若いために疑問に思って、年齢を尋ねてみると、果たして、Ｚが17歳であることが発覚した。ただし、このパチンコ店ではＺの年齢確認はなされていなかった。このＺによるメダル獲得行為が犯罪に当たるか。

第12章

自己の見解を論証できるようになろう！

設問

　夫婦ともに子どもが欲しいと思っているのに、妻の体に何らかの原因があって妊娠・出産できないとわかった場合、第三者の女性に夫婦の子を産んでもらう「代理出産」を容認すべきか。

◆本章のステップ
●第１ステップ
・設問に関する自己の見解を根拠とともに持つことができるようになる。

●第２ステップ
・設問に関する自己の見解の難点や反論に対する反駁をできるようになる。

●第３ステップ
・設問に関する自己の見解を論証するレポートをまとめることができるようになる。

1.　敵を知ろう！

　本章ではレポートの書き方を指南する。昔から「敵を知り己を知れば百戦危うからず」という。そこで、まずはそもそも「レポート」とは何か、そこで求められている内容とは何かを知ることから始めよう。

(1)　レポートとは何か

　大学ではよく定期試験の代わりに、レポートで成績評価がなされている。ここでいう「レポート」は、要は成績評価のための「課題」のことである。これは大きく分けると次の四つのタイプに分けることができる[1]。

【報告型の課題】　(a)課題図書を読んで報告するもの[2]、(b)問題を調べて報告
　　　　　　　　するもの。

【論証型の課題】　(c)問題が与えられているもの、(d)問題を自分で立てるも
　　　　　　　　の。

　ところで、レポート（report）とは、もとの意味からすると課題または問題についての「報告」または「報告書」のことであろう。上の分類でいうと(a)および(b)がレポートに当たる。

　これに対して、論文（essay、paper）という言葉もある。課題が問題に対する自身の見解を述べなければならない上の(c)および(d)のようなものなら、本来は論文と呼ばれるべきであろう。ただ、ここでは成績評価のための課題のことを広く「レポート」と呼ぶことにする。

1）　戸田山和久『新版 論文の教室―レポートから卒論まで』（NHK ブックス、2012年）55頁参
　　照。

2）　本章では扱えなかった「課題図書を読んで報告する」タイプのレポートについて、ここで記
　　しておく。レポートには設定された問題（問い）に対する著者の主張と論拠（論証）が書かれ
　　なければならない。ということは、課題図書にも著者の問い・主張・論拠が書かれているはず
　　である。したがって、このタイプのレポートを執筆する場合でも、その内容は、①図書執筆の
　　動機、問題意識、②それに対する図書著者の主張と論拠、③①②に対するレポート執筆者の批
　　判的検討が記載されるべきである。なおここでいう「批判」の意味については後述している。
　　　課題図書の要約の仕方については、松本茂＝河野哲也『大学生のための「読む・書く・プレ
　　ゼン・ディベート」の方法〔改訂第2版〕』（玉川大学出版部、2015年）14-15頁に詳しい。

⑵　レポートで求められること

　成績評価の課題として出されるレポートには求められる内容がある。これについては、上の類型にならって「報告型のレポート」と「論証型のレポート」に分けて説明しよう。

（ⅰ）　報告型のレポート

　まず、報告型のレポートで求められることは、問題についてこれまで発表されてきた研究成果を理解した上で整理し批判的に検討することである。ここでいう「批判的に検討する」とは、これまでの主張を否定し反論することではない[3]。「批判」とは、その主張が正しいまたは妥当と言えるかを検証することを言う。その結果、賛同することもあろう。

　例えば「参議院不要論について」という問題が与えられたとしよう。このレポートに書かれるべき内容は、簡単にいうと次のようになる。

　　序論　なぜこの問題が与えられたのかという「問題の所在」
　　本論　第１章　不要論に「賛同する主張の紹介と批判的検討」
　　　　　第２章　不要論に「反対する主張の紹介と批判的検討」
　　結論　問題の所在（序論）、賛成論反対論のポイントと著者の批判的検討
　　　　　（本論）の要旨。

　こう見ると、この型のレポートは〈問題提起、主張、論証〉の文書ではないことがわかる。

（ⅱ）　論証型のレポート

　次に、論証型のレポートについて説明する。本章のメインテーマは、この論証型のレポートが書けるようになることである（詳細は**2.**に記載している）。

　課題として出されたレポートが論証型のものであったなら、それには問題についての「著者の主張」、「その理由」、「理由を支える論拠」が書かれていなければならない。論証型のレポートとは、問題に対する〈自分の議論（主張、理由、論拠）を文書化したもの〉のことをいう[4]。

　ところで、この型のレポートでは、執筆者に独創性が要求される。もっと

3）　松本＝河野・同上書22頁参照。

も、まだ学部生の段階で、独自の見解を主張することは困難であろう。そのため、実際には、既存の学説に依拠し議論の後の方向性を示すような内容になるのも致し方ない。しかし、その場合でも、なぜその学説に依拠するのか、その見解に存する難点や予想される反論への対応、どうしてそのような方向性が展望できるのかについて考え抜かれたものでなければならない[5]。

　この論証型のレポートの書き方を **2.** で見ていくことにしよう。

(3)　レポートが課されたら

　その前に、レポートが出されたら、まずはそれが報告型のレポートなのか、それとも論証型のレポートなのかを見抜こう。そして、それぞれのレポートで要求されるものについても確認しよう。「敵を知れば百戦危うからず」である[6]。

2.　レポートを書く準備をしよう！

　さて、いざレポートを書くとして、紙と鉛筆を用意しても（昭和か！）、文章がさらさらと出てくるものではない。レポートを実際に書き始めるためには、レポートに書くべき内容についての下準備が必要となる。

　本節ではレポート執筆の準備段階（問題の設定、文献を集める、文献を読む、アウトラインの作成）を順に説明していく。

(1)　問題を設定する―テーマと問題

　研究や調査の対象となる領域や範囲のことを「テーマ」という[7]。大きさの

---

4)　根拠のある主張のことを「立論」という（松本＝河野・前掲注(2)書10頁）。論証型のレポートは、この立論の文書化であるといえる。

5)　田髙寛貴＝原田昌和＝秋山靖浩『リーガル・リサーチ＆リポート―法学部の学び方〔第2版〕』（有斐閣、2019年）6頁参照。学部生のレポートに厳密な意味での独創性が要求されないことについては、弥永真生『法律学習マニュアル〔第4版〕』（有斐閣、2016年）217頁も認めている。

6)　言わずもがなだが、レポートと感想文は全く違う文書である。後者は個人的感想を主観的に述べればよく、形式もない。これに対して、レポートは〈序論・本論・結論〉という形式の下で、問題に対する著者の見解とその理由を客観的な論拠で示した文書のことである。なお、戸田山・前掲注(1)書275-276頁には読書感想文の無意味さが述べられている。慧眼である。

イメージでいうと大学の概論講義での１回分の内容というところであろう。憲法でいれば「思想・良心の自由」とか「表現の自由」（１回では済まない⁉）のことである。

　これに対して、テーマについて立てられた問いのことを「問題」という[8]。例えば、「思想・良心の自由」というテーマについて「謝罪広告の強制は許されるか」という問いのことである。本章の冒頭にある設問の「代理出産を容認すべきか」という問題は、「生殖医療技術の進歩と生命倫理」というテーマに属する問いである。

　ところで、実際の授業で出されたレポート課題は、ここでいう「テーマ」を指定したものであろうか、それとも「問題」が出題されたものであろうか。「授業内容に関すること」というものも含めて[9]、レポートを書くときは、まずは、ここでいう「問題」を設定して、それに解答を与えることを目指すべきである。また、与えられたものがレポートの「テーマ」なら、また「問題」であったとしても、指定された文字数の範囲で扱い切れないものであるなら、副題を付けて問題を限定する必要もあるであろう[10]。

(2)　文献を集める

　いわゆる文系のレポートなら、多くの場合は、設定した問題に対する解答を文献を読むことによって作成していくものだと考えてよいであろう。この場合の手がかりになりそうな文献は、授業で使用している教科書のほかに、研究書、論文、新聞、ときには立法資料等、様々なものが考えられる[11]。それぞれの分類、検索・収集方法については、資料編のそれぞれの該当箇所を参照してほしい（資料編②、資料編④、資料編⑤参照）。

7）　松本＝河野・前掲注（２）書39頁。
8）　同書・同頁。
9）　前述【論証型の課題】「(d)問題を自分で立てるもの」に該当する。
10）　弥永・前掲注（５）書216-217頁参照。なお、戸田山・前掲注（１）書83頁は、レポートの題目は疑問形がよい、としている。
11）　無料のウェブ百科事典（Wikipedia）を利用することも否定されないと思われる。ただし、情報の収集に止め、引用には出典を直に当たらなければなるまい。ウィキペディアとの付き合い方については、近江幸治『学術論文の作法〔第２版〕』（成文堂、2016年）31頁および戸田山・前掲注（１）書60-61頁参照。

ということで、問題解答に関連する文献を収集しよう。本章では冒頭で「代理出産を容認すべきか」という設問が与えられている。著者なら次の手順で文献を集めるであろう。

(i)　大学附属図書館または近くで利用しやすい図書館のOPAC検索

熊本大学附属図書館蔵書検索OPACで「代理出産」と検索すると熊大蔵書検索では6件の図書がヒットする（2020年8月18日現在）[12]。このうち、すぐ読めそうな大野和基『代理出産』（集英社新書、2009年）と「代理出産は許されるか」という章をもつ石井洋二郎＝藤垣裕子『大人になるためのリベラルアーツ』（東京大学出版会、2016年）を借り出してみる[13]。また、自分の本棚にある本も当然に使うことができる。ここではたまたま高橋昌一郎『哲学ディベート』（NHKブックス、2007年）を持っていたとしよう[14]。

(ii)　法律文献総合INDX

同じく熊大図書館ウェブページから使える「法律文献総合INDX」を使って「代理出産」で検索すると52件がヒットする（2020年8月18日現在）。熊大図書館または法学部資料室に所蔵されている5件程度をコピーしておくとよい。

(iii)　新聞テータベース（DB）

レポートのテーマが社会問題のようであったら、それが新聞でどう報じられたのか、ぜひ、チェックしてみてほしい。そのとき使えるのが新聞DBである。熊大図書館のウェブページでは3紙のDBを利用することができる。ちなみに、『朝日新聞』の「聞蔵Ⅱビジュアル for Library」では「『孫』を代理出産50代後半女性、娘夫婦の受精卵で」（2006年10月16日朝刊1面）、「代理出産、議論進むか　頼みの国会は消極姿勢　学術会議、『禁止』立法提案」（2008年3月8日朝刊3面）という記事を、今読むことができる。

ところで、レポートの課題が出されたら、いつから作業を始めるであろうか。よいレポートを作成するためには準備・執筆に十分な時間があったほうが

---

12)　ほかに「代理母」や、少し広げて「生殖医療」、「生命倫理」というような言葉も検索ワードの候補であろう。

13)　書名に「代理出産」となくても、収録されている論文や章に該当ワードがあると、検索結果として表示される。

14)　「第Ⅱ章　人命―いかに生むべきか」で「代理出産」（116-138頁）および「ベビー・ビジネス」（138-158頁）を扱っている。

いいことは言うまでもない。でも、他の講義もあるし、サークルやバイトもある。大学生生活はこれで意外と忙しい。

　そこで、ある本は、課題が出たらとりあえず3日だけその課題についてやってみる、とアドバイスしている[15]。皆さんも、課題が出されたら放っておくのではなく、上のような文献収集・コピーして、手頃なものを一つ二つ読んでおく[16]。こうしておくと、その後の作業がぐっと楽になり、レポートの質を上げることもできるであろう。

(3)　序論・本論・結論を書くことを意識して文献を読む

　レポートは〈序論・本論・結論〉によって構成される[17]。したがって、文献を読んでいく際にも、成果物として〈序論・本論・結論〉がある文書を書くことを想定しつつ読んでいくのが生産的である。メモをとるとしても、序論で書くこと、本論で書くこと等、後からわかるように記しておくとよい。

　では、「序論」、「本論」、「結論」では、それぞれ何を書くべきであろうか。

（i）　序論

　レポートの冒頭に置かれる「序論」（「序」、「はじめに」、「はしがき」も同義）では、レポートの問題が「なぜ問題なのか」を書くべきである。これを「問題の所在」という。文献を読むときには、まずはこの「問題の所在」を見つけるようにしよう。

　では、本章の設問「代理出産を容認すべきか」でこのことを考えてみよう。なぜこれが「問題なのか」（問題として成立するのか）。代理出産とは「子を持ちたい女性（依頼女性）が、生殖医療の技術を用いて妊娠すること及びその妊娠を継続して出産することを他の女性に依頼し、生まれた子を引き取ること」[18]

---

15)　横田明美『カフェパウゼで法学を―対話で見つける〈学び方〉』（弘文堂、2018年）61頁。

16)　そうすると、次に読むべき文献が「芋づる式」に出てくるであろう。

17)　レポート、（小）論文に「起承転結」の形式が不向きであることについて、参照、近江・前掲注(11)書41-42頁および戸田山・前掲注(1)書98頁参照。

18)　日本学術会議生殖補助医療の在り方検討委員会「対外報告 代理懐胎を中心とする生殖補助医療の課題―社会的合意に向けて」（平成20年〈2008年〉4月8日）3頁 www.scj.go.jp/ja/info/kohyo/pdf/kohyo-20-t56-1.pdf（2020年8月19日閲覧）。なお、本報告は「代理懐胎」という用語によっている。
　レポート作成に当たり「代理出産」の定義を知りたいと思ってインターネットで検索すれば、こういう文書を手に入れることもできる。

を言う。文献を読むと、この代理出産は、ある国では認められていて、ある国では禁止されていることがわかる。そして、わが国では法律で禁止されているわけではないが、日本産科婦人科学会の会告（平成15年4月）[19]により、事実上禁止されている状況にあることもわかる[20]。ところが、わが国では、50代の女性が30代の娘夫婦の受精卵を子宮に入れて出産した事例（法律で禁止されていないので実施例あり）や代理出産が許されているアメリカに渡って実施したタレントの事例（禁止しても海外でできる）があることもわかる[21]。

このように文献を読み進めてくると「代理出産を容認すべきか」が「なぜ問題なのか」がわかってくる。わが国での代理出産をめぐるこういう状況を受け、代理出産は容認されるべきなのか、それとも禁止されるべきなのか。このどちらかの立場を論証していくのが、このレポートの課題ということになる。

(ii) **本論**

すでにこの時点で「本論」に書かれるべきこともあらかた明らかになっていると思われる。本論では「代理出産を容認すべきである」という見解と、「代理出産は禁止されるべきである」という見解の、それぞれの「理由」および「その理由を支える論拠」を書かなければならないことになる。

例えば「容認すべきである」という見解なら、その理由は、科学の進歩による生殖医療の恩恵を受ける権利はみんなに認められるべきである、ということ、その論拠は、この権利は憲法13条で保障されている幸福追求権に含まれるものである、というようなことを論じることになるであろう。

これに対して「禁止すべきである」という見解なら、その理由は、第三者の体を出産の道具のように使う権利は認められない、ということ、その論拠はこのような権利を制限しても「公共の福祉」に反するものではない、ということになるであろう。

上では法学的な、しかも憲法的な側面からの立論（主張と理由付け）を行っ

19) http://www.jsog.or.jp/modules/statement/index.php?content_id=34（2020年8月19日最終閲覧）。
20) 法律文献総合INDXによる検索でヒットした52件のうちの一つである熊谷久世＝鎌田晋「外国における代理出産とわが国の公序」沖縄法学38号（2009年）49頁参照。
21) 朝日新聞記事DB「聞蔵Ⅱビジュアル for Library」で入手した本文中の二つの新聞記事を参照。

た。医学的側面や生物学的側面等、様々な側面からの立論が可能であろう。

　この辺りまでくると、レポート執筆者自身、自分は「容認」「禁止」のどちらの立場をとるのか明確になってくるであろう。この立場の違いで本論の展開も異なってくる。自分の立場を根拠をもって立論できるようになったら（本章の**第1ステップ**）、それに対する反論の立論を理解し、それを反駁[22]する文章を書ける準備を文献を読み込む中で進めていってほしい（本章の**第2ステップ**）。

(iii)　結論

　結論（「おわりに」も同義）は、自らの見解を提示する部分である。ただ「自らの見解」といっても、先に論じたように学部生が「独自の見解」を表明するのは困難であろう。ここでは、上の本論での議論を要約するとともに、従来の議論の中に自分の見解を位置付ける、あるいは、従来の議論との違いがわずかでもあるなら、その部分を明記することで十分であろう。

(4)　レポートの構成を考える

　文献を読んでいて、問題の所在、自分の立論（主張とその論拠）、それに対する反論とさらにそれに対する反駁のノートやメモ書きができてきたら、最終的な成果物となるレポートの構成（アウトライン）を作ってみよう。

　本章の設問（代理出産を容認すべきか）を例にとると、次のようなアウトラインになるであろう[23]。

序論

　　問題の導入：生殖医療としての代理出産はわが国では事実上禁止されている。

　　問題の所在：代理出産をわが国でも法的に認めるべきか。

　　→なぜこれを論じるのか：祖母が孫を生んだ例、海外での出産例、子どもをもつことは権利ではないのか。

　　結論の提示：代理出産を限定的に認め、それ以外を法規制すべきである。

---

22)　反駁とは「自分の主張に加えられた批判や反論に対して再反論して、自分の立論を擁護すること」である（松本＝河野・前掲注（2）書56頁）。

23)　同上書58-59頁に掲載されている「安楽死を日本でも法的に認められるべきか」を問題としたアウトラインを参考にした。

第1章　代理出産を認めるべきであるとする見解

内容：代理出産を認めるべきであるとする見解は、どのような理由と論拠を提示しているのか。

→人類は（生殖）医療の進歩を享受してきた、子どもを持つ権利は幸福追求権、禁止しても海外で実施できる。

第2章　代理出産を禁止すべきであるとする見解

内容：代理出産を禁止すべきであるとする見解は、どのような理由と論拠を提示しているのか。

→倫理的な歯止めが必要、判例との齟齬[24]、貧困女性が代理母となるのでは。

第3章　代理出産は認められるべきか

内容：双方の見解を受けて、自分ではどちらをどのような理由で支持できるか。

→子宮の先天的な障害、子宮摘出などを理由とする場合には容認すべきである。金銭を媒介とするものは禁止。

結論

全体の要約とまとめ

結論の提示：限定された代理出産のみ容認すべきである。理由をもう一度、明示する。

残された課題：法制化については論じられなかった。

　序論で問題の所在を記述した後、第1章～第3章が本論にあたる部分である。ここで最終的に代理出産を限定的に容認すべきであるという結論に導くことを意識して、容認派と禁止派のそれぞれの見解をまとめた後、第3章はレポート執筆者の見解を述べる部分に当てられている。執筆者が容認派なので、自己の見解（容認）に対する反論（禁止派の見解）を反駁することを意識して第3章は記述されるべきことになる。結論では全体をまとめ、レポート執筆者の見解を理由とともにもう一度提示した後、このレポートでは扱えなかった問題

---

24)　最判昭和37・4・27民集16巻7号1247頁は、母と非嫡出子間の親子関係は、原則として、分娩の事実により当然発生する、としている。

を述べるとよいであろう。

3.　さあ、レポートを執筆しよう！

　機は熟した。前節で作成したレポートのアウトラインに従って、いざ、レポートを執筆しよう。本節ではレポートを実際に執筆するに当たっての注意事項をいくつか記しておく（いよいよ本章の**第3ステップ**である）。

(1)　文章表現の仕方
(i)　常体で書く
　文末を「〜です」、「〜ます」とする文体のことを「敬体」と言う（「ですます調」と言われる）。これに対して文末を「だ」、「である」とする文体のことを「常体」と言う（「である調」と言われることもある）。レポート、論文は常体で書くのが慣例である。
(ii)　一文はなるべく短くする
　常に主語と述語を対応させることを意識して文を書くと一文を短くすることができる。また「……であり、……し、……され」という連用形はできる限り避けるとよい。さらに、口語ではよく使う接続助詞の「が」（「……であるが」、「……というが」など）を使わないことも意識すべきである。この「が」のある文は長くなる傾向にある。「が」の前で「。」を打ち、順接なら「したがって」、「ゆえに」など、逆接なら「しかし」、「ところが」などの接続詞を使って後文を始めるとよい。
(iii)　段落を分ける
　ときどき、改行の全くない文章に触れる。他方、一文一文改行するような答案もある。一段落は、一つのトピック（話題や出来事）を記した文とその説明となる文で構成されるべきである。トピックの異なりで段落を分けるのがよい[25]。ある本は、段落意識をもつと文章が文章らしくなる、としている[26]。

---

[25]　段落（パラグラフ）の内部構造については、戸田山・前掲注（1）書190-193頁がわかりやすく解説している。
[26]　岩淵悦太郎編著『悪文〔第3版〕』（日本評論社、1979年）55頁（林四郎執筆）参照。

段落の文頭を１マス空けることも忘れずに。

(iv)　修飾語の位置に注意する

修飾語と被修飾語を近づけることにも留意すべきである。「赤いシャアのザク」は「シャアの赤いザク」と表記されるべきであろう。

(v)　括弧とナカグロ

文章中の補足や注記などに用いられる「（　）」は丸括弧（パーレーン）という。

これに対して、カギ括弧（「　」）の使い方は意外に難しい。①発言や引用を本文と区別するため、②論文名、③カギ括弧内の言葉を説明・定義するとき、これらの場合にカギ括弧の使用は限定すべきであろう。

「『　』」は二重カギ括弧という。これは、①書名・映画等の作品名を示す、②カギ括弧内におけるカギ括弧のためだけに使うべきであろう。

ナカグロとは「・」という記号のことである。これは、文章中で語を並列させる場合（文学部には文・心理・コミュニケーションの各学科があり、工学部には電気・機械・土木の各学科がある）や外国人名のカタカナ表記の際（ジョン・F・ケネディー）に用いられる。

(vi)　文末に変化をもたせる

文末が「である」「だ」の連続である文章は読みにくい。文末には変化をもたせるとよい。

(2)　事実と自分の意見を区別して記述する

例えば「①タバコは有害である、②ゆえにやめるべきである」という文があったとしよう。このうち①は事実を示している。事実にはその証拠が示されるべきである。また、他人の意見（どこかの著作からの引用）も、他の人がどこかで言っていたことなので事実となる。したがって「Aは『タバコは有害である』という」という文には証拠（引用文献を注で表記するなど）が必要となる[27]。

これに対して、②は自分の意見である。自分の見解を表明する際には、文末を「～と考える」、「～とすべきである」、「～のではないか」という表現にするとよい。

また、特に自分の意見を強調したいときには主語を入れて「著者は……と考

---

27)　松本＝河野・前掲注（2）書47頁参照。

える」とすると効果的である[28]。

(3)　注を付ける

　学問とは、過去の研究業績の上に積み重ねられて発展していくものである。本章で繰り返しているように、学部生段階のレポートで真の意味での独創性ある内容を要求するのは酷というものである。したがって、課題として出されたレポートの内容も、誰か先人の研究業績に依拠して書かれたものであってよい。しかし、そのことを何も示さずに隠したなら、それは剽窃である。剽窃は許されることではなく、原著作者の著作財産権および著作者人格権を侵害する違法行為でもある。

　そうならないためにも、先行業績に依拠して書かれている部分には注を付して、そのことを明記しなければならない。このときに付される注のことを「出典注」という[29]（出典注の付し方については資料編③参照）。他人の著作から字句を変えずに原文のまま引くことを「直接引用」、著作の内容をまとめて自分の言葉に置き換えて引くことを「間接引用」という。直接引用の際には引用部分を「　」で括り、その中は原典の字句を1字たりとも変更してはならないという決まりがある[30]。

　こうした出典注を入れる必要があるのは、本文に他人の見解を記載するからである。したがって、その本文は、自説ではなく、他人の見解であることが明確にされていなければならない。その際には、「○○によれば……」、「ある論者は……」というような言葉を入れて、他人の見解に依拠した記述が始まることを示すとよいであろう。

　ところで「他の書物に引用されたものを、原典にさかのぼって調べることなく、そのまま引用すること」（広辞苑）を「孫引き」という。孫引きは原則として許されていない。それは、該当部分を引用した意図は「子」に当たる被引

---

28)　田高＝原田＝秋山・前掲注（5）書31頁。

29)　出典注の意義としては、本文中に書いたように原著作者の著作権を保護すること、レポートの読者に自説の検証の機会を与えることが挙げられる（松本＝河野・前掲注（2）書66頁参照）。読み手に検証の機会を与えない文書は、学問（科学）的文書とは言えないであろう。

30)　では、「　」で抜き出そうとしたとき、その中の例えば漢字が明らかに間違っていた場合などはどうしたらよいか。その場合でも引用は1字1句違えずに「　」で括り、誤っている箇所に（ママ）と記すというルールがある。「●●」「●●（ママ）」のようにである。

用書物独自のものであるのに、その意図を度外視してそこに引用された原典だけを利用することになるからである。どうしようもなく孫引きせざるを得ない場合には、そのことを注で記載すべきである[31]。

注にはほかに、本文に入れると文章の流れを切ってしまう派生的議論や補足説明等を提供するための注もある。この注のことを「補足注」という[32]。

(4)　論証する

レポートとは、先述しているように、立論を文書化したものである。

では、この立論の文書化はどのようにすればよいのか。それは論証によるべきである。根拠から主張を導き出すことを「論証」という[33]。この根拠には二つの要素が含まれている。主張の「理由（reason）」とその理由を基礎づける「証拠（evidence）」である[34]。

例えば、「金銭を伴う代理出産は禁止すべきである」という主張をするとき、その「理由」（「なぜなら」に当たる部分）は例えば「貧困女性が利用されやすい」というものであり、その「証拠」は代理母に経済的困窮者が多いというデータということになるであろう。この証拠に当たる部分には、上のような実証的データのほかに、信頼できる先行業績や社会一般に受け入れられているいわば「常識」のようなものもある[35]。レポートにおいて自己の主張を表明するときには、それを理由と証拠をもって提示することを常に意識するとよい。

また、論証の方法としては、法学では「法的三段論法」（第2章、第6章参照）や類似の事例から規範を導き出し当てはめる「類推」[36]という方法もよく用い

---

31)　孫引きであることは、阪本昌成『憲法2―基本権クラシック〔第4版〕』（有信堂高文社、2011年）192頁（大日方信春『憲法Ⅱ―基本権論〔第2版〕』〈有信堂高文社、2018年〉211頁より引用）というように記載するとよい。

32)　注は一般に、①脚注、②文末注、③括弧注、④割注に分けることができる。学生のレポートでは、脚注（本書の形式）か文末注が一般的である。

33)　田髙＝原田＝秋山・前掲（5）書40頁参照。

34)　松本＝河野・前掲注（2）書10頁参照。

35)　同上書・同頁参照。

36)　「事態AについてルールBが適用される」という場合に、「事態Aそのものではないが、重要な点において事態Aと類似している事態C」についても、ルールBを適用するというのが類推である。これも「事態Cが重要な点において事態Aと類似している」という根拠により「事態CにもルールBを適用すべきである」という主張を基礎付けている点で論証の一類型といえる（田髙＝原田＝秋山・前掲注（5）書57頁参照）。

られている。これらの論証手法も適宜、利用するとよいであろう[37]。

(5)　推敲・校正する

　一通り書き上げたら、まずは、〈序論・本論・結論〉の分量配分を確認しよう。序論と結論で全体の3割程度、全体の7割程度が本論であるとよい。

　次に、誤字・脱字をチェックしよう。「神は細部に宿る」（作品の細かいところに妥協せずにこだわってこそ、素晴らしいものが仕上がる）という。推敲は文章を読み直す作業であるとするなら、誤字・脱字の残る文章は、そもそも読み返されていない（推敲されていない）ことの証拠ですらある。

　また、推敲・校正は、経験上、パソコン画面上ではなくプリントアウトして行うとよい。媒体を変えることで気付く場合が多いのである。できれば、友だちと読み合わせるのがよいであろう。単純なようでいて、これが一番効果的である。

　提出の際には、手もとに複写を残しておくことも忘れずに。

4.　ここまでのまとめ

(1)　3ステップの再確認

　それでは、本章の3ステップを確認する。

　第1ステップ　設問に対する自己の見解を根拠とともに持つようになること。本章の設問に当てはめれば、例えば「代理出産は容認されるべきである」、なぜなら「子どもを持つ権利は憲法上の権利であるからである」という部分である。

　第2ステップ　自己の見解に対する反論に対して反駁できるようになること。例えば、「代理母は貧困女性が多いのではないか」という反論に対して「金銭を伴う代理出産は禁止する」という限定で対応する部分がこれである。

　第3ステップ　レポートを書けるようになること。論証型のレポートは立論

---

37)　数学で学んだ背理法（ある命題が否定されると仮定した場合に矛盾があることをもって当該命題が真であることを論証する方法）も使えるであろう。なお、戸田山・前掲注（1）書176頁には「論証形式のまとめの表」がある。

の文書化である。自らの主張を理由と証拠をもって提示し、それを文書化でき
たであろうか。

(2)　さらに考えるための発展問題

　本章では5,000字程度のレポートを想定してレポート執筆術を指南してい
る。では、このレポートを踏まえて、卒業論文（20,000字程度を想定）を書くと
したら、どのような問題を扱うことができるであろうか。2問、提示する。

第1問　商業的代理母は許されるか

　本章では、代理出産を許すとしても、金銭を媒介とする代理出産（商業的代
理母）は倫理的に許されないという立場をとっている。ただ、その論拠は文字
数の制限もあり十分に提示することはできないであろう。そこで、商業的代理
母は許されないのか、という問題を卒業論文レベルでは一つの章を立てて検討
することができると思う。ここでは代理母契約が履行されなかった場合の処理
法も検討できることであろう。

第2問　子どもの出自を知る権利について

　わが国の養子縁組には普通養子縁組（戸籍に「養子」「養女」と記載）と特別養
子縁組（戸籍には実子と同様「長男」、「長女」と記載）がある。ただし、後者も裁
判による入籍であると記載されるため、養子は戸籍を遡って実の親を知ること
ができる。

　では、代理出産を制度として認めるとして、それはこの養子縁組制度の下で
なされるべきであろうか。夫婦が精子と卵子を提供している場合（借り腹）な
ら、遺伝子的には夫婦の間の子であることになるのだから、戸籍には実子とし
て記載されるべきでなかろうか。こうした問題も紙幅に余裕のある論文では
扱ってもらいたい。

コラム④
法と経済学について

　「法と経済学」は法ルールや法制度を主にミクロ経済学やゲーム理論を用いて分析する学問であり、法学という学問に今までと違った視点を与えるとともに、法学という学問に補完する役割を担っている。近年、経済学は意思決定主体のインセンティブと各主体間の相互依存性に着目するようになってきた。インセンティブとは人に何らかの行動を行わせるための誘引や彼ら自身の行動の誘因を意味する。法ルールや法制度の設計において、彼らのインセンティブや相互依存のゲーム的状況を念頭に置く必要があることは言うまでもない。「法と経済学」の射程範囲は多岐にわたるが、本コラムでは、身近な事例と経済学の初歩理論を用いつつ、「法と経済学」の考え方を示すことにする。

　まず始めに、自動車のシートベルト着用の義務化というルールについて考えてみよう。着用義務付けのルールの意図はドライバーや同乗者の負傷を減らすというものである。一般的な直感では、義務付けによって負傷が減少するものと考えられる。しかし、このときドライバーはシートベルトの着用によって安心してしまい、注意深い運転を怠るインセンティブが生じる。トータルで見ると、着用による物理的安全から守られる負傷の減少と着用による安心感からくる散漫運転による負傷の増加のせめぎ合いがあるはずである。着用義務化によって、もしかして、後者が前者を凌駕していたら、全体としてのドライバーや同乗者の負傷は増えていたかもしれない。実際は物理的安全性による負傷の減少の効果が大きいと考えられるが、ルールの設計には細心の注意を払わなければならないことがわかるであろう。また、着用の義務化は歩行者の安全性を損なう可能性もあることを忘れてはならない。

　このようなとらえ方は実はミクロ経済学の初歩で学ぶ価格変化と需要の関係に関する考察を理解していれば容易に理解ができるのである。そこで次の事例を考えてみよう。太郎は財 A と財 B を毎月一定程度購入している。かりに今月財 A の価格が上がったとすると、太郎は財 A の購入を減らすだろうか。ただし、財 B の価格と太郎の今月所得は今までと変化はないものとし、太郎は財 A と財 B を好んで購入しているとする。このとき、普通に考えれば、財 A の価格が上がったのだから今月、太郎は財 A の購入を減らすと考えられる。これは当たり前だと思われるかもしれない。しかし、もう少し詳細に考えたい。これには二つのチャネルの存在を見ておく必要がある。一つ目は、太郎にとって財 A の価格の上昇は財 A の購入を減らすインセンティブがあり、これは相対的に割安になった財 B の購入を増やすという行動の結果である。つまり財 A の価格が相対的に高くなったゆえの財 A の購入手控えの状況を表している。二つめのチャネルは次である。これは財 A の価格上昇は太郎に実質的な所得減少をもたらしているという点に注目する必要がある。実際の所得は変化して

208

いないが、実質的所得が減っていると解釈するのである。このとき、この実質所得減少によって太郎は財Aを好んでいるけれども泣く泣く財Aの購入を減らさざるを得ないことになる。上記の二つのチャネルにおいて、いずれも財Aの購入は減少しているので、トータルでとらえると、結局、財Aの価格の上昇によって太郎は財Aの購入を減らしているということになる。重要なことは、価格変化の購入に与える効果は二つのチャネルからもたらされているということである。ここでの「価格上昇の変化」は上の例では「シートベルト着用ルールの厳格化」に相応することがわかるであろう。

　もう一つ事例を取り上げよう。これは「法と経済学」の国際学術誌 Journal of Legal Studies に掲載された「保育園のお迎えの遅刻者への罰則の効果」について考察した論文の内容である。論文の著者らは、イスラエルの保育園10か所でお迎えに遅刻した親たちに少額の罰金を科すとどのような結果になるかについての実験を行った。まず、彼らは罰金がないとどうなるのかを計測し、その後、保育園6か所で10分以上遅れた親たちに3ドルの罰金を科すルールを導入した。結果はどうなったか。罰則がないときに比べて、遅れてくる親たちが大幅に増えたのである。なお、罰金を取りやめた後、遅刻者の数は減らなかったという。抑止理論による罰則が由々しき行為をなくすという常識的命題から判断すれば、この結果は驚きである。保育園側と保護者のゲーム的状況の中で、一方において保育園側は親たちのインセンティブを読み解けず、他方において、親たちが保育園側の罰金の意図を自分たちに都合のよい解釈をしたことから、この結果は、引き起こされたものであり、まさに契約の失敗である。ただし、この驚きの結果を導いた中身にも実は上記で説明した経済学の基礎概念でより詳細な検討が可能である。この場合、遅刻者が増えたのは二つのチャネルがあると考えられる。例えば、罰金がないときに遅刻していた親たちの中の何人かが罰金の導入によって遅刻をやめたということによる遅刻者の減少と3ドルの罰金が少額ゆえ延長料金ととらえた親たちによる遅刻の増加である。前者よりも後者の効果が上回ったのである。やはり、この二つのチャネルからくる二つの効果のせめぎ合いの存在について読者にはぜひ読み解いてほしい。

　昨今、インセンティブという語は市民権を得たようであるが、上記の説明でわかるように、注意深く人々のインセンティブを克明に読み解かなければルール設計に失敗する可能性がある。献血者に金銭的報酬を与えたら献血者が減ったという欧州の事例もある。ルールを作る際に人々のインセンティブを考慮するのは今や常識であろう。しかし、インセンティブを誰にどのようにどれくらい与えるかしっかりと考えなければ意図せざる結果に陥るはめになる。ちょっとだけ深く考えることで、法やルールの制度設計をより適切にこしらえることができ、ひいてはそれが人々の幸せにつながることになるかもしれない。ときには、標準的な法学とは少し違った角度から法やルールの意味を読み解いてみませんか。

判例集

　多数の人間が織りなす現実の社会は複雑怪奇で、裁判官は、抽象的に書かれた条文を論理的・説得的に〈解釈〉し、より具体的な意味内容をその条文へ与えて、目前の紛争を終結させている。

　だからこそ、法律学とりわけ実定法の授業科目では、生きた法である「判例」が必ず紹介されるし、「判例」を踏まえずに法律問題を解決へ導くことは困難に違いない（第2部第5章を参照）。

　その意味で、授業の中で紹介される「判例」を受け止めるだけでなく、積極的に「判例」へアクセスできる技術を身につけることは、法律学に取り組む学生にとって、とても重要なマナーの一つと言えるだろう。

　裁判所に持ち込まれる事件の全てに裁判官による判断が下されるわけではないが、日々、事件解決のため膨大な判決・決定等が発せられている。実は、私たちが手に取れる裁判所の判断は、そのうちのごくごく一部でしかない。その確認手段が『判例集』である。

　ある法律問題（争点・論点と呼ばれる）に対し下された裁判所による判断の集積である『判例集』は、後に触れるように、古くは百数十年前の明治初期から、当然ながら紙媒体で制作され、電子情報（デジタル・データ）でのやり取りが当たり前な現在も、それが継続されている。

　以下では、まず(1)現在の、続いて(2)第二次世界大戦以前における紙媒体『判例集』を、最後に(3)Web上で活用できる判例検索システムを紹介する。

(1) 現在刊行されている『判例集』

(i) 最高裁判所等公的機関が手がける紙媒体

何より、最高裁判所事務総局が編集する(A)「最高裁判所民事判例集」(略称・民集)・同「刑事判例集」(刑集) を挙げることができる (1947年11月刊行開始)。最高裁判所自体が国民へ伝えるべきと評価する判断が公にされているととらえてよい。事件によっては、下級審の判断が合わせて掲載されることもある。法律学に携わる教員や学生が最も手にする機会が多い『判例集』だろう。

名称・略称がよく似ているが異なるものとして、(B)「最高裁判所裁判集　民事」(集民。同年9月刊行開始)・同「裁判集　刑事」(集刑。同年11月刊行開始) がある (非売品)。集民 (刑) にのみ登載される判断も存在する。

これらのほか、「東京高等裁判所判決時報・民事」「同時報・刑事」(東高民 (刑) 時報。東京高裁資料室編)、「訟務月報」(訟月。法務省訟務局編) 等も刊行されている。

(ii) 民間企業が手がける紙媒体

(C)「判例タイムズ」(判タ。1948年刊行開始。月刊・判例タイムズ社) と、(D)「判例時報」(判時。1953年刊行開始。旬刊・判例時報社) 2誌が、分野にかかわらず、最高裁から各高・地裁の判断まで掲載している。

他方で、(ア)民商事法関係の事件に注目した「金融・商事判例」(金判。1967年刊行開始。隔週刊・経済法令研究会) 等、(イ)労働事件を取り上げる「労働判例」(労判。1967年刊行開始。隔週刊・産労総合研究所)、(ウ)地方自治 (行政法の1分野) に関わる事件を掲載する「判例地方自治」(1984年4月刊行開始。月刊・ぎょうせい) のように、ある法領域に特化した『判例集』も存在する。

(2) 第二次世界大戦終結以前に刊行されていた『判例集』

大日本国帝国憲法下において、現在の最高裁判所に該当する最上級審は「大審院」と呼ばれていた (旧・裁判所構成法1条第四・43条1項参照)。

その大審院の公的『判例集』として、民事事件については、(E)-1「大審院民事判決録」「大審院民事商事判決録」(司法省編)、「大審院判決録　民事」(東京法学院、のちに中央大学編) 等 (3誌すべて民録と略)、(E)-2「大審院民事判例集」(大審院編。民集と略)〈1875年7月～1887年、1891年～1946年の判決等収

録〉、刑事事件については、(F)-1「大審院刑事判決録」（司法省編）、「大審院判
決録　刑事」（東京法学院、のちに中央大学編）（2誌とも刑録と略）、(F)-2「大審
院刑事判例集」（大審院編。刑集と略）〈1875年6月〜1887（明治20）年、1891年
〜1946（昭和21）年の判決等収録〉がある。

　私的に（民間企業により）刊行されているものもあり、「裁判粋誌」（裁判粋誌
社）、「大審院裁判例」（裁判例と略。法律新聞社編）、「大審院判決全集」（判決全集
と略。法律新報社）等を挙げることができる。

⑶　Web上の判例検索システム

　現在はデジタル社会だけに、紙媒体ではなく、Web上で、地裁（一部には簡
裁）から最高裁までの判決等を検索し、その文章を閲覧・印刷する、あるい
は、ダウンロードすることもできる（ことがある）。

　公的なものは、裁判所Website内に設けられた(i)「裁判例検索」〈https://
www.courts.go.jp/app/hanrei_jp/search1〉である。民（刑）集に収録された判決等
だけでなく、かつて紙媒体として刊行されていた「高等裁判所民（刑）事判例
集」（高民〈刑〉と略）「行政事件裁判例集」（行集と略）「労働関係民事裁判例集」
（労民集と略）「知的財産権関係民事・行政裁判例集」（知財集と略）等に収録され
た判断についても、キーワードや裁判年月日等を打ち込むことで検索できる。

　民間企業が運営し、法学部生がアクセスする機会が多いと思われるものは、
(ii) LEX/DBインターネット（TKCローライブラリー〈http://www.tkc.jp/law/
lawlibrary/〉内）、(iii) LLI判例秘書〈https://www.lli-hanrei.com/、LIC〉、(iv) D1-
Law.com〈https://www.daiichihoki.co.jp/d1-law/index.html、第一法規〉だろう。

　なお、同一の裁判所により同日に下された複数の判断は、典拠として記され
た掲載誌名やその巻・号・頁、あるいは、事件番号（例えば、労働者の人格権侵
害が争われた関西電力事件・最判は、「平成4年（オ）第10号」と表記される。事件記録
符号については、後掲・弥永167頁以下参照）を確認することで区別できる。

《参考文献等》

国立国会図書館リサーチ・ナビWebsite内の「判例の調べ方」〈https://rnavi.

ndl.go.jp/politics/entry/Japan-hanrei-sup.php）

弥永真生『法律学習マニュアル〔第 4 版〕』（有斐閣、2016年）122頁以下

板寺一太郎『法学文献の調べ方』（東京大学出版会、1978年）288頁以下等

法律関係書籍の分類

　高校まではわずかに触れられるだけだった法律学と、授業を中心に正面から向かい合う皆さんは、理解をより深めるため、あるいは、わからないと感じる部分・苦手な意識を克服するため、自ら購入するか、先輩等から譲ってもらうか、図書館で借り出すか等、手にする経緯は人それぞれながら、様々な種類・数多（あまた）の書籍と出会う（に違いない）。

(1)　教科書
　法律学はもちろん各学問の学習過程で、最も接する機会が多い書籍と言え、授業での進行や教授内容を決定付ける役割を担う。
　ちなみに、大学以前の教育内容や教科用図書は、学校教育法（昭和22年3月29日法律26号）および同法施行規則（昭和22年5月23日文部省令11号）に基づき定められる各教科の『学習指導要領』（「法規」としての性格を有するとされる。伝習館事件・最判平成2・1・18民集44巻1号1頁参照）、これを前提とした文部科学大臣による《検定》（教科用図書検定規則〈平成元年4月4日文部省令20号〉、義務教育諸学校教科用図書検定基準〈平成29年8月10日文科省告示105号〉等参照）や教育委員会等による《採択》（義務教育諸学校の教科用図書の無償措置に関する法律〈無償措置法。昭和38年12月21日法律182号〉等参照）により、大きく規制されている。
　大学教育に対しては、上記のような制約は全く存在しない。したがって、1人1人の大学教員が（誰でも入手可能な）市販されている数多の書籍から自由に選択・設定する（逆に、教科書を指定しない、という選択も許される）。
　教科書では、それが用いられる授業で、あるいは、その題名が示す法領域について伝えるべき内容・事柄（例えば、六法をはじめとする実定法〈の授業科目

を想定すると、条文の立法趣旨、条文に記される専門用語の意義、要件・効果、争点〈論点〉に関する判例・学説状況等）が、順序よく論理的体系的に記述されている。とはいえ、内容量の多寡や文章表現の難易は、想定される読者層や頁数あるいは価格等によって、かなり異なる。

　初学者（典型的には、大学に入学したばかりの1年生）向けに書かれた教科書は、それほど分厚くなく、価格もそこそこで、浅く広く平易な文章で書かれており、「入門書」と呼ばれる（『○法入門』）。他方、判例・学説状況が詳細に示された上で私見（自説）が展開され、その記述の説得性・論理性を裏打ちする脚注（註）が付き、重厚な書きぶりで分量が数百頁を優に超える、価格もなかなかなものは、特に「専門書」「体系書」と称されることがある。

　多くの授業でテキストとして実際に用いられている教科書は、上記「入門書」「専門書」の中間的な存在で（「概説書」と表記することあり）、脚注は付されておらず、300～500頁ほどで、本体価格が2,000～3,000円台のものだろう（有斐閣：Sシリーズ／日本評論社：日評ベーシック・シリーズ／弘文堂：NOMIKAシリーズ／法律文化社：aシリーズ等）。

　教科書は、執筆者（数）でも特徴付けられる。1冊の書籍を1人で執筆し切った作品は「単著本」、複数人の執筆者で役割分担して製作された作品は「共著本」という。「単著本」では、1人の執筆者が全てを書き通すので、許された分量（頁数）における文章表現や進行、内容の論理性でも一貫性が発揮され、私見（自説）の展開も期待できる。皆さんが最も接するであろう「概説書」の制作形式としてしばしば用いられる「共著本」は（まさに、本書もそう）、平易な文章で記され、その授業・その法領域で最低限踏まえるべき内容（例えば、主要争点〈論点〉における判例・通説）が学習できることを長所に挙げられるだろう。反面、執筆者が複数だけに、「単著本」に比べれば、文章表現や分析視角が一貫しないと感じられるかもしれない。

(2)　副読本

　教科書の内容をよりわかりやすく説示したり、あるいは、ある部分をより詳しく紹介したりする書籍も刊行されている。前者「よりわかりやすく説示」する作品例としては、『目で見る』シリーズ（有斐閣）がある。法（律）学の教科

書の多くは、基本的には、文章がぎっしり詰まっているが（これが法〈律〉学への苦手意識や難しさを醸し出しているかもしれない）、『目で見る』シリーズは、図表や写真、新聞記事等を多用して、視覚的に理解できるように工夫されている。

　後者「ある部分をより詳しく紹介」する作品の典型は、判例を解説する書籍群である。ひとまず別冊ジュリスト『判例百選』シリーズ（有斐閣）、『ケースブック』シリーズ（弘文堂）、『ケースメソッド』『新・判例ハンドブック』シリーズ（日本評論社）を挙げることができる。

(3)　辞典類

　各学問分野では、日常会話では使われない・現れない（あるいは、日常会話とは異なる意味で用いられる）単語や言葉遣い＝専門用語が、多数飛び交っている（はずである）。法（律）学も決して例外ではない。そのため、『国語辞典』や『漢和辞典』を引いても、その専門用語の正しい意味内容をたどれないことがある。そうした際に活用されるべき書籍が辞典類である。

　法（律）学全般をカバーするコンパクトな作品としては、『デイリー法学用語辞典〔第2版〕』（三省堂、2020年）、『有斐閣法律用語辞典〔第5版〕』（有斐閣、2020年）を紹介できる。ちょっとした変わり種に、『法律類語難語辞典〔新版〕』（有斐閣、1998年）がある（「漢和辞典の画数索引の法律用語版」との評価あり〈後掲・弥永45頁〉）。

　上記のほか、ある法領域に特化したもの（『行政法事典』〈法学書院、2013年〉、『現代民法用語辞典』〈税務経理協会、2008年〉、『刑事法辞典』〈信山社、2003年〉、『三省堂憲法辞典』〈三省堂、2001年〉、『民事訴訟法辞典』〈信山社、2000年〉等）や、外国の法律用語を邦訳する辞典（『フランス法律用語辞典〔第3版〕』〈三省堂、2012年〉、『英米法律語辞典』〈研究社、2011年〉、『独和法律用語辞典〔第2版〕』〈成文堂、2010年〉等）も存在する。

(4)　モノグラフ（monograph。単行本）

　法（律）学に限らず、大学教員＝研究者は、自らが専攻する領域に存在する数ある争点（論点）、あるいは、未解明・未解決のテーマの中で、これを明快

に解き明かしたい、と思い定めるものを抱えている。

　法（律）学者のモノグラフ（単行本）とは、そうした争点（論点）・テーマに関わる、判例・学説をはじめとした様々な事柄について、時系列的に（過去〜現在）、さらには、外国の法制・法理論とも比較しながら調査を尽くし、その内容を順序よく描写した上で、たどり着いた自分なりの答え（私見・自説）を文章に認（した）めたものが書籍として刊行されたものと言えるだろう。

　ある授業科目の内容・ある法領域全体を広く解説する「教科書」に対して、「モノグラフ」（単行本）は、狭く絞った争点（論点）・テーマを深く網羅的に考察し、結論において、ある意味、執筆した研究者なりの世界観が示された作品と表現できるかもしれない。

(5)　注釈書

　「逐条解説書」「コンメンタール」（ドイツ語 Kommentar）ともいう。法律条文ごとに、㋐立法趣旨、㋑立法・改正経緯（現行法や現条文では確認できない改正前の旧法・旧条文の内容にも言及）、㋒条文に用いられる文言の意味、要件および効果に関する判例・学説状況等について、詳細に解説した書籍である。皆さんの学習の関心が、ある具体的な条文の内容に向かっているのであれば、前掲「体系書」「専門書」よりも、「注釈書」の記載を確認するほうが、より早く、より多くの情報を獲得できるのではないか。

　現在、多くの注釈書が刊行されているが、法学部生が手にしやすい作品として、さしあたり、『注釈』シリーズ（有斐閣。日本国憲法・民法・刑法・民事訴訟法・会社法・労働基準法・労働組合法・国際私法等）、『新基本法コンメンタール』シリーズ（日本評論社。憲・民・刑・民訴・刑訴・会社の各法のほか諸法あり）を挙げておこう。

《参考文献》

弥永真生『法律学習マニュアル〔第4版〕』（有斐閣、2016年）32頁以下、41頁以下、152頁以下等。

文献の検索・引用方法について

1.　目的に応じた検索方法

　ここでは、レポートやゼミの報告等のため日本語の文献を検索するとしよう。このとき、次のどの状況にあるかで検索方法が少し違ってくる。以下、大学付属図書館や公立図書館を利用するとして、状況別に検索方法を見てゆく。

(1)　必要な文献が決まっている、または文献情報がある。
　例）演習で報告タイトルが指定されている、または手もとの文献から遡って（後述）検索する。

(2)　テーマは決まっているが、具体的な文献情報はない。
　例）ある授業で、指定のテーマでレポートを書くよう求められている。

(3)　ジャンルは決まっているが、具体的なテーマはこれから探す。
　例）商法の演習で、自分でテーマを選び報告するよう求められている。

2.　状況別検索方法

　文献を検索するには、データベースを利用する方法と、紙媒体から探す方法がある。(1)、(2)のように、ある程度対象を絞れる場合には、データベースの利用が便利である。

(1)　文献情報がある場合

　この場合、あとは所在を確認するだけである。熊本大学附属図書館ないし近隣の公立図書館から OPAC（オーパック、蔵書検索システム）を利用するのが手

早い。タイトル・著者・発行日等で検索ができる。当該図書館が所蔵していれば所在情報が出てくるので、あとは当該場所で手に取るだけである（書庫や他学部資料室、研究室等にある場合にはカウンターで所定の手続を）。

　当該図書館にない場合、他の図書館のウェブサイトから同様に調べるという手段もあるが、専門書や専門誌の場合、Cinii（サイニイ）books という検索システムで全国の大学図書館の蔵書をまとめて調べるのが便利である。熊本大学附属図書館のウェブサイトから利用することができる（学内利用のみ）。

　所蔵する図書館等が判明したら、相手方に連絡の上（入館や利用に制限があったり、紹介状が必要な場合がある）直接行くか、または取り寄せサービスを利用する（ただし多少の手数料がかかる）。

⑵　あるテーマに関する文献を探したい場合

　上記の OPAC・Cinii はいずれもフリーワード検索が可能である。内容・著者等の項目で検索することもできる。

　雑誌論文については、まず Cinii Articles でどんな論文が存在しているかを探す。ここで電子ジャーナルがヒットした場合、熊大との契約があれば、学内PC からダウンロードできる。それ以外の場合には、改めて OPAC で紙媒体の所蔵を探す手順となる（Cinii Articles では、所在は直接出てこない）。

　法律文献に限れば、同じく図書館ウェブサイトから、法律文献総合 INDEX というデータベースも利用できる。これは『法律時報』に掲載された文献（後述）の総合索引で、単行本・論文・判例評釈の検索が可能である。ただしこちらも存在のみの検索なので、所蔵は別途調べることになる。

　熊本大学附属図書館におけるデータベースの利用や入手方法の詳細については下記のリンクを参照のこと。

　　　附属図書館 WEB サイト＞情報検索サポート
　　　https://www.lib.kumamoto-u.ac.jp/support/support
　　　　＞熊大生のための学修・研究お助けガイド
　　　　＞各種データベースの使い方
　　　　＞その他＞文献入手の流れ

＞データベースサイトマップ＞法律文献総合 INDEX

https://www.lib.kumamoto-u.ac.jp/support/db_sitemap

⑵－2　最新の文献から遡って探すこと

　同じテーマの文献では、まず最新のものから当たるとよい。その文献の注釈（引用）や参考文献から遡って検索を広げることができるからである。このような読者の便宜のためにも、引用や参考文献の記載は、それを探すに十分な情報を示さなければならないのである。

⑶　テーマを探す場合─紙媒体

　何か興味深い、レポートあるいはゼミ報告のテーマはないかな、と漠然と探す場合には、上記のようなデータベースはあまり向かない。

　初学者の場合は、学生向けの専門誌（『法学セミナー』・『法学教室』など）を直接、または索引を見て現物に当たる方法がある。なお、目次だけであれば出版社の web サイトから見ることができる（各号のリンクをクリックする）。

　例）『法学セミナー』（日本評論社、1990年以降）

　　　https://www.nippyo.co.jp/shop/magazines/backnumber/2.html

　　　『法学教室』（有斐閣、1989年以降）

　　　http://www.yuhikaku.co.jp/hougaku/backnumber

　少し上級者向けだが、上記に紹介した法律文献総合 INDEX の紙媒体（と言うか元ネタ）、『法律時報』（日本評論社）誌が毎年12月号で特集する「学界回顧」を当たるという方法もある。憲法、民法、商法、刑法…といったジャンルごとに、その年の主な文献を紹介するものである。

　判例百選シリーズ・各年度の重判・私法判例リマークスなどの比較的読みやすい判例解説書から逆にテーマを探すのもジャンルによっては有用である。

3.　文献の引用方法

　他人の文章を引用する場合には、直接引用（文章をそのまま写す、通常は「　」で括る）であれ間接引用（他人の文章を要約して載せる）であれ、引用元の情報を

十分に示さなければならない。明記しないと盗作になるし、先述のように読者が引用文献を探す便宜という意味もある。

　引用の仕方は媒体やジャンルによっても少し違うが、通常は、引用部分に注（通し番号）をつけて、全体の末尾か各章の末尾にまとめて次のように記載する。

(1)　単行本を引用する場合

　著者名『書名』（二重カギカッコ）（出版社、出版年）頁の順で記載する。

【例】

> （本文）…「消費者とは、結局、無知で無分別な者である、ということを前提に考えなければならない」[3] という見解がある。
> （注3）甲山乙夫『消費者法の周辺』（丁出版、1992年）233頁
> ☆共著の場合には、
> 丙川丁子＝甲山乙夫『近代消費者』（戊書房、2007年）17頁 [丙川]
> ☆編者がいる場合には、　　　　　　　　　　　*執筆者名↓↑*
> 丙川丁子編『消費者関係論集』（己書院、2010年）27頁 [庚崎]

(2)　雑誌論文を引用する場合

　著者名「論文名」（一重カギカッコ）雑誌名、巻・号数、頁の順で記載する。

【例】

> 本文）…株主総会の形骸化は株式会社というものの必然であると指摘されている[4]。*←間接引用はその末尾か文末に通し番号*
> （注4）辛田壬巳「株式会社の意義」癸大学法学紀要20巻4号78頁

＊ちなみに甲乙丙丁戊己庚辛壬癸は「十干」という古代中国由来の数え方、判例などで当事者を仮名にするときよく使われる。

新聞記事の検索・収集と引用方法について

1. 記事の検索と収集

⑴ 記事の種類

　狭義の新聞記事には、ざっくり分けて報道記事と解説記事とがある。報道記事は、何らかの事件やその他の出来事について客観的にレポートするもので、通常は匿名の記者によるが、署名記事もある。解説記事は、事件や物事について詳細な内容・背景・歴史・関連する事象などを含めて説明するもので、こちらも匿名・記者の署名記事のほか、社外の専門家が執筆することもある。社説や「天声人語」等の匿名コラム（以下まとめて「社説等」と言う）は、ある事件や物事についての分析・見解・意見を述べるものである。

　特に断りのない限り、匿名ないし社内記者による記事や社説等は、その新聞社の意見と考えてよい。他方、社外執筆者の寄稿はその執筆者の意見である。

⑵ どんな記事を集めるか

　比較的最近で、何らかの出来事があったことを指摘する・または事件の概要だけ知りたいのであれば、報道記事の本文で十分である（次項(i)）。その出来事があった地方の新聞を当たると、より詳しく報道されていたりする。

　特定の事件ないし出来事について詳細に知りたい場合には、これに加えて、解説記事や社説等、外部者執筆による解説等も参照したい。次項(i)(ii)で検索し、閲覧できない記事等については、この検索結果を手がかりに(iii)で探すことになるが、報道記事であっても、(iii)に当たって写真や図表・レイアウトも含めた紙面を見ることが望ましい。その事件・物事に対するその新聞社、ひいては

社会の態度がわかるからである（写真の有無、一面トップ等の場所など）。

　何らかのテーマについて資料を探す中で新聞記事も参照したい、という場合も手順は同じだが、このときもできれば(iii)に当たりたい。図表や写真も重要な情報となる。また、新しいモノや概念については、子ども向けの解説が案外役に立つので、活用されたい（例えば、暗号資産＝仮想通貨は、QR コード支払とどこが違うのか…など今さら聞けない初歩から丁寧に解説してくれる）。

　もしあなたが時事問題を扱うゼミ等に参加していて、何か事件を選んで報告せよという課題が出される可能性が濃厚であるなら、普段から新聞記事を収集しておくことをお勧めする。ネットニュース等で興味を引かれた出来事があったら、図書館等で新聞に当たって、記事をコピーしておこう（日付と紙名・朝夕刊のメモを忘れないこと）。慣れもあるが、紙媒体にしておくと、すぐに見ることができるし、メモしたり付箋を付けたりと案外便利なのである。

(3)　記事の検索方法

　新聞記事を検索するには、オンライン検索か紙媒体か、記事本文（ないし要約）で済むか、レイアウトや写真を含む記事イメージが必要か、で違ってくる。

(i)　最近の記事本文ないし要約、社説等のオンライン検索

　比較的最近の記事であれば、各新聞社の web サイトを利用するのが簡単である。1 年～数年前までの記事を検索することができる。ただし、解説記事の一部・社外の専門家等が執筆した解説やコラム等は閲覧できないことが多い。会員登録するとより広範な記事等が閲覧できるとする新聞社もあり、これを利用する方法もある。ただし、無料の会員登録のほか、お試し期間中のみ無料とするデジタル購読契約とが紛らわしく並んでいるサイトもあるので注意。

　主な新聞社サイトへは次の国立国会図書館リサーチ・ナビから入れる。

　リサーチ・ナビ　トップ＞調べ方案内＞調べ方一般＞新聞＞テーマや年代・種類に沿った新聞を探す＞全国紙・地方紙

(ii)　過去の記事本文・解説記事・外部執筆者による記事等のオンライン検索

　各新聞社が有料でデータベースを提供している。熊本大学附属図書館では、次の三つのデータベースが利用できる（学内のみ）。

○聞蔵Ⅱビジュアル（朝日新聞社、1985年～記事本文、2005年11月以降は pdf で紙面

イメージで見ることができる。また、1926年〜1999年の縮刷版も閲覧可能）

○ヨミダス歴史館（読売新聞社、1874年〜記事本文、最近の記事は pdf で紙面イメージで見ることができる）

○熊本日日新聞記事データベース（熊本日日新聞社、1988年5月〜記事本文）

　＊ただし、いずれのデータベースでも、縮刷版を除き、外部執筆者の寄稿は、タイトルのみの閲覧になることが多い。

　＊＊詳しくは熊本大学附属図書館ウェブサイト「情報検索サポート＞新聞記事を探す」https://www.lib.kumamoto-u.ac.jp/support/news を参照。

(ⅲ)　紙面イメージの紙媒体検索

各新聞社は、「縮刷版」を紙媒体で発行している。大学図書館や公立図書館であればたいがい所蔵している（マイクロフィルムの場合も）。文字通り紙面を縮刷したもので、内容が一目瞭然でわかるメリットがある。記事以外に広告や連載小説・読者投稿等も見ることができる（時代背景が参考になることもある）。

　索引がないので、予備知識なしに探すのは現実として難しい。予め(ⅰ)、(ⅱ)の方法、または他の参考文献などで所在を確認してから探すほうがよい。記事をコピーするとき、日付と紙名・朝夕刊別のメモを忘れないように。

(ⅳ)　注意事項

　上記の方法が煩わしいからといって、検索エンジンの窓に「調べたい項目」「新聞記事」と投げ込むことはお勧めできない。信頼できないサイトやフェイクニュースがヒットすることも多い。また、有料サイトに誘導される危険がある。この方法はある程度通常の検索に慣れて、信頼できるサイトかどうかが区別できるようになってから行うこと。

2.　新聞記事の引用方法

　新聞記事を引用する場合も、直接引用・間接引用を問わず、読んだ者が資料を確認できるのに十分な情報を与えなければならない。原則として、紙名・日付・タイトルを明記する。報道記事の場合はタイトルを省略して、社会面・経済面等の表記でもよい。社説等の場合は、紙名・日付・「社説」（または「コラム名」）でよい。署名記事等の場合には、これに加えて、記者名も記載する。

社外執筆者の寄稿の場合には、文献引用と同じく、筆者名「タイトル」紙名・日付（記載面）とする（文献の引用方法を参照）。記載例は次の通り。

(1) 何らかの出来事・事件があったという証拠に報道記事を示す場合

> フェイスブック社は暗号資産（仮想通貨）「リブラ」を近日中に発行すると発表した[1]。これに対しては、各国から懸念が示され……
> 注1）　△△新聞2019年6月×日（経済）。

*このようにごく短い場合、次のように本文中に（　）で入れてもよい。

> フェイスブック社は暗号資産（仮想通貨）「リブラ」を近日中に発行すると発表した（△△新聞2019年6月×日経済面）。これに対しては……

(2) 無署名記事の文章を直接引用する場合

> リブラについては「犯罪組織による悪用や、既存の金融システムを不安定にする恐れが指摘されている」[2]など、歓迎するより懸念する意見が多いようだ。……　　　↑直接引用は「　」内に入れる
> 注2）　○○新聞2019年7月×日「リブラ悪用懸念」（国際）。

(3) 署名の解説記事を引用する場合（間接引用の例）

> 暗号資産（仮想通貨）は、2009年頃開発・運用されたビットコインをきっかけに、急速に世界に広まったとされる[3]。……
> 注3）　○○新聞2019年3月×日「解る！経済　暗号資産って何？」（甲山乙美）。

立法関係資料の閲覧・収集方法について[1]

　法律学では、立法事実や立法者意思（立法趣旨）を踏まえた法文の解釈をするとき、あるいは憲法学での議会制度研究（例えば、議会法研究）などで立法過程が検討されてきた。しかし、立法過程に関心を寄せるのは、法律学だけではない。例えば、政治学では立法過程を実証的に分析することで政党政治に関する研究がなされてきた。こうした立法過程に対する研究アプローチの多様性は、立法過程に関わる資料（以下、立法関係資料という）の範囲を絞り込むことの難しさを物語っている。そこで以下では、立法関係資料（主に一次資料）へのアクセス方法について、中央政府／自治体に分けて可能な限り幅広く紹介していく。調査目的に即して、様々な資料収集の方法を組み合わせてもらいたい。なお、立法過程を追跡する上で新聞記事の調査も重要な意味を持っている。新聞記事の検索方法については資料編④を参照していただきたい。

1.　調査を始めるに当たって

　立法関係資料として、そもそもどのようなものが存在しているのであろうか。その概要を把握する上で有益と思われるのが、以下の二つの調査方法である。これらは、調査のスタート時点だけでなく、その後の具体的な調査においても繰り返し使うことのできる基本的なものである。

　第一は、**国立国会図書館 HP にある「法律の調べ方」**（リサーチ・ナビ→調べ

　1）　匊住弘久「行政文書・文書管理・行政研究のクロスロード」熊本法学130号（2014年）で詳しく論じている箇所もあるのであわせて参照してもらいたい。以下、本文中の HP に関する記述は、全て2020年9月18日時点のものである。

方案内→政治・法律・行政）の利用である。これを閲覧することで立法関係資料の全体像を知ることができ、調査の糸口が得られる。

　第二は、**議会官庁資料室（国立国会図書館）**の利用である。議会官庁資料室では議会資料、法令資料、海外の議会文書、自治体関係資料等を公開しており、国立国会図書館 HP の「議会官庁資料室」（リサーチ・ナビ→専門室のページ）で所蔵資料の概要を確認することができる（直接資料データにアクセスできるものもある）。ちなみに、国立国会図書館は、国会法130条に基づく国立国会図書館法により1948年に設立された、国内唯一の国立図書館である（議会図書館と国立図書館の機能を持っている）。現在、東京本館と関西館があり、満18歳以上であれば誰でも利用することができる。議会官庁資料室は、東京本館にある。

2.　立法関係資料の調査①―中央政府

(1)　法案作成段階

　国会に提出される法案には、「内閣提出法案」（閣法）と「議員提出法案」（衆法・参法）がある[2]。

(i)　内閣提出法案

　国会に提出される法律案のほとんどは内閣提出法案であり、その原案は所管する行政機関で作成される。各省庁で法律案がどのように作成されているのかを調べる場合、以下のような方法がある。

　第一は、**各省庁 HP** の利用である。行政機関の HP には、所管法令・国会提出法案・審議会等の議事録・報告書・プレス発表資料・白書等が掲載されている。例えば、白書からは（法案作成につながる）各省庁の課題認識が確認できる。また、審議会の中には、法制審議会のように法務大臣の諮問に基づき法律改正の答申をしているものもある。国会提出法案については、法律案の概要や要綱・理由・新旧対照条文等が掲載されている。

　第二は、**各省庁に設けられた国立国会図書館「支部図書館」**の利用である。総務省図書館など各省庁の支部図書館には、行政機関の刊行物・資料のほか、

　2）　中島誠『立法学〔第3版〕』（法律文化社、2014年）71頁参照。同書は立法過程全体について学ぶ上で有益である。

統計類、業界雑誌等がそろえられている（HP で蔵書検索ができる支部図書館もある）。例えば、業界団体の課題認識や動向は法案作成の一つのポイントとなる。

　第三は、**情報公開制度**の利用である。行政文書には各省庁の文書管理規則等に基づき保存期間（最長30年）が設定されている。情報公開の対象となるのは、そうした行政機関で管理されている行政文書である（保存期間内にある行政文書は「現用文書」と言われる）。もっとも、行政文書を見ただけでは一連の経緯がわからないことも多いので、詳細を把握するには新聞記事の調査や関係者への聞き取り調査も必要となる。

　第四は、**国立公文書館**の利用である。保存期間が満了した行政文書は、保存期間の延長・廃棄・移管という三つの途をたどる。国立公文書館では行政機関等から移管された文書（特定歴史公文書等）を閲覧することができる（移管された文書は「非現用文書」と言われる）。その所蔵状況については、国立公文書館 HP でキーワード検索等ができるようになっており、インターネット上でデジタル画像を見ることができるものもある[3]。なお、国立公文書館には、必ずしも体系的に文書が移管されていないという問題がある。

　第五は、**憲政資料室**（国立国会図書館）**等**の利用である。憲政資料室には多くの政治家や官僚の個人文書が所蔵されている。個人文書には、行政文書となっていない打ち合わせメモや成案に至る過程でどのように修正されたのかがわかる文書が含まれていることもある。個人文書は、東京大学大学院法学政治学研究科附属近代日本法政史料センター（原資料部）にも多数所蔵されている。

　第六は、**関係者からの聞き取り調査・オーラルヒストリー等**の利用である。内閣提出法案は国会提出にあたり事前に与党の了解を得ることになっている（これを与党審査と言う）[4]。このことは、政党や政治家が様々な立法関係資料を持ち得る立場にあることを示している。しかし、日本に政党文書館は存在しない[5]。また政治家の記念館がある場合も、遺品や蔵書等の展示が中心で、立法関係資料が体系的に整理されているわけではない。そのため調査に際しては、

3）　国立公文書館・外務省外交史料館・防衛省防衛研究所戦史研究センターで所蔵されている明治期から1945年8月までのアジア関係資料（文書）については、デジタル化され「アジア歴史資料センター」HP で検索・閲覧することができる。

4）　中島・前掲注（2）書97頁参照。政治学からの研究としては、例えば、奥健太郎・河野康子編『自民党政治の源流—事前審査制の史的検証』（吉田書店、2015年）。

関係者からの聞き取り、政治家の個人文書やオーラルヒストリー等の口述記録の渉猟が必要になってくる。個人文書は憲政資料室等に所蔵されているが（上記第五）、所蔵情報については、伊藤隆＝季武嘉也編『近現代日本人物史料情報辞典』（吉川弘文館、2004-2011年、全4巻）や雑誌『日本歴史』（月刊）の「近現代の人物史料情報」が有益である。

(ii) 議員提出法案

議員提出法案の作成に際して議員をサポートするのは、衆議院と参議院に設けられた議院法制局である。衆議院法制局HPにある「衆法情報」からは国会に提出された衆法を、参議院HPにある「法律情報」からは参法を確認することができる。しかし、議院法制局には情報公開制度がないため、法案作成過程の関係文書を公的に入手することはできない。また、議員提出法案は国会提出に当たり一定数以上の国会議員の賛同（国会法56条）とともに会派の承認（先例）を必要とするが[6]、先述したように政党文書館が存在しないため、政党から関係文書を入手することもできない。そのため、こうした議員提出法案に関する資料の収集に際しては、関係した議員が経緯をまとめて出版した書籍を探したり、個人文書やオーラルヒストリーに当たったり、聞き取り調査を行う必要がある。

(2) 法案審議段階

内閣提出法律案は、閣議を経て国会に提出される。閣議の議事録は、閣僚懇談会の議事録とともに首相官邸HP（→内閣→閣議）で閲覧することができる。また、議員提出法案は、先述したように一定数の国会議員の賛同とともに会派の承認を得た上で国会に提出される。こうして提出された法案の審議段階における調査方法としては、以下のようなものがある。

第一は、**国会会議録等**の利用である。国会の会議録（本会議・委員会）は、冊子や刊行物、インターネットで読むことができる。国立国会図書館HPにある

---

5) ドイツや台湾等では政党文書館が整備されている。日本では、国立国会図書館「憲政資料室」に、かつて存在した「新自由クラブ関係文書」が所蔵されているなどわずかな例に留まる。

6) 中島・前掲注(2)書32頁参照。

「国会会議録検索システム」ではキーワード検索も可能である。実際の審議については、傍聴やインターネット中継で確認することができる。傍聴は、本会議が先着順になっているのに対し、委員会では国会議員の紹介と委員長の許可が必要になる。また、インターネット中継（ライブ・録画）は、衆議院では2010年1月18日以降について、参議院では過去1年分について視聴することが可能である。

　第二は、**衆議院・参議院HP**の利用である。衆議院と参議院にはそれぞれ事務局が置かれ、国会議員による立法や調査活動をサポートしている。まず、衆議院HPには「立法情報」として会議録、議案、法律案等審査経過概要、質問主意書・答弁書等が掲載されている。また、衆議院調査局は『RESEARCH BUREAU論究』等を編集・発行しており、衆議院HPの「調査局作成資料」から掲載論文を閲覧することができる。

　参議院HPには「資料集」に参議院議員・選挙、会派、決議・議案・請願、国務大臣の演説および質疑等が掲載されている。参議院では企画調整室が『立法と調査』を編集・発行しており、参議院HPの「調査室作成資料」から掲載論文を確認できるほか、「〇〇回国会の議論の焦点に関する論文」等のテーマや「政治・行政・司法」等の事項別索引から調べることも可能である。

　第三は、**憲政記念館（衆議院）・議会史料室（参議院）**の利用である。「憲政記念館」には極東国際軍事裁判速記録等が所蔵されており、衆議院HPの「憲政記念館」（当館所蔵の資料について）に「主な所蔵資料一覧」が掲載されている。また参議院の「議会史料室」には参議院会議録や貴族院議事速記録のほか、直近1年分の法律案や参議院の刊行物などが所蔵されている。

　第四は、**関連刊行物**の利用である。上記第二で指摘した衆参事務局による刊行物のほか、国立国会図書館調査及び立法考査局が『レファレンス』『外国の立法』等の雑誌を編集・発行している。これらの雑誌は国会での審議を意識した内容となっており、国立国会図書館HPの「サービス・国会関連情報」（調査及び立法考査局の刊行物）から掲載論文を確認することができる。

　第五は、**データベース等**の利用である。法令の沿革（改廃）や法律案の審議経過等については「日本法令索引」（国立国会図書館HPの「リサーチ・ナビ」→調べ方案内→政治・法律・行政→法律案の調べ方）で調査することができる。また、

「e-Gov 法令検索」（総務省行政管理局による行政情報ポータルサイト）では、施行された法律・政令・府省令・規則等が確認できる。ここでは、法令名はもちろんのこと、五十音や事項別等で調べることも可能である。

ちなみに、主要法律（日本国憲法、刑事訴訟法、国家賠償法、行政手続法、情報公開法等）の制定資料は、『日本立法資料全集』（信山社）としてまとめられている。また、議会運営については元衆議院事務局職員によるオーラルヒストリーが刊行されている[7]。立法過程に関する文献の検索方法については資料編③を参照してもらいたい。

なお、立法関係資料は、これまで紹介してきた調査方法で入手できるものだけではない。国会での法案審議段階において「例外的に会議録に掲載される場合を除き、たとえ重要な意義を持つ資料であっても、外部には公開されていない」審議資料が多数存在することには注意が必要である[8]。

3. 立法関係資料の調査②—自治体

自治立法である条例は、首長や議員等から提案され、議会で議決される。ただし議員提案は低調である。自治体での立法関係資料の調査には、以下のような方法がある。

第一は、**会議録等**の利用である。多くの自治体議会は、会議録をインターネットで公開しており、キーワード検索できるところも多い。実際の審議については、傍聴やインターネット中継（ライブ・録画）で確認することができる。傍聴は、本会議が開催日当日の受付けでよいのに対して、委員会は許可制にしているところが多い。なお、傍聴は居住自治体に限定されないので、全国各地どこの自治体でも可能である。

第二は、**議会図書室**の利用である。自治体議会は「議員の調査研究に資する

---

7) 例えば、近藤誠治『立法過程と議事運営』（信山社、2011年）、今野彧男『国会運営の裏方たち』（信山社、2011年）、谷福丸『議会政治と55年体制』（信山社、2012年）。

8) 赤坂幸一「立法過程の合理化・透明化」法学教室440号（2017年）43頁の「別表　衆議院の委員会で配布される主要な審査資料」参照。立法過程における資料公開の問題は様々な論者が指摘している。例えば、前田達明「法解釈方法論序説」民商法雑誌146巻3号（2012年）291-292頁参照。

ため」に議会図書室を設置しなければならないことになっており、一般に利用させてもよいことになっている（地方自治法100条19項、20項）。例えば、熊本市議会の議会図書室には、1930年以降の会議録や1947年以降の意見書・決議書、自治体関係の雑誌、新聞等が所蔵されているほか、議員の政務活動費収支報告書（2014年度以降）や資産等報告書（2016年度以降）が公開されている。しかし、専用の部屋を持たず、会議室や控え室と兼用になっていたり、一般に開放していない図書室も多い[9]。

　第三は、**自治体HP・自治体図書館等**の利用である。条例は首長から提案されることがほとんどであるが、いわゆる首長部局の行政資料は、自治体のHP・行政情報センター・図書館等で閲覧することができる。例えば、熊本県庁の「情報プラザ」には熊本県と県内市町村の総合計画等の諸情報、国の統計資料や白書等がそろえられている。また、熊本県立図書館では、県内自治体の様々な行政資料や議会会議録・委員会資料等が所蔵・公開されている。

　第四は、**情報公開制度・公文書館等**の利用である。調査に際しては、目的に応じて情報公開請求（現用文書）をしたり、自治体公文書館（非現用文書）を利用することも必要になる。しかし、情報公開制度に比べ、自治体公文書館の整備は進んでいない。例えば、熊本県内で設置されているのは、天草市（天草アーカイブズ）のみである。もっとも、熊本県には公文書館はないものの「熊本県行政文書等の管理に関する条例」に基づき「特定歴史公文書」が利用できるようになっている[10]。また、熊本市にも公文書館はないが、『新熊本市史』編纂事業で収集した歴史資料など約10万点が「熊本市歴史文書資料室」で所蔵・公開されている（文書移管の仕組みはない）。なお、全国で唯一、公文書館機能を県内の全自治体で持っているのが福岡である。2012年に開設された「福岡共同公文書館」は、公文書館を持たない福岡県内の自治体を対象とするもので、同公文書館によって福岡県内の自治体は全て行政文書の移管先を持つことになった。

9）　早稲田大学マニフェスト研究所議会改革調査部会「議会図書室アンケート2015調査結果」（2016年1月26日）http://www.maniken.jp/gikai/gikaitosho2015_1.pdf（2020年9月6日最終閲覧）。

10）　「行政文書ファイル等及び特定歴史公文書情報検索」により文書の利用請求をし、審査・決定の後に利用することができるようになっている。

IIIIIII **資料編⑥** IIIIIIIIIIIIIIIIIIIIIIIIIIIIIIIIIIIIIIIIIIIIIIIIIIIIIIIIIIIIIIIIIIIIIIIIIIIIII

裁判傍聴のすすめ

1. 裁判を傍聴してみよう

　法律をある程度学んだら、一度裁判の傍聴に行ってみることをお勧めする。座学ももちろん大切だが、そこで培った法知識が実際に制度として運用されている様子を目の当たりにすることは、法律を学ぶ者にとっての醍醐味であると言えるし、さらに学びを進めるためのモチベーションにもなるだろう。また、将来的に裁判手続に関わる職─例えば法曹三者や裁判所職員─に就くことを考えている者にとっては、願ってもない「職場見学」の機会となる。

　ただし、傍聴に行く際に必ず心がけてほしいことがある。傍聴人の中には、ときに裁判当事者の不幸を見世物として鑑賞するような姿勢が散見される（いわゆる「傍聴マニア」の悪いタイプがそれに該当するだろう）。確かに傍聴対象となる裁判では、例えば報道事件のように一般の関心を引く事件が扱われることも少なくなく、そのような事件に対して強い興味を抱いてしまうのは人の性であろう。しかしそれは傍聴人にとって単に「面白そうな事件」であっても、事件の当事者や関係者にとっては「裁判になるほどの（人生の）一大事」なのである。傍聴席に事件関係者や親族が深刻な面持ちで座っている姿もしばしば見受けられる。傍聴の際にはこのことを忘れず、あくまで学びのために謙虚に見学させていただくという姿勢を大切にして臨んでほしい。

2. 実際に裁判所に行ってみよう

　傍聴するにはまず実際に近くの裁判所に足を運んでみよう。原則として裁判

傍聴に予約等の事前手続は不要なので、そのまま現地に向かえばよい（傍聴希望者が多い裁判の場合には事前に傍聴券の交付を受ける必要がある）。裁判は民事・刑事とも原則として公開法廷で行われるものとされており（憲法82条1項、37条1項）、基本的にはどの裁判所に行っても何らかの傍聴可能な裁判があると考えてよいだろう。ただし、一部の裁判は非公開であり（同法82条2項）、また、いつどのような裁判が実施されるかは、当日法廷の入口に掲示される裁判の予定表（開廷表）を見るまでわからないため、せっかく足を運んでもその日は傍聴したい裁判がない可能性もある。ただし傍聴券公布対象の裁判や裁判員裁判の日程については、裁判所のホームページで事前に情報が提供されている。

　公開の対象となるのは「判決」「対審」（同法82条1項）なので、事件の「判決」だけでなく、「対審」すなわち刑事事件の「公判」手続（刑事訴訟法282条）や民事事件の「口頭弁論」（民事訴訟法87条）も傍聴可能である。「対審」を最後まで傍聴して「判決」の行方が気になったらそちらも改めて傍聴するとよい。弁論終結時に裁判官（長）が判決の日程を提示するのでよく聞いておこう。

3.　傍聴にお勧めの裁判は？

　傍聴初心者や裁判制度に疎い人にとっては、一般に刑事事件が馴染みやすいと言われる。確かに刑事事件の裁判の様子はテレビドラマや小説の舞台となりやすく、争われている内容もわかりやすいことが多いので、開廷表の中から理解しやすそうな事件名のついた刑事裁判を探して傍聴してみるのもよいだろう。ただし、刑事裁判―とくに最寄りの地方裁判所で傍聴する刑事裁判―では、往々にして馴染みのある場所で起きた事件が扱われ、被告人や被害者が実は意外なほど近所に住んでいたり自分と同年代であったりすることも少なくない。どこか遠くフィクションめいた印象を抱いていた刑事事件が実はとてもリアルな―場合によっては自分が当事者や関係者であってもおかしくないほどの―ものであるという事実を目の前にするショックはそれなりに大きいことを覚悟して臨むべきである。

　さらに、民事法を学び始めたらぜひ民事事件の傍聴も試みてほしい。民事事件は裁判の様子が刑事裁判とは全く異なり（どう異なるかは自明であるので割愛す

234

るが)、民事訴訟があくまで私たちのような個人に起こる利害衝突を解決するための手段であることが改めて認識できるだろう。ときに「民事の裁判は刑事ほど面白くない」という声も聞かれるが、そんなことは決してない。むしろ法学部で学んだ（またはこれから学ぶ）各種の権利義務の内容が実際に裁判の場で主張されていることに、少なからず感動を覚えるはずである。例えば筆者が最近傍聴した裁判は、被用者が雇用者に対して訴えを提起した未払賃金等請求事件の弁論手続（本人尋問）であったが、原告と被告の双方に対して展開される主尋問と反対尋問を通じて争いの実態が明らかになってゆく様子は非常に見応えがあった。

　なお、紙面の都合上詳細は触れないが、行政法に関心があるなら行政訴訟も一度は傍聴してみることをお勧めする。

4.　裁判にさらに興味を持ったら―模擬裁判のすすめ

　傍聴を経験したら今度はもっと主体的に裁判手続に関わってみたくなるかもしれない。晴れて法曹資格者や裁判所職員になるもしくは運良く裁判員に選ばれた暁には、あるいは（望まずして）被告人や訴訟当事者の立場に身を置くことになれば、裁判手続に当事者として参加する夢はかなうだろうが、いずれもすぐには無理な話である。そこで、より現実的な方法として模擬裁判への参加が考えられる。模擬裁判は、大学で授業の一環として実施される場合もあるし、裁判所主催で模擬裁判体験の場が提供されることもあるので、機会があればそれらに申し込んでみよう。なければ自身で模擬裁判を企画してもよい。

　傍聴はあくまで「傍観者」として裁判に接するのに対し、模擬裁判では、フィクションではあるものの、言わば「参加者」として自らそこで争われる事件に取り組むことになる。座学で習得した知識を実践に移す格好の場であると言えるだろう。

施設見学に行こう！

1. はじめに

　法学分野の基本的な学習方法は、判例や研究論文を読むといった文献調査である。文献調査のメリットは、時間的・空間的な制約なしに学習できることである。情報量も多く、法学分野の勉強を進める上で中心となる学習方法でもある。他方で、文献調査は、当事者調査（ヒアリング）・現地調査（フィールドワーク）に比して具体的な事例の把握が難しい。

　当事者調査・現地調査は、文献調査のデメリットを補う学習方法として重要である。大講義で、訴訟の当事者や実務家の話を聴く機会があるほか、ゼミ等で施設見学に行くこともあるだろう。施設見学に行くというと、観光気分で出かける人も多いが、施設見学は、当事者調査・現地調査による学習であることを理解する必要がある。ここでは、当事者調査・現地調査が学習にとってどのような意味をもつのか、そして、どのように行えばいいのかについて考えていこう。

2. 当事者調査・現地調査とは何か

　当事者調査とは、社会問題の当事者から話を聴くことを意味し、現地調査とは、施設等の「場所」を訪れて学習することを意味する。

　少年院への見学を考えてみよう。少年院は、家庭裁判所から保護処分として送致された少年に対し、その健全な育成を図ることを目的として矯正教育、社会復帰支援等を行う法務省所管の施設であり、そこでは、少年の必要性や施設

の立地条件等に応じた「教育活動」が行われている。少年院は、刑を執行する場所である刑務所と果たすべき役割が異なる。それは、刑務所と少年院の構造の違いや、施設運営の違いなどにも表れている。もちろん、刑務所と少年院の違いについて文献調査で学習することも可能であるが、そこで働く法務教官の話を聴くこと、あるいは、施設を現地で見ることにより、より実感をもって理解できる。ここに、当事者調査・現地調査の意義がある。

　なぜ、当事者調査・現地調査が学習にとって重要なのであろうか。それは、当事者調査・現地調査が社会問題を当事者の視点から改めてとらえ返し、立場の違いを克服することを目的とした研究・学習方法の一つだからである。「当事者にしかわからないのだから、当事者以外は口を出すな」という主張は、当該社会問題について当事者の気持ちが最優先で、それ以外の考え方を全て排除するという事態を招きかねない。そうなると、当該社会問題について、当事者と当事者以外といった分断が生じ、建設的な対話が難しくなる。当事者以外の者も社会問題について学んでいくことが必要である。当事者調査・現地調査において、学習者は、当事者と出会い、その場に立ち会うことになるのであるが、そのことによって差別的な忌避を克服することが可能となる。

3.　当事者調査・現地調査のメリットとデメリット

　当事者調査・現地調査は体験的学習であることから、初心者にとってはとっかかりにしやすい学習方法である。しかし、文献調査を欠く場合、「小観光」化してしまう点に注意する必要がある。事前に学習せずに訪れると、訪問先へ失礼な態度と受け取られたり、学習者が訪問の意義を感じられなかったりして、充実した当事者調査・現地調査とならないこともある。

　また、当事者調査では、個人の体験を語ってもらうことが中心となるため、事実を具体的に把握することが可能となる反面、情報が個人的・主観的であることも多い。現地調査は、現状を浮き彫りにすることができ、多面的で情報量も多いが、見学先が訪問時点では利用されていなかったり、跡地になっていたりすることもあり、訪問時点での時空的制約に縛られる可能性もある。そのため、訪問の目的を明確にした上で、当事者調査・現地調査の事前・途中・事後

によい資料（論文や判例など）を学習することによって周辺情報を補うことが重要である。

4.　より発展的な現地調査へ

　現実を知り理解すべきという観点から、当事者調査・現地調査は重要であるが、同時に、そこで生きる人々に対する配慮を忘れてはいけない。例えば、当事者調査において、当事者は、自身の経験を理解してもらうためにトラウマのある体験を語ってくれることが多い。学習者は、当事者のプライベートな領域に立ち入っていることを理解する必要がある。また、現地調査においては、当事者の生活を見学することになる。少年院でいえば、少年が暮らしている生活の場を見学することになる。入所している少年らにとっては、多数の部外者に「生活を覗き込まれる」ことである。見学者は、当事者の屈辱を想像し、圧力を感じさせない工夫が必要である（服装、人数、ジロジロ見ないなど）。

　ここで例として示した少年院見学は、実は、比較的容易な現地調査である。それは、現地に到着しさえすれば、施設の担当者が対応してくれるためである。何を学ぶか、何を見るかを自ら考え、それにふさわしい人、場所を探して選択するところから始めることが現地調査・当事者調査の醍醐味である。学習者が受け身ではなく、自ら能動的に学びに向かうことが求められる。

　最後に、当事者調査・現地調査においては、相手との距離感を理解することが重要である。自分の「当たり前」を相手に押し付けないことを忘れてはならない。

索　引

242

執筆者・執筆担当一覧〔50音順〕

朝田　とも子　法学部准教授　資料編⑦
池田　康弘　法学部准教授　コラム④
梅澤　彩　法学部准教授　第7章
隻住　弘久　法学部教授　資料編⑤
岡田　行雄　法学部教授　本書の活用法、第2章、第8章、編集委員
岡本　友子　法学部教授　第4章
岡本　洋一　法学部准教授　第5章、第11章
大日方　信春　法学部教授　第12章
倉田　賀世　法学部教授　第6章
苑田　亜矢　法学部教授　コラム③
德永　達哉　法学部准教授　第3章、第9章、編集委員
内藤　大海　法学部准教授　コラム②
中内　哲　法学部教授　資料編①、②
濱田　絵美　法学部講師　第1章、第10章、編集委員
森　大輔　法学部准教授　コラム①
山口　幸代　法学部准教授　資料編⑥
若色　敦子　法学部准教授　資料編③、④

スキールステップで法学入門

2021年3月12日　初版　第1刷発行　　　　〔検印省略〕

編　者ⓒ熊本大学法学部／発行者　髙橋　明義　　印刷・製本／亜細亜印刷

東京都文京区本郷1—8—1　振替00160-8-141750
〒113-0033　TEL(03) 3813-4511
FAX(03) 3813-4514
http://www.yushindo.co.jp/
ISBN978-4-8420-0543-0

発行所
株式会社有信堂高文社
Printed in Japan

★表示価格は本体価格（税別）

有信堂刊